倒産企業の財務諸表に学ぶ
フローとストックの安全性分析

税理士法人 TripleWin

税理士 堀江 國明／税理士 堀江 亮佑／財務分析室室長 小林 達也 共著

日本法令®

はじめに

「倒産」という言葉は、法律用語ではなく、慣用的に使われている用語である。それゆえ、十人十色の定義があり得る。著者は、倒産とは、「破産宣告を受けてもやむを得ない経営状況に陥ったこと、ないしは、そのような経営状態」と考える。

破産宣告を受けてもやむを得ない経営状態とは、破産手続開始の要件である破産原因たる事実が存在することを意味する。

破産原因として、破産法上規定されているのは、①支払不能及び②債務超過である。

①の支払不能とは、「弁済能力の欠乏のために弁済期が到来した債務を一般的、かつ、継続的に弁済することができないと判断される客観的状態」を意味し、②の債務超過とは、「債務額の総計が資産額の総計を超過している状態」を意味する。

したがって、本書では、倒産とは「弁済能力の欠乏のために弁済期が到来した債務を一般的、かつ、継続的に弁済することができないと判断される客観的状態」ないしは「債務額の総計が資産額の総計を超過している状態」と定義する。

倒産しないようにするためには、いわゆる安全性が確保・維持されていなければならない。安全性が確保・維持されているというのは、第一に利益が計上されていることが必要である。利益のないところにキャッシュは生まれないからだ。

利益は、発生主義に基づいて収益と費用との差額として計算されるので、収入と支出は時間的にズレが生じることがある。このため、利益は計上されてはいるが、キャッシュがなくて倒産という、いわゆる「黒字倒産」が発生するのである。

そうなると、安全性の確保・維持にはキャッシュの確保・維持も不可欠となる。ここに、「キャッシュの安全性」の確保・維持を検討する意義が生じるのである。

「キャッシュの安全性」の確保・維持は、短期的視点と長期的視点でみなければならない。短期的視点ではフローを、長期的視点ではストックをみる必要がある。

例えば、この１年間では、既存の借入金の返済は滞りなく実行されているが、さらに新たな借入れもしている状況で、果たして、その残額は減少しているのか増加しているのか、将来的に問題がないか、という長期的視点による検討をすることは大切だ。この「既存の借入金返済･新たな借入れ」がフローであり､「その残額」がストックである。

本書では､フローは「キャッシュフロー計算書」を対象とし､ストックは貸借対照表の配列をキャッシュフロー計算書にリンクしやすいように並べ替えた「キャッシュ体質図」を対象として､「キャッシュの安全性」を検討する。

フローの安全性の確保・維持がされていないとなれば、いずれ「弁済能力の欠乏のために弁済期が到来した債務を一般的、かつ、継続的に弁済することができないと判断される客観的状態」となり、倒産は避けられない。また、ストックの安全性の確保・維持がされていないとなれば､いずれ「債務額の総計が資産額の総計を超過している状態」となり、やはり倒産となるだろう。

これらのことを前提に、本書ではフローの安全性とストックの安全性について掘り下げることにする。

2008年のリーマンショック以来、企業倒産件数・負債金額ともに年々減少し、落ち着いてきてはいるが、消費税率引上げ等の影響からか、月単位の指数がほぼ10年ぶりに上昇するなど、局地的な増加傾向がみられるようになっている。また、2020年２月頃に新型コロナウイルス感染症が発生した。経済の停滞のため、売上高の減少を原因とする倒産が多く発生するといわれている。

しかし、再生の過程やその後の経営においては、売上高減少以外を原因とした倒産も増えるだろう。

企業経営者や企業の財務顧問である税理士としては、そうした倒産の兆候をいち早く察知し、危機が現実化する前に対応を取らなければならない。

そこで本書では、過去に倒産した企業の財務資料をフローや視覚化したストックの安全性分析を駆使することで分析、いわば“検死”を行い、その原因を追究することで、企業経営における教訓を提示していく。

本書の出版に当たり、㈱日本法令の竹渕学氏や税理士法人 Triple Win の職員である佐藤満氏、堀江沙弥子氏、関口忠邦氏には、大変お世話になりました。感謝する次第です。

2021 年 5 月

税理士法人　Triple Win　　税理士　**堀江　國明**

税理士　**堀江　亮佑**

財務分析室 室長　**小林　達也**

目　次

第2編　事例編

第1編

理論編

I 決算書の概要

❶ 決算書とは

決算書とは、「損益計算書」、「キャッシュフロー計算書」、「貸借対照表」のことである。これらは「財務3表」と呼ばれている。

(1) 損益計算書とは

図表Ⅰ－1をみてみよう。

損益計算書は、1年間の企業の経営成績を表している。

一会計期間の収益（売上高等）から、費用（仕入高や人件費等）を差し引いて、儲けである利益を導き出すプロセスやその実態を表している。

損益計算書は5つの利益を表示している。このことによって、経常的な経営活動や非経常的な経営活動などの状態がよく分かり、企業の経営成績をより理解しやすくしている。

売上高10,000円から売上原価5,700円（期首商品棚卸高500円＋仕入高6,000円－期末商品棚卸高800円）が差し引かれて【売上総利益】4,300円となっている。

この売上総利益は、一般的には「荒利」とか「粗利」と呼ばれていて、第1段階の利益となる。次に、売上総利益4,300円から販売費及び一般管理費1,500円が差し引かれていて、【営業利益】（マイナスであれば「営業損失」）2,800円となっている。これが、第2段階の利益となり、本業の営業活動の成績が分かる。

■図表Ⅰ－1　損益計算書とは

損益計算書

○○文房具店

X1年4月　1日
X2年3月31日
（単位：円）

経常損益の部
経常的な
営業活動の
努力と成果

《経常損益の部》

営業損益の部
本業の
営業活動の
努力と成果

（営業損益の部）		
①【売上高】		
売上高		10,000
②		
期首商品棚卸高		500
仕入高		6,000
▲期末商品棚卸高		800
【売上原価】		5,700
	③売上総利益（①－②）	4,300
④【販売費及び一般管理費】		1,500
	⑤営業利益（③－④）	2,800

営業外損益の部
本業以外での
営業活動の努力

（営業外損益の部）		
⑥【営業外収益】		
受取利息等		30
⑦【営業外費用】		
支払利息等		40
	⑧経常利益（⑤＋⑥－⑦）	2,790

特別損益の部
非経常的で
営業活動とは
無関係に生じた
活動の努力

《特別損益の部》		
⑨【特別利益】		
固定資産売却益等		40
⑩【特別損失】		
固定資産売却損等		10
	⑪税引前当期純利益（⑧＋⑨－⑩）	2,820
	⑫法人税等	800
	⑬当期純利益（⑪－⑫）	2,020

さらに、営業利益2,800円に受取利息等30円という営業外収益がプラスされ、支払利息等40円という営業外費用が差し引かれ、その計算結果が【経常利益】(マイナスであれば「経常損失」)2,790円となっている。これが第3段階の利益となり、経常的な営業活動の成績が分かる。

このように利益を分けることによって、企業の経営成績はもっと理解しやすいものとなる。

【税引前当期純利益】2,820円は、第4段階の利益である。第3段階の利益である経常利益2,790円に、固定資産売却益等40円の"特別利益"がプラスされ、固定資産売却損等10円の"特別損失"が差し引かれた、その計算結果をいう。この計算結果がプラスであれば、「税引前当期純利益」といい、マイナスであれば、「税引前当期純損失」という。

【当期純利益】2,020円は、第5段階の利益である。第4段階の利益である税引前当期純利益2,820円から、"法人税等"800円が差し引かれた、その計算結果をいう。

この計算結果がプラスであれば、「当期純利益」といい、マイナスであれば、「当期純損失」という。

(2) キャッシュフロー計算書とは

キャッシュフロー計算書（以下「CF計算書」という）は1年間の企業のお金の出入り（収入と支出）を表している。損益計算書と貸借対照表だけでは把握できないお金の動きをみようとするものである。

CF計算書は直接法と間接法がある。大多数の企業は間接法を採用している。このため、本書では間接法を取り上げることにする。
CF計算書（間接法）は、利益に支出が伴わない減価償却費（非資金費用という）を加えてから、【①現金預金以外の資産減少、②負債の増加、③資本（純資産）の増加は、プラス表示となり、①、②、③と逆の現象となれば、マイナス表示となる】という原理（詳しくは25～29頁で解説）に基づいて、利益からの逆算によって「現金及び現金同等物の増減額」の原因を説明する決算書である。

企業の活動が、①営業活動（以下「営業CF」という）、②投資活動（以下「投資CF」という）、③財務活動（以下「財務CF」という）の3つの区分に分類される。3つの区分の収入・支出の計算結果の合計額は「現金及び現金同等物の増減額」となる。この金額に「現金及び現金同等物の期首残高」を加えたものが「現金及び現金同等物の期末残高」となる。

営業CFは、企業の本業である日々の営業活動から発生する「お金の入りと出」の努力・成果が表示されている。健全な企業であれば、当然、計算結果はプラスとなるはずである。

投資CFの計算結果は、通常マイナスになることが多い。企業が継続的に利益の極大化を追求するためには設備投資等の投資額が多くなり、支出の方が多くなるからだ。

財務CFは、営業活動と投資活動を維持するために、どのような、そして、どの程度の収入・支出が発生したのか、を表しているので、この計算結果についてプラス・マイナスの原則的な見方はない。

図表Ⅰ－2をみていただきたい。

A社、B社、C社の「現金及び現金同等物の増加額」は、同額となっている。

A社は、「営業CFの結果」は、プラスである。この「営業CFの結果」プラスは、どこまでプラスであるべきか。これは、財務CFにある「有利子負債の約定返済額」以上のプラスであれば、安全性に問題がないことになる。A社の「営業CFの結果」は100,000円であり、財務CF（約定返済額であるとする）が▲10,000円だ。まったく問題のない企業である。

B社は、営業CF50,000円だけでは、財務CF▲60,000円を調達することができないため、投資資産などを売却して、投資CFを20,000円にしていると考えられる。

C社は、営業CFが▲60,000円であるため、原則的にみれば、最悪な状態である。企業の本業である日々の営業活動から発生する収入よ

■図表Ⅰ－２　キャッシュフロー計算書とは

（単位：円）

	Ａ社	Ｂ社	Ｃ社
Ⅰ 営業 CF	100,000	50,000	▲60,000
Ⅱ 投資 CF	▲80,000	20,000	40,000
Ⅲ 財務 CF	▲10,000	▲60,000	30,000
Ⅳ 現金及び現金同等物の増加額	10,000	10,000	10,000
Ⅴ 現金及び現金同等物の期首残高	5,000	5,000	5,000
Ⅵ 現金及び現金同等物の期末残高	15,000	15,000	15,000

り支出が多くなった結果だからだ。

しかし、Ｃ社の営業 CF がマイナスであることが、一過性の状態であれば問題とはならない。決算日が土曜・日曜・祭日であれば、入金が翌日となるケースが考えられ、翌期の入金となる。

本来､決算日に現金預金となっているはずが､売掛金となってしまって、営業 CF がマイナスとなることがある。

この場合は、一過性の状態なので、最悪ではなく、問題がないことになる。また、取引条件の変更や季節的な変動等により、上記のマイナスの状態が発生することがある。これらも、一過性のものであれば問題はない。

⑶　貸借対照表とは

貸借対照表は一時点における企業の財政状態を表している。

ある一時点におけるお金やモノが、どのように調達され、また、どのように運用されたかを表している。

一時点とは、通常は決算日を指す。貸借対照表では、運用を表すものが左側に表示され（資産)､調達を表すものが右側に表示される（負債と純資産)。

①　運用欄と調達欄

まず、**図表Ⅰ－３**をみてみよう。

左側の項目の機械 1,000 万円は、右側の項目の借入金 1,000 万円で

■図表Ⅰ－３　運用欄と調達欄

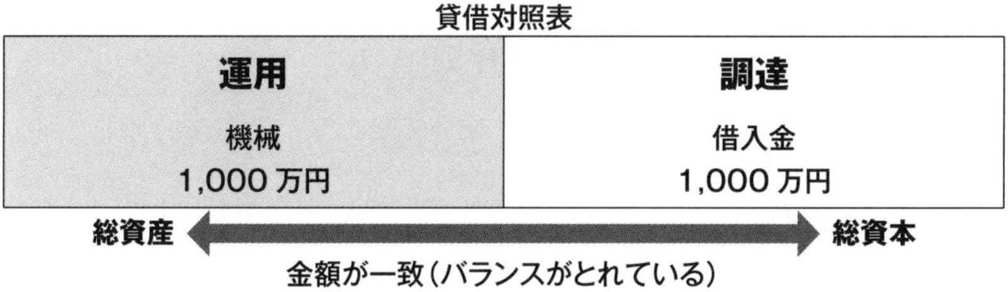

調達されている。一方、調達された右側の項目の借入金1,000万円は、機械1,000万円として運用されている。このように、左側の項目と右側の項目に、因果関係がある。左側の項目の合計を総資産といい、右側の項目の合計を総資本という。総資産と総資本の金額は一致するので、貸借対照表はバランスシートといわれている。

②　運用と調達の例

次に、**図表Ⅰ－４**をみてみよう。

企業が営業活動するためには、販売するための商品300万円を仕入れ、配達用の車両350万円、そして運転資金として400万円も手元に持っていなければならないとすれば、図の運用欄のようになる。

もともと、資本金は500万円で設立した企業であるから、これだけではお金が足りないことになる。では、どのように足りないお金を調達したのか。資本金500万円のほかに、借入金550万円と表示されている。つまり、資本金だけでは足りない分を借入金で調達しているのである。

左側の項目の合計である総資産が1,050万円、右側の項目の合計である総資本が1,050万円となり、総資産と総資本の金額は一致している。

③　運用欄・調達欄の構造

そして、**図表Ⅰ－５**をみていただきたい。

運用欄・調達欄ともそれぞれ３つに区分して表示してある。運用欄

■図表Ⅰ－4　運用と調達の例

貸借対照表

X1年3月31日

（単位：万円）

運用の財産	現金	400	借入金	550	調達の財産
	商品	300			
	車両	350			
			資本金	500	調達の財産
TOTAL		(1,050)		(1,050)	

は、「流動資産」・「固定資産」・「繰延資産」の3つに区分される。調達欄は「流動負債」・「固定負債」・「純資産」の3つに区分される。さらに、固定資産は「有形固定資産」・「無形固定資産」・「投資その他の資産」に分けられる。

「債務超過」とは、負債の総額（流動負債・固定負債）が資産の総額（流動資産・固定資産・繰延資産）を超える状態である。この場合、資本（純資産）の合計金額がマイナスになる。

なお、資本（純資産）が一部マイナスになっている状態を「資本の欠損」という。

❷ 財務3表の接点

財務3表は個々に独立しているわけではなく、相互に深く関わり合っている。この財務3表のつながりを理解することで、企業の状態をより把握しやすくなる。

■図表Ⅰ－５　運用欄・調達欄の構造

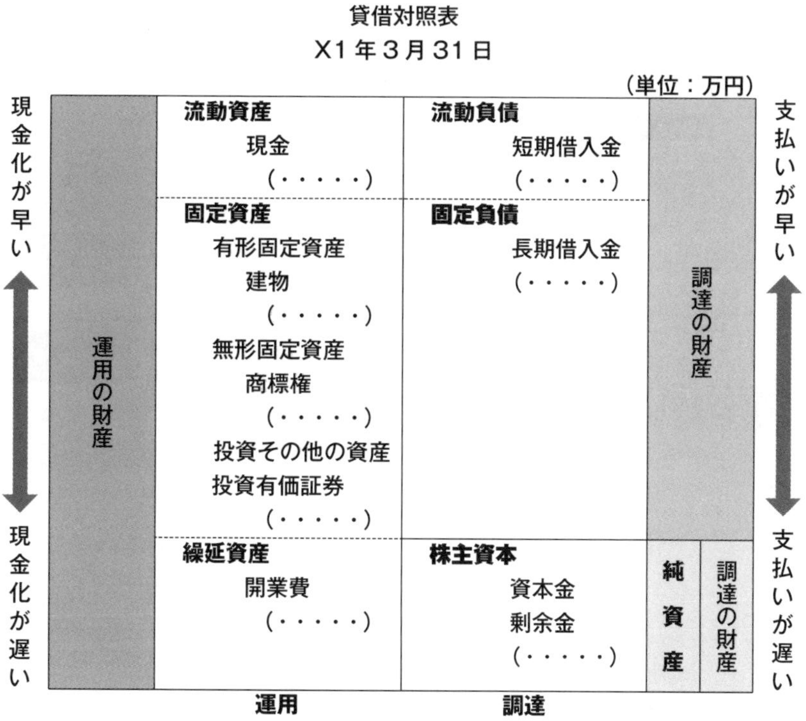

⑴　損益計算書と貸借対照表の接点

図表Ⅰ－６をみてみよう。

設立１期・設立２期・設立３期の損益計算書は、売上高100万円、仕入高40万円、販売費及び一般管理費（各種費用の総称）50万円、当期純利益10万円とする。この設立１期の当期純利益10万円は、設立１期の貸借対照表の純資産の中で、当期純利益10万円と表示される。

設立２期目の貸借対照表の純資産の中では、設立１期目の当期純利益10万円と設立２期目の当期純利益10万円とが表示される。

設立３期目の貸借対照表の純資産の中では、設立１期目の当期純利益10万円と設立２期目の当期純利益10万円と設立３期目の当期純利益10万円が表示される。

■図表Ⅰ－6　当期純利益と利益剰余金

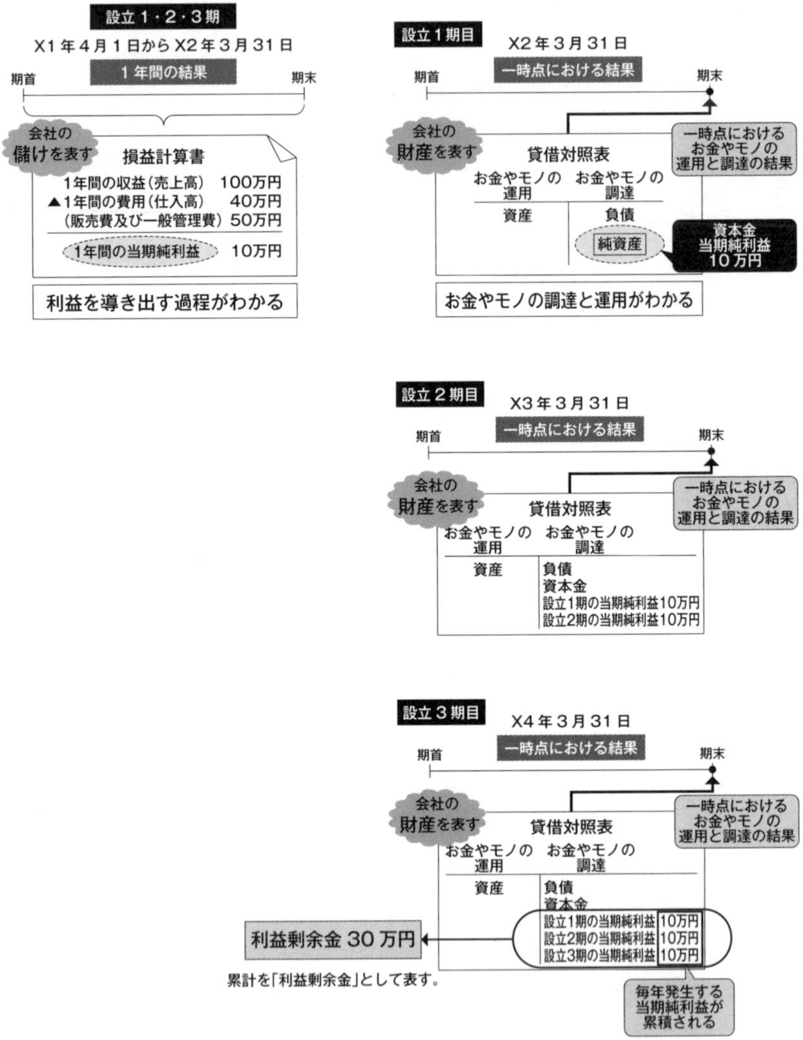

このように、貸借対照表の純資産の中では、毎年毎年、発生する当期純利益が累積されていくことになる。ここに損益計算書と貸借対照表の接点がある。

なお、貸借対照表に、設立1期目、設立2期目、設立3期目……の当期純利益が表示されると、決算書の紙面を多く使ってしまうことになる。そこで、専門的には、当期に発生した当期純利益と過去の当期純利益を合計して【利益剰余金】とする。

(2) 損益計算書・貸借対照表とキャッシュフロー計算書の接点

図表Ⅰ－7をみていただきたい。

損益計算書（X1年4月1日からX2年3月31日）をみると、1年間の経営活動により、1,000万円の売上高となり、それに対応する仕入高は800万円であり、当期純利益は200万円である。

貸借対照表では、X2年3月31日現在、資産は900万円・負債は100万円・資本金500万円・過去の剰余金100万円（配当等はないものとする）であり、当期の剰余金は300万円（過去の剰余金100万円＋当期純利益200万円）となる。これにより、当期純利益が損益計算書と貸借対照表の接点となっていることが確認できる。

さて、利益があっても現金預金がその分増加しているとは限らない。収益や利益があっても収入がなければ現金預金は増加するはずがないからだ。

CF計算書は、利益（正確には税引前当期純利益）がどのようなことが原因で、現金預金の増減額になったかを表している。ここに利益が接点となっているのである。

CF計算書の計算構造からすれば、利益200万円が大きくなればなるほど、現金預金も大きくなるわけである。

損益計算書も貸借対照表も利益が大きくなればなるほど、良い状態となる。貸借対照表においては、利益が大きくなればなるほど、剰余金が大きくなる。剰余金が大きくなればなるほど、その分自前でお金を持つことになるので、借入金がその分必要なくなる。つまり、利益

■図表Ⅰ－7　財務３表の良し悪しは「利益」がカギ

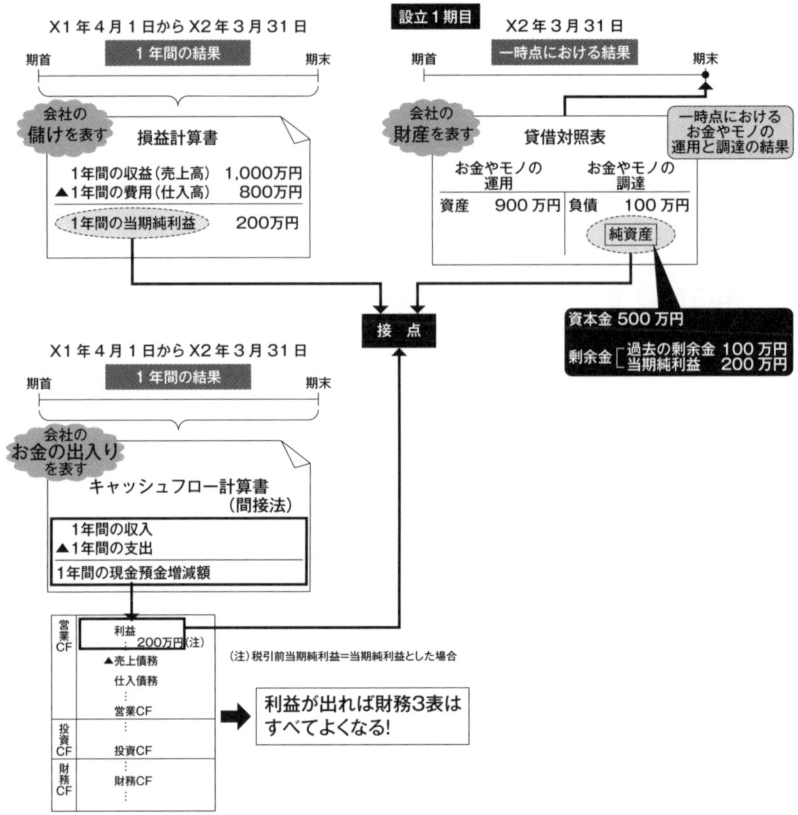

が大きくなればなるほど、貸借対照表の状態は良くなるのである。

このように、財務３表は、利益が接点なのである。

利益が出ていれば原理的には財務３表は良い状態となる。簡単にいえば、損益計算書だけみていればよいということになる。

しかし、各種取引を行う場合に、現金取引だけでなく信用取引が発生したり、損益取引だけでなく資産・負債・資本取引等が発生すれば、収益・費用と収入・支出にズレが生ずる。このため、収益・費用・利益だけではなく、収入・支出のフローや資産・負債・資本のストックも検討しなければならない。

Ⅱ　安全性の長期的視点

❶　キャッシュ体質図とは

まず、**図表Ⅱ－１**をみていただきたい。

貸借対照表は、一般に流動性配列法（資産については換金性の高い順、負債については返済期までの期間の短い順に記載していく方法。前掲**図表Ⅰ－５**参照）により表示されている。この貸借対照表の項目の配列を、CF 計算書にリンクしやすいように並べ替えて、資産合計あるいは負債・純資産合計に対する各項目の割合をみることで、いろいろなことがわかる。本書では、この並べ替えたものを「キャッシュ

■図表Ⅱ－１　キャッシュ体質図

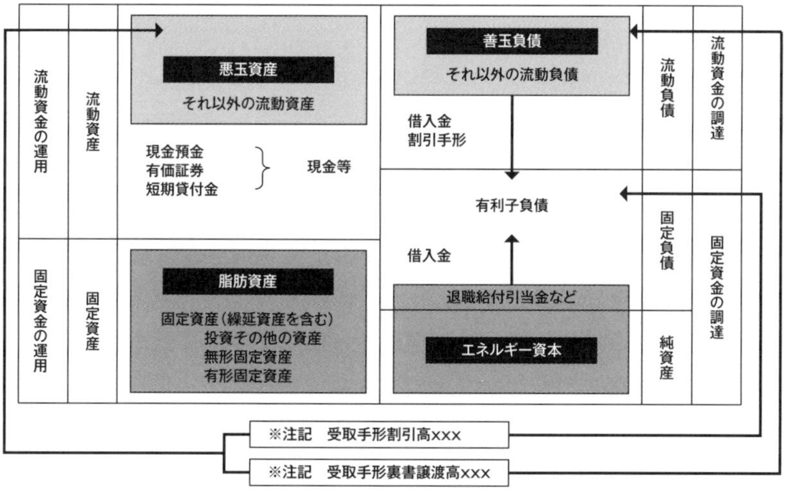

体質図」という。下記で解説するが､キャッシュ体質図には「現金等」が出てくる。これはCF計算書の「現金及び現金同等物」(6頁参照)と同じようなものであるが、それぞれ構成内容が異なる。

この構成内容を同様にすることで､「現金及び現金同等物」と「現金等」に係るフローとストックが結び付き、短期的視点と長期的視点で、「キャッシュの安全性」の確保・維持を検討しやすくなる。そこでキャッシュ体質図について解説する上では、両者を同様の構成内容とすることにする。

前掲のとおり、貸借対照表の運用欄と調達欄には因果関係がある。キャッシュ体質図では、因果関係の対象は、流動資金と固定資金となる。

(1) 流動資金

流動資金とは､現金預金そのものと1年以内に現金預金となるもの、そして1年以内に現金預金として支出されるものである。一方、固定資金とは、1年以内に現金預金化されないものや1年を超えて現金預金として支出されるものである。

資金を運用と調達の区分からみれば、資金の運用は、流動資金の運用と固定資金の運用に分けられる。資金の調達は、流動資金の調達と固定資金の調達に分けることができる。

① 悪玉資産

流動資金の運用内容は､「現金預金・有価証券・短期貸付金」(以下「現金等」という)と「それ以外の流動資産」に分けられる。

「それ以外の流動資産」の中身は売掛金・受取手形・棚卸資産等である。現金等の立場からみれば､「それ以外の流動資産」の存在がないことが好ましいことになる。逆に「それ以外の流動資産」があれば､現金等にとっては、現金等の拡大を阻むものなので、著者は「それ以外の流動資産」を「悪玉資産」と呼ぶことにしている。

この立場はCF計算書でも同様だ。例えば、売掛金・受取手形が減少することは、その減少分が回収され、「現金及び現金同等物」の増加となる。「現金及び現金同等物」からみれば、売掛金・受取手形という資産が減少することが好ましい。逆に、増加することは、「現金及び現金同等物」の拡大を阻む。

棚卸資産についても同様だ。棚卸資産の減少は、売上げに結び付いた場合に、「現金及び現金同等物」の増加となる。「現金及び現金同等物」からみれば、棚卸資産という資産は減少することが好ましい。逆に、増加することは、「現金及び現金同等物」の拡大を阻むのである。

このように、CF計算書もキャッシュ体質図も「それ以外の流動資産」（悪玉資産）についての見方は同じことになる。

なお、この有価証券・短期貸付金を現金等の構成内容に入れているのは、これらは、もともと現金預金として手元に存在していたが、その後の運用により発生したものであること、原則的には、いつでも現金預金に換金できるということが、その理由である。

②　善玉負債

一方、流動資金の調達内容は、流動負債の中の割引手形を含む「有利子負債」と、「それ以外の流動負債」に分けられる。

「それ以外の流動負債」の中身は買掛金・支払手形等である。現金等の立場からみれば、「それ以外の流動負債」の存在がないことは、その分、現金等が支出されるので、好ましくはない。逆にそれがあれば、現金等の立場からみれば、現金等の減少を抑えられるので、好ましい。著者は「それ以外の流動負債」を「善玉負債」と呼ぶことにしている。

この立場はCF計算書でも同様だ。例えば、買掛金・支払手形等が減少することは、その減少分が支出され、「現金及び現金同等物」の減少となる。「現金及び現金同等物」からみれば、買掛金・支払手形等という負債が減少することは好ましくない。逆に、増加することは、「現金及び現金同等物」を縮小させないので好ましい。

CF計算書もキャッシュ体質図も「それ以外の流動負債」（善玉負債）

についての見方は同じことになる。

なお、決算書の注記にある割引手形と裏書手形は悪玉資産に加え、同時に割引手形は有利子負債へ、裏書手形は善玉負債に加えることになるが、これは、財政状態の実態を浮き彫りにするためである。

(2) 固定資金

① 脂肪資産

次に、固定資金の運用内容だ。これは固定資産そのものである。現金等の立場からみれば、「固定資産」の存在がないことが好ましいことになる。現金等の減少を抑えられるからだ。逆に固定資産を取得(存在) すれば、現金等が支出されて、現金等の存在を阻むので、好ましくはない。ただ、将来的には、固定資産が利益を生み、現金等を創造する蓄えとみることもできる、あるいは将来に換金できる蓄えとしてみることもできるので、著者は「固定資産」を「脂肪資産」と呼ぶことにしている。

脂肪資産の中身の配列が、「投資その他の資産」・「無形固定資産」・「有形固定資産」となっている。これは、換金化しやすい順に配列するためだ。なお、繰延資産については、一般的には、金額も僅少なことから、固定資産の中に入れることにしている。

上記の立場はCF計算書でも同様だ。例えば、固定資産が減少することは、その減少分が収入となり、「現金及び現金同等物」の増加となる。「現金及び現金同等物」からみれば、固定資産という資産が減少することが好ましい。逆に、増加することは、「現金及び現金同等物」が減少するので、好ましくはない。

CF計算書もキャッシュ体質図も、固定資産(脂肪資産)についての見方は同じことになる。

② エネルギー資本

最後に、固定資金の調達内容だ。これは、固定負債の中の「有利子負債」と「それ以外の固定負債」と「純資産」に分けられる。

「純資産」の中身は資本金・利益剰余金等が主なものである。現金等の立場からみれば、これらの存在があることが好ましい。特に利益剰余金は、獲得した利益を内部に留保した金額であるが、これらがあれば、現金等の拡大となるからだ。逆に、これらの存在がないことは好ましくない。現金等が支出されてしまうからだ。

「それ以外の固定負債」には退職給付引当金等がある。退職給付引当金の発生と同時に、「退職給付費用」という費用も発生する。この時に、この同金額が利益剰余金を減少させ、退職給付引当金という負債に振り替わる。そもそも利益剰余金が元になっていて、現金等の存在を維持しているので、現金等からみれば、「それ以外の固定負債」が減少することは好ましくない。逆に、増加することは、現金等を拡大させるので、好ましい。

「純資産」と「それ以外の固定負債」は、主に企業にとって自力で調達した根源的なものなので、著者は、「エネルギー資本」と呼ぶことにしている。

上記の立場はCF計算書でも同様だ。例えば、営業利益が減少して、営業損失になれば、その分が支出され、「現金及び現金同等物」の減少となる。「現金及び現金同等物」からみれば、営業損失は好ましくない。逆に、営業利益は、「現金及び現金同等物」を拡大させるので好ましい。

CF計算書もキャッシュ体質図も、純資産と「それ以外の固定負債」(エネルギー資本) についての見方は同じことになる。

なお、有利子負債についても、CF計算書もキャッシュ体質図も見方は同じことになることは理解できるであろう。

以上のように区分することによって、各ストック項目が、フローとリンクでき、どのように調達され、どのように運用されたかということが確認しやすくなる。

❷　キャッシュ体質図の見方

図表Ⅱ－２をみてみよう。

⑴　悪玉資産と善玉負債

悪玉資産と善玉負債はともに、一時点における１年以内の流動資金の状態を表しており、これらを比較することで、一時点における１年以内の現金等の状態を知ることができる。

①　悪玉資産が善玉負債よりも大きい場合

悪玉資産が善玉負債よりも大きい場合（以下､悪玉資産＞善玉負債）は、その差額分だけ流動資金が不足しているとみることができる。その不足分は純資産（エネルギー資本）で調達されていることが理想的ではあるが、中小企業の場合では、有利子負債で調達されていることが多い。

②　悪玉資産が善玉負債よりも小さい場合

一方、悪玉資産が善玉負債よりも小さい場合（以下、悪玉資産＜善玉負債）は、その差額分は流動資金が余剰しているとみることができる。その余剰分は、まずは現金等となる。

⑵　脂肪資産とエネルギー資本

脂肪資産とエネルギー資本は、一時点における１年を超える固定資金の状態を表しており、これらを比較することで、一時点における１年を超える現金等の状態を知ることができる。

①　脂肪資産がエネルギー資本よりも大きい場合

脂肪資産がエネルギー資本よりも大きい場合（以下、脂肪資産＞エネルギー資本）は、その差額分は固定資金が不足しているとみること

■図表Ⅱ－２　キャッシュ体質図の比較

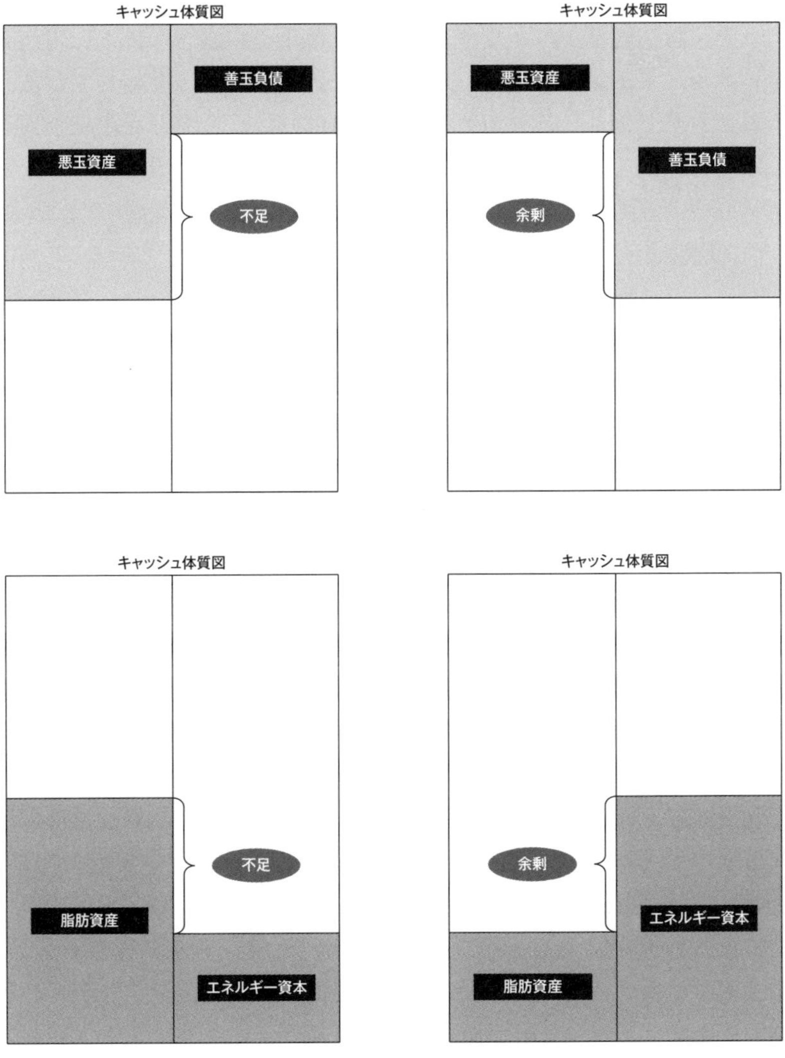

ができる。その不足分は流動資金の余剰分（悪玉資産＜善玉負債）あるいは有利子負債で調達される。

② 脂肪資産がエネルギー資本よりも小さい場合

一方、脂肪資産がエネルギー資本よりも小さい場合（以下、脂肪資産＜エネルギー資本）は、その差額分だけ固定資金が余剰しているとみることができる。その余剰分は、最終的には現金等となる。

⑶ 現金等と有利子負債

前掲図表Ⅱ－１をみてみよう。

次に、現金等と有利子負債を比較（以下、現金等＞・＜有利子負債）することになる。これは、すぐにでも使うことのできる現金等と、弁済すべき借入金等の有利子負債を簡単に比較できる。ここに、この図の特徴があるわけである。現金等＞有利子負債は、いわゆる「キャッシュ・リッチ」の状態であり、現金等＜有利子負債は、いわゆる「キャッシュ・プア」の状態である。

⑷ キャッシュ体質図のパターン

次に、図表Ⅱ－３をみていただきたい。

キャッシュ体質図は、悪玉資産と善玉負債、脂肪資産とエネルギー資本の組合せによって６つのパターンに分類することができる。

まず、パターン⑥をみよう。

悪玉資産＞善玉負債は、流動資金が不足する体質となり、脂肪資産＞エネルギー資本は、固定資金が不足する体質となる。この結果、現金等＜有利子負債となる。

では、パターン①はどうであろうか。パターン⑥と対称的である。悪玉資産＜善玉負債は、流動資金が余る体質となり、脂肪資産＜エネルギー資本は、固定資金が余る体質となる。この結果、現金等＞有利子負債となる。

さて、パターン②と④は、悪玉資産＞善玉負債は、流動資金が不足

■図表Ⅱ－３　キャッシュ体質図のパターン

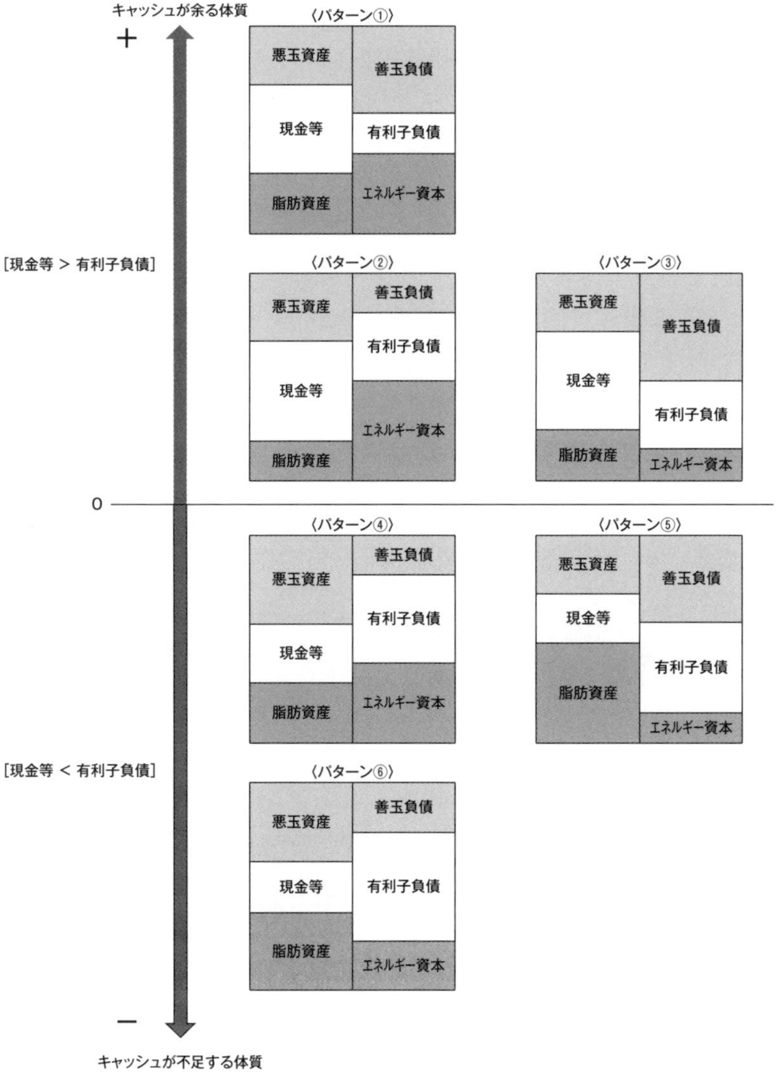

する体質となり、脂肪資産＜エネルギー資本は、固定資金が余る体質となる。パターン②は現金等＞有利子負債で、パターン④は現金等＜有利子負債だ。この点が異なる。

次に、パターン③と⑤はどうであろうか。悪玉資産＜善玉負債は、流動資金が余る体質となり、脂肪資産＞エネルギー資本は、固定資金が不足する体質となる。パターン③は現金等＞有利子負債で、パターン⑤は現金等＜有利子負債だ。この点が異なる。

(5) 債務超過と資本の欠損

図表Ⅱ－４をみてみよう。

「キャッシュ体質図」では利益剰余金がマイナス（以下、「▲利益剰余金」とする）となれば、同図の左側に「▲利益剰余金」を表示することにしている。この左側表示の「▲利益剰余金」が純資産を超えれば、「債務超過」となる。また、この左側表示の「▲利益剰余金」が純資産を超えていなければ、「資本の欠損」ということになる。

■図表Ⅱ－４　債務超過と資本の欠損

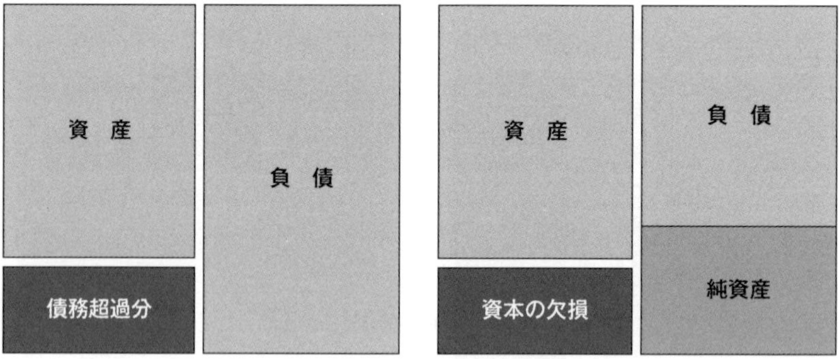

この他には、「その他の包括利益累計額」あるいは「評価・換算差額等」がマイナスの場合（以下、「▲その他の包括利益累計額」、あるいは「▲評価・換算差額等」とする）も同図の左側に表示すること、「貸倒引当金」は同図の右側に表示することにしている。

なお、「その他の包括利益累計額」とは、これまでに公表された会計基準等で使用されている純資産の部の「評価・換算差額等」を読み替えたものであり、従来の取扱いに従い、その他有価証券評価差額金、繰延ヘッジ損益、為替換算調整勘定等の各内訳項目に当該持分相当額を含めて表示する。2011 年 3 月 31 日以後終了する連結会計年度の年度末に係る連結財務諸表から適用する。本書では、すべての年度で、統一して「その他の包括利益累計額」を使用することにする。

Ⅲ 安全性の短期的視点

❶ CF計算書と資金繰り表

「フローの安全性」は、資金繰り表によって確認することができる。この資金繰り表は企業内部の資料であるので、外部者はみることはできない。このため、外部者がフローの安全性を確認したい場合は、CF計算書で確認せざるを得ない。

CF計算書は、該当の会計期間の損益計算書、期首と期末の貸借対照表を基に作成される（下記(1)参照）のに対して、資金繰り表はダイレクトに収入と支出を捉えて作成される。

共通点は、収入と支出の状態をみるという点であり、CF計算書の中身はまさに資金繰り表そのものなのである。

(1) CF計算書上のプラスやマイナス表示原理

図表Ⅲ－1をみてみよう。

CF計算書（間接法）は、利益に支出が伴わない減価償却費（非資金費用という）を加えてから、【①現金預金以外の資産減少、②負債の増加、③資本（純資産）の増加はプラス表示となり、これらと逆の現象（④、⑤、⑥）となればマイナス表示となる】という原理に基づいて、利益からの逆算によって「現金及び現金同等物の増減額」の原因を説明する決算書である。

(2) 実際のCF計算書の例

■図表Ⅲ－1　CF計算書上のプラスとマイナス

資金の運用となるもの	資金の調達となるもの
④現金預金以外の資産の増加 ⑤負債の減少 ⑥資本（純資産）の減少	①現金預金以外の資産の減少 ②負債の増加 ③資本（純資産）の増加
－ CF計算書ではマイナスの調整をする	＋ CF計算書ではプラスの調整をする

CF計算書は、図表Ⅲ－2のデータで作られる。

① 営業CF

当期の売上高110円と期首売掛金24円のうち、期末売掛金33円は収入となっていないので、当期営業収入は101円（当期の売上高110円＋期首売掛金24円－期末売掛金33円）となる。これは資金繰り表の営業収入101円と一致する。

一方、売上原価88円は、当期の仕入高90円に期首棚卸高2円を加え、期末棚卸高4円を引いて計算されている。支出レベルにするには、売上原価88円から、加えた期首棚卸高2円を差し引き、引いた期末棚卸高4円を加える作業が必要となる。結果は90円となり、当期の仕入高90円となる。

この当期の仕入高90円と期首買掛金6円のうち、期末買掛金9円は支出となっていないので、この段階での当期営業支出は87円（仕入高90円＋期首買掛金6円－期末買掛金9円）となる。次に、販管費10円のうち減価償却費が2円あるので、支出レベルにしなければならない。これは、販管費10円から、支出が伴わない減価償却費2円を差し引いた8円となり、最終的な当期営業支出は95円（上記87円＋8円）となる。これは資金繰り表の営業支出95円と一致する。

これにより、営業CFの収支差額である「現金及び現金同等物の増

■図表Ⅲ－２　損益計算書と貸借対照表

当期　損益計算書

売上高	110
期首棚卸高	2
仕入高	90
小計	92
期末棚卸高	4
売上原価	88
商品評価損	0
売上総利益	22
販管費	10
うち減価償却費	2
営業利益	12
特別利益	0
特別損失	0
税引前当期純利益	12

前期　貸借対照表

現金預金	15	買掛金	6
売掛金	24	借入金	30
棚卸資産	2	資本金	80
機械装置	50	利益剰余金	0
土地	25		
合計	116	合計	116

当期　貸借対照表

現金預金	41	買掛金	9
売掛金	33	借入金（既存）	25
棚卸資産	4	借入金（新規）	40
機械装置	48	資本金	80
土地（新規）	40	利益剰余金	12
合計	166	合計	166

減額」は6円となり、資金繰り表の営業CFの収支差額であるキャッシュの増加額6円と一致するのである。

CF計算書の間接法では、上記の算式を**図表Ⅲ－3**のように展開して表示される。

当期の売上高110円から当期の売上原価▲88円、販管費▲10円を差し引いて、当期の営業利益、税引前当期純利益12円を表示し、支出が伴わない減価償却費2円を加え、棚卸資産増加額▲2円（期首棚卸資産2円－期末棚卸資産4円）と売掛金増加額▲9円（期首売掛金24円－期末売掛金33円）とプラスの買掛金増加額3円（期末買掛金9円－期首買掛金6円）を加えて表示する形式をとっている。これも当然のように、営業CFの「現金及び現金同等物の増減額」は6円となり、資金繰り表の営業CFの収支差額であるキャッシュの増加額6円と一致するのである。

前掲の**図表Ⅲ－1**の原理に基づいてみてみよう。

税引前当期純利益12円に支出が伴わない減価償却費2円を加え、棚卸資産増加額▲2円（④現金預金以外の資産増加はマイナス表示）、売掛金増加額▲9円（④現金預金以外の資産増加はマイナス表示）、買掛金増加額3円（②負債の増加はプラス表示）の調整を行い、営業CFの「現金及び現金同等物の増減額」6円を算出するのである。

なお、資金繰り表では、営業上のキャッシュの出入りをダイレクトにとらえて、営業収入101円、営業支出95円となっており、営業CFの収支差額であるキャッシュの増加額は6円となっている。

② 投資CF

資金繰り表では、投資上のキャッシュの出入りをダイレクトにとらえて、投資収入（例えば土地という投資物件売却で損得がなく、前期の土地の価額25円＝当期土地売却価額と仮定）25円、投資支出（土地という当期の新規投資物件購入）▲40円となっており、収支差額であるキャッシュの減少額は▲15円となっている。

一方、CF計算書では、所有していた投資用の土地の減少額（前期

■図表Ⅲ－３　資金繰り表とCF計算書

資金繰り表

営業CF	営業収入	営業支出
	101	95
=	6	

投資CF	投資収入	投資支出
	25	40
=	−15	

財務CF	財務収入	財務支出
	40	5
=	35	

「現金及び現金同等物の増減額」=26

CF計算書

営業CF

	売上高	＋ 期首売掛金	－ 期末売掛金	－（ 売上原価	－ 期首棚卸高	＋ 期末棚卸高	＋ 期首買掛金	－ 期末買掛金 ）－（	販管費	－ 減価償却費 ）
= 6	110	24	33	88	2	4	6	9	10	2
	売上高	＋ 期首売掛金	－ 期末売掛金	－ 売上原価	＋ 期首棚卸高	－ 期末棚卸高	－ 期首買掛金	＋ 期末買掛金	－ 販管費	＋ 減価償却費
= 6	110	24	33	88	2	4	6	9	10	2
	売上高	－ 売上原価	（∓ 棚卸資産増減額）－	販管費	＋ 減価償却費	（∓ 売掛金増減額）	（± 買掛金増減額）			
= 6	110	88	−2	10	2	−9	3			
	税引前利益	＋ 減価償却費	∓ 棚卸資産増減額	∓ 売掛金増減額	± 買掛金増減額					
= 6	12	2	−2	−9	3					

投資CF

	＋ 既存土地減少額	－ 新規土地増加額
= −15	25	40

財務CF

	＋ 新規借入金増価額	－ 既存借入金減少額
= 35	40	5

「現金及び現金同等物の増減額」=26

の土地の価額25円）25円（①現金預金以外の資産減少はプラス表示）、新しく購入した投資用の土地の増加額▲40円（④現金預金以外の資産増加はマイナス表示）で、収支差額である「現金及び現金同等物の増減額」は▲15円となって、資金繰り表の収支差額であるキャッシュの減少額▲15円と一致する。

③　財務CF

資金繰り表では、財務上のキャッシュの出入りをダイレクトにとらえて、財務収入（当期新規銀行借入金）40円、財務支出（前期銀行既存借入金残高30円、当期銀行既存借入金残高25円）▲5円となっており、収支差額であるキャッシュの増加額は35円となっている。

一方、CF計算書では、新規借入金の増加額40円（②負債の増加はプラス表示）、既存の借入金の減少額▲5円（⑤負債の減少はマイナス表示）となっており、収支差額である「現金及び現金同等物の増減額」は35円となって、資金繰り表の収支差額であるキャッシュの増加額35円と一致している。この結果、「現金及び現金同等物の増減額」は26円となる。

❷　営業CFの見方

著者は、「フローの安全性」の分析とは、有利子負債分析であると考えている。簡単にいえば、有利子負債を返済できれば、その企業はフローの安全性があると考える。

CF計算書でのフローの安全性は、「営業CFの結果」と「有利子負債の約定返済額」との比較で判断するという見方がある。営業CFには、企業の本業である日々の営業活動でのCFの努力と成果が表示されている。この「営業CFの結果」は、健全企業であれば、プラスとなる。日々の営業活動の結果、「営業CFの結果」がマイナスであれば、一般的には、企業が営業活動でキャッシュを創出する能力がないことを表し、フローの安全性に問題が発生する。「営業CFの結果」がプラスであっても、その額が「有利子負債の約定返済額」未満であれば、フローの安全性に問題が発生することになる。

実は、実務的には「営業CFの結果」と「有利子負債の約定返済額」との比較だけで、フローの安全性を判断することに抵抗がある。「営業CFの結果」＜「有利子負債の約定返済額」であっても、生存している企業が存在するからだ。

このため、各段階のフェーズを経て実態を確認した後に判断する必要がある。そこで、「連結財務諸表等におけるキャッシュ・フロー計算書の作成に関する実務指針（以下「CF計算書に関する実務指針」という）（下記(1)**〈参考1〉**を参照）を掘り下げて、実務的な分析手法を提示したい。

(1) 営業CFの構造

図表Ⅲ－4をみてみよう。

これは、実務指針をわかりやすくしたものである。小計欄までの骨格は**1税引前当期純利益、2非資金損益項目、3営業損益への調整項目、4営業損益計算の対象となった取引に係る項目、5営業活動に係る項目**（営業損益計算の対象外だが、取引先への前渡金や営業保証金の支出及び取引先からの前受金や営業保証金の収入等）である。

営業CFの出発点は税引前当期純利益となっているが、これは、理解に苦しむところだ。営業CFは、どの程度の資金を主たる営業活動から獲得したかを示す主要な情報であるので、「営業利益」を出発点とすべきだからである。

ただ、税引前当期純利益を営業利益に引き戻す調整の仕組みがあるので、「**3営業損益への調整項目**」の表示が厄介ではあるが、実態は営業利益を出発点としていることになる。

小計欄までの金額は「おおむね営業損益計算の対象となった取引に係るCFの合計額を意味」している。この「おおむね」が気になるところだ。これは、営業損益計算の対象外だが、取引先への前渡金や営

■図表Ⅲ－4　営業CFの構造

		1 営業活動によるキャッシュフロー	
[1] 税引前当期純利益	→	税引前当期純利益	500
		減価償却費	100
[2] 非資金損益項目	→	貸倒引当金の増減額（減―）	10
		…	
		固定資産売却益（―）	−50
[3] 営業損益への調整項目	→	受取利息及び受取配当金（―）	−2
		支払利息	3
		…	
		売上債権の増減額（増―）	−300
		棚卸資産の増減額（増―）	−50
[4] 営業損益計算の対象となった取引に係る項目	→	仕入債務の増減額（減―）	100
		前払費用の増減額（増―）	0
		未払費用の増減額（減―）	5
		…	
		前渡金の増減額（増―）	−45
		前受金の増減額（減―）	15
[5] 営業活動に係る項目	→	営業保証金の増減額（増―）	
		…	
		破産債権・更生債権等の回収	0
		…	
		小計「おおむね営業収支」	
		利息及び配当金の受取額	4
[6] 上記調整項目の収入・支出額	→	利息の支払額（―）	−5
[7] 法人税等の支払額	→	法人税等の支払額（―）	−150
		災害による保険金収入	
[8] 投資・財務以外のCF項目	→	損害賠償金の支払額（―）	−35
		巨額の特別退職金の支給額等（―）	
		…	
「おおむね経常収支」	→	営業活動によるキャッシュフロー	100

業保証金の支出及び取引先からの前受金や営業保証金の収入等が[5]に入っていることが原因のようである。それはそれとして割り切っていくしかないのであろう。

小計欄以下の骨格は、[6]**利息及び配当金の受取額・利息の支払額（上記調整項目の収入・支出額）**、[7]**法人税等の支払額**、[8]**投資活動及び財務活動以外の取引によるキャッシュフロー**だ。これをみると、小計欄以下を含めたものは、やや経常利益をベースとした経常収支をイメージできる。

ただ、ここも上記[7]の法人税等の支払額と[8]**投資活動及び財務活動以外の取引によるキャッシュフロー**が気になる。両者とも経常外収支の項目だ。これも、それはそれとして割り切っていくしかないのであろう。

本書では、小計欄までは「おおむね営業収支」、小計欄以下を含めたものは「おおむね経常収支」として捉えていくことにする。

〈参考 1〉CF 計算書に関する実務指針（抜粋）

⋮

「現金及び現金同等物」の内容は次のとおりである。

(1) 現金

現金とは、手許現金及び要求払預金をいう。

ここでいう要求払預金とは、預金者が一定の期間を経ることなく引き出すことができる預金をいい、例えば、普通預金、当座預金、通知預金が含まれる。したがって、預入期間の定めがある定期預金は、ここにいう要求払預金には該当しない。

(2) 現金同等物

現金同等物とは、容易に換金可能であり、かつ、価値の変動について僅少なリスクしか負わない短期投資をいう。

現金同等物は、この容易な換金可能性と僅少な価値変動リスクの要件をいずれも満たす必要があり、市場性のある株式等は換金が容易であっても、価値変動リスクが僅少とはいえず、現金同等物には含まれない。

⋮

「営業活動によるキャッシュ・フロー」の金額は、企業が外部からの資金調達に頼ることなく、営業能力を維持し、新規投資を行い、借入金を返済し、配当金を支払うために、どの程度の資金を主たる営業活動から獲得したかを示す主要な情報となる。

「営業活動によるキャッシュ・フロー」の区分には、営業損益計算の対象となった取引に係るキャッシュ・フロー、営業活動に係る債権・債務から生ずるキャッシュ・フロー並びに投資活動及び財務活動以外の取引によるキャッシュ・フローを記載する。

(1) 営業損益計算の対象となった取引とは、「商品及び役務の販売による収入、商品及び役務の購入による支出等」とされており、売上高、売上原価、販売費及び一般管理費に含まれる取引に係るキャッシュ・フローは、「営業活動によるキャッシュ・フロー」の区分に記載するものとする。

(2) 営業活動に係る債権・債務から生ずるキャッシュ・フローには、商品及び役務の販売により取得した手形の割引による収入、営業債権のファクタリング等による収入も含まれる。

また、営業活動に係る債権から生じた破産債権、更生債権等や償却済み債権の回収についても、「営業活動によるキャッシュ・フロー」の区分に記載するものとする。

(3) 「営業活動によるキャッシュ・フロー」の区分に含まれる投資活動及び財務活動以外の取引によるキャッシュ・フローの例としては、災害による保険金収入、損害賠償金の支払、巨額の特別退職金の支給などがある。

なお、取引先への前渡金や営業保証金の支出及び取引先からの前受金や営業保証金の収入等は、営業損益計算の対象には含まれず、また、営業活動に係る債権・債務から生ずるキャッシュ・フローでもないが、その取引の性格から、「営業活動によるキャッシュ・フロー」の区分に記載するものとする。

「投資活動によるキャッシュ・フロー」の金額は、将来の利益獲得及び資金運用のために、どの程度の資金を支出し又は回収したかを示す情報となる。

「投資活動によるキャッシュ・フロー」の区分には、①有形固定資産及び無形固定資産の取得及び売却、②資金の貸付け及び回収、③現金同等物に含まれない有価証券及び投資有価証券の取得及び売却等の取引に係るキャッシュ・フローを記載する。

連結範囲の変動を伴う子会社株式の取得又は売却に係るキャッシュ・フローは、「投資活動によるキャッシュ・フロー」の区分に独立の項目として記載することとされている。

なお、支配獲得時に生じた取得関連費用に係るキャッシュ・フローは、「営業活動によるキャッシュ・フロー」の区分に記載する。

「財務活動によるキャッシュ・フロー」の金額は、営業活動及び投資活動を維持するためにどの程度の資金が調達又は返済されたかを示す情報となる。

「財務活動によるキャッシュ・フロー」の区分には、①借入れ及び株式又は社債の発行による資金の調達、②借入金の返済及び社債の償還等の取引に係るキャッシュ・フローを記載する。

なお、作成基準では、自己株式の取得に係る支出は、取得事由にかかわらず「財務活動によるキャッシュ・フロー」の区分に記載することとされているため、自己株式の売却による収入も「財務活動によるキャッシュ・フロー」の区分に記載するものとする。

子会社株式の追加取得又は一部売却（親会社と子会社の支配関係が継続している場合に限る。）による親会社の持分変動による差額は、資本剰余金に計上される（連結会計基準第28項及び第29項）。このため、連結範囲の変動を伴わない子会社株式の取得又は売却に係るキャッシュ・フローについては、当該変動に関連するキャッシュ・フロー（関連する法人税等に関するキャッシュ・フローを除く。）を、非支配株主との取引として「財務活動によるキャッシュ・フロー」の区分に記載するものとする。

⋮

なお、上記に関連して生じた費用に係るキャッシュ・フローは、「営業活動によるキャッシュ・フロー」の区分に記載する。

なお、CF計算書は直接法表示と間接法表示の2種類があるが、（直接法）及び（間接法）の小計欄は、「営業活動によるキャッシュ・フロー」のうち、おおむね営業損益計算の対象となった取引に係るキャッシュ・フローの合計額を意味し、小計欄以下の項目には、投資活動及び財務活動以外の取引によるキャッシュ・フロー及び法人税等に係るキャッシュ・フローが含まれることとなる。

■図表Ⅲ－５　税引前当期純利益から営業利益へ

1 営業活動によるキャッシュフロー

1	営業利益	451
	減価償却費	100
2	貸倒引当金の増減額（減－）	10
	…	
3		
	売上債権の増減額（増－）	−300
	棚卸資産の増減額（増－）	−50
4	仕入債務の増減額（減－）	100
	前払費用の増減額（増－）	0
	未払費用の増減額（減－）	5
	…	
	前渡金の増減額（増－）	−45
	前受金の増減額（減－）	15
5	営業保証金の増減額（増－）	
	…	
	破産債権･更生債権等の回収	0
	…	
	小計「おおむね営業収支」	
	利息及び配当金の受取額	4
6	利息の支払額（－）	−5
7	法人税等の支払額（－）	−150
	災害による保険金収入	
8	損害賠償金の支払額（－）	−35
	巨額の特別退職金の支給額等（－）	
	…	
	営業活動によるキャッシュフロー	100

(2)　税引前当期純利益から「営業利益」へ

図表Ⅲ－５をみていただきたい。

本来は、営業CFの出発点は税引前当期純利益となるが、ここは思い切って税引前当期純利益を「営業利益」に置き換えてみよう。そうなると、3**営業損益への調整項目**が必要なくなる。この存在が厄介で分析することもない項目が消えることになる。

ただ、実務指針（下記**〈参考２〉**）によると、単純に置き換えられない非資金損益項目がある。

つまり､上記の｢営業損益への調整項目｣に含まれない非資金損益項目（営業債権の貸倒損失、棚卸資産の評価損等の営業活動に係る資産及び負債に関連して発生した非資金損益項目）が存在する。

これらの非資金損益項目が営業利益に反映されていれば問題はないが、営業外損益や特別損益に計上されている場合は、税引前当期純利益を営業利益に置き換えるときに、これらの項目が宙に浮いてしまうのである。正確に分析するとなれば、一つ一つ吟味をしなければならない。本書では、税引前当期純利益と営業利益の差額として算出される、上記の非資金損益項目も、後述するピックアップされない項目である「その他」に含めることにする。

〈参考 2〉CF 計算書に関する実務指針（抜粋）

⋮

非資金損益項目とは、税金等調整前当期純利益の計算には反映されるが、キャッシュ・フローを伴わない項目、例えば、減価償却費、のれん償却額、貸付金に係る貸倒引当金増加額、持分法による投資損益等を指す。しかし、営業債権の貸倒損失、棚卸資産の評価損等の営業活動に係る資産及び負債に関連して発生した非資金損益項目は、税金等調整前当期純利益の計算に反映されるとともに、営業活動に係る資産及び負債の増減にも反映されていることから、税金等調整前当期純利益に加減算する非資金損益項目には含まれない。

⋮

■図表Ⅲ－6　営業 CF の重要項目のピックアップ

1 営業活動によるキャッシュフロー

1	営業利益	451
	減価償却費	100
2	「その他」	10
	…	
3		
	売上債権の増減額（増—）	−300
	棚卸資産の増減額（増—）	−50
4	仕入債務の増減額（減—）	100
	「その他」	5
	…	
	「その他」	−45
	「その他」	15
5		
		0
	小計「おおむね営業収支」	
	利息及び配当金の受取額	4
6	利息の支払額（—）	−5
7	法人税等の支払額（—）	−150
8	「その他」	−35
	営業活動によるキャッシュフロー	100

■図表Ⅲ－7　営業 CF の重要項目と「その他」の集約

1 営業活動によるキャッシュフロー

営業利益	451
減価償却費	100
売上債権の増減額(増—)	−300
棚卸資産の増減額(増—)	−50
仕入債務の増減額(減—)	100
利息及び配当金の受取額	4
利息の支払額(—)	−5
法人税等の支払額(—)	−150
「その他」	10
「その他」	5
「その他」	−45
「その他」	15
「その他」	−35
営業活動によるキャッシュフロー	100

(3) 営業 CF の重要項目のピックアップ

図表Ⅲ－６とⅢ－７をみてみよう。

ここでは、営業 CF で重要視されている項目をピックアップしてみよう。まず、1と2については、「営業利益」と「減価償却費」である。これ以外の非資金損益項目の増減額は「その他」とする。

4については、金額が大きく占める運転資金の３要素といわれる「売上債権の増減額」、「棚卸資産の増減額」、「仕入債務の増減額」をピックアップする。これ以外の増減額は「その他」とする。

6と7はすべてピックアップする。経営をする上で必ず発生するものだからだ。5と8については、すべてを「その他」とする。

上記の「その他」をピックアップしないのは、一般的には金額が比較的僅少であったり、臨時的であったりするものが多いからだ。分析の最初のフェーズでは経常的な収支レベルのものを対象にしたい。「その他」の金額が多額なものや臨時的なものは、次のフェーズで、検討することになる。

さて、「運転資金のマイナス」とは、売上債権・棚卸資産の増加や仕入債務の減少が原因で発生するものだ。フローの安全性の高い企業は、「営業利益＋減価償却費」が「運転資金のマイナス」を吸収することができる。これで「運転資金のマイナス」を気にせずに経営できるのだ。

「営業利益＋減価償却費」が 100％とした場合に、これと比較して、「運転資金のマイナス」の絶対値が、例えば 10％、20％程度の金額であれば、「営業利益＋減価償却費」は 90％、80％の収入金額となる。

このような状態となれば、「営業利益＋減価償却費」が「運転資金のマイナス」を吸収することができるので、企業のフローの安全性は、前掲のように「営業 CF の結果」と「有利子負債の約定返済額」との比較で判断することができる。

しかし、このような企業ばかりではない。

特に中小企業では、一定期間、「運転資金のマイナス」を「営業利益＋減価償却費」だけでは吸収できずに、そのマイナスを有利子負債等で補填しているケースが多々見受けられる。それでも倒産せずに経営を続けている企業もある。

「営業利益＋減価償却費」で「運転資金のマイナス」を吸収できない企業は、「営業CFの結果」の大半が「運転資金のマイナス」で喰われて、「営業CFの結果」が小さくなるか、あるいはマイナスになってしまう。

そうなると、「営業CFの結果」＜「有利子負債の約定返済額」という結果となってしまい、いきなりフローの安全性は確保されていないという判断をせざるを得ない。もちろん、このような状態が長く続けば、いずれは倒産するだろう。

しかし、この状態の中で、一定期間、「運転資金のマイナス」を手持ちのストック・増資・有利子負債等で補填することが可能であれば、延命することができる。この間、「営業CFの結果」＞「有利子負債の約定返済額」の状態を築ければ、フローの安全性を確保することが可能となる。

そこで、どのような企業であっても、まずは「運転資金のマイナス」が、何かしらで調達されていることを前提に、フローの安全性の分析をスタートすることが現実的であろう。

つまり、いったん「運転資金のマイナス」が何かしらで調達されているので、「運転資金のマイナス」はなかったものとしてスタートすることになる。その後のフェーズにおいて、「運転資金のマイナス」の調達原資の内容を検討することになる。調達原資が1年間で稼ぎ出した営業CFの金額であれば、これに越したことはない。調達原資が手持ちのストック・増資であれば、返済を心配することはないが、体力の程度の検討をする必要がある。調達原資が有利子負債であれば、その後の返済の可能性を検討することになる。

(4) 「おおむね留保経常収支額」はフロー上の留保金額

「有利子負債の約定返済額」の原資は、一般的には「留保金額と減価償却費」とされている。留保金額は、利益から法人税等の支払額や支払配当金等の社外流出額を差し引いた金額のことである。この場合の利益は、経常的な視点でみれば、「経常利益」となろう。

■図表Ⅲ－８

営業利益	451
減価償却費	100
売上債権の増減額（増—）	
棚卸資産の増減額（増—）	
仕入債務の増減額（減—）	
利息及び配当金の受取額	4
利息の支払額（—）	−5
法人税等の支払額（—）	−150
「その他」	
「その他」	
「その他」	
「その他」	
「その他」	
「おおむね経常収支」	400
「支払配当金」	−10
「おおむね留保経常収支額」	390

企業の利益の中では、経常利益が何よりも重要であることは周知の事実である。主たる営業目的に基づく活動の成果である営業利益に、主たる営業目的に基づく活動において付随的に発生した経常的な損益を加えたものが経常利益であり、これは「正常な収益力」(注) を表すものだからだ。

(注) 横山良和『図解　財務会計』（大蔵財務協会）

前掲のとおり、本書では小計欄までは「おおむね営業収支」、小計欄以下を含めたものは「おおむね経常収支」として捉えている。

図表Ⅲ－８をみてみよう。

「運転資金のマイナス」や前掲「その他」のマイナスが何かしらで調達されていることを前提に考えれば、小計欄までの「おおむね営業収支」は「営業利益＋減価償却費」がベースとなり、小計欄以下を含めたものである「おおむね経常収支」は「経常利益」がベースとなる。

そこで、本書では「おおむね経常収支」(400) から「支払配当金」（例えば、10とする）を差し引いた金額を、フロー上の留保金額とする。これを「おおむね留保経常収支額」(390) と呼ぶことにする。そうなると、「おおむね留保経常収支額」が「有利子負債の約定返済額」の原資と考える。

「運転資金のマイナス」・前掲「その他」のマイナスについては、その後「返済を要しないもの」（増資等）で補填されているか、その後「返済を要するもの」（有利子負債）で補填されているか、検討することになる。特に「運転資金のマイナス」が「返済を要するもの」で補填されたとすれば、その後の返済額が多くなるため、その後のフローの安全性の確保に不安が出てくることになる。また「営業利益＋減価償却費」＜「運転資金のマイナス」の絶対値のケースで、「運転資金のマイナス」の全額が有利子負債で賄われていることが最悪である。大半の支出が有利子負債でなされることになるからだ。

「運転資金のプラス」・前掲「その他」のプラスは、営業収入となっている。「運転資金のプラス」については返済原資となるので、「おおむね留保経常収支額」＋「運転資金のプラス」が「有利子負債の約定返済額」の原資と考える。前掲「その他」のプラスのうち「経常的なもの」であれば返済原資となるので、「おおむね留保経常収支額」＋「運転資金のプラス」＋「前掲「その他」のプラス（経常的なもの）」が「有利子負債の約定返済額」の原資と考える。

なお、前掲「その他」のマイナスも「経常的なもの」であれば、「おおむね留保経常収支額」から差し引くことにする。

Ⅳ ストック・フローの安全性の分析

❶ 安全性分析の手順

以下、第1フェーズ・第2フェーズでは、「ストックの安全性」について、第3フェーズ・第4フェーズ・第5フェーズでは、「フローの安全性」について検討する。

(1) 第1フェーズ～現状の現金等と有利子負債の比較

無借金の状態あるいは現金等＞有利子負債の形は、ストックの安全性が確保されている。現金等＜有利子負債の形はストックの安全性が確保されていない。

(2) 第2フェーズ～現金等と有利子負債のトレンド

このフェーズでは、現金等と有利子負債のトレンドをみる。無借金の状態が維持あるいは現金等＞有利子負債の形が維持され、両者の差が小さくなっていなければ､ストックの安全性は維持されているので、まったく問題はない。

問題となるのは、当初が現金等＞有利子負債の形であったものが、トレンドをみて、両者の差が小さくなっていることや現金等＜有利子負債の形のままであること､この両者の差が大きくなっていることだ。

(3) 第3フェーズ～「おおむね留保経常収支額」と「有利子負債の約定返済額」を比較

「おおむね留保経常収支額」＞「有利子負債の約定返済額」の絶対値の形となれば、フローの安全性は確保されているのである。「おおむね留保経常収支額」＜「有利子負債の約定返済額」の絶対値のケースは、フローの安全性は確保されていないことになる。なお、「正常な収益力」をベースとした「おおむね留保経常収支額」がマイナスとなれば、フローの安全性は確保されていないと判断する。

また、「おおむね留保経常収支額」＞「長期借入金等の約定返済額」の絶対値の形を維持していないと「借換え」をしてもらえず、いずれは倒産してしまうことになりかねない。

(4) 第４フェーズ～営業CFの「その他」の検討

主に臨時的な要素が強い営業CFにある「その他」を検討する。

「その他」の金額の大小、臨時的なものか、今後にも影響するものかなどの検討をした後に、臨時的なものを排除し、平準の年度との比較を考慮して、「おおむね留保経常収支額」に増減するか否かの検討を行う。「経常的なもの」と判断すれば、「おおむね留保経常収支額」に増減する。

(5) 第５フェーズの分析～「運転資金のマイナス」の調達原資

「運転資金のマイナス」が何によって調達されているのか、検討する。調達内容が、今後、返済を要しないものなのか、要するものなのか、見極めを行う必要がある。

返済を要しないものとは、手持ちのストックや増資のことだ。

ストックがどの程度換金できるか、増資が今後もできるのかなどを検討する。一方、返済を要するものとは、短期借入金・当座借越・割引手形・長期借入金等の有利子負債のことだ。このことで、新たに発生した有利子負債に対する返済額が追加されることになるので、将来のフローの安全性について、第３フェーズ・第４フェーズの手法を用いて予測する必要がある。

❷ ストックの安全性

(1) 第１フェーズ～現状の現金等と有利子負債の比較

キャッシュ体質図でのストックの安全性は、フローの安全性と同様に、有利子負債分析の結果が良好であれば、ストックの安全性があると考える。

有利子負債が返済できていれば、有利子負債の面積は小さくなる。その返済後に余裕があれば、現金等の面積は大きくなることになる。そうなると、現金等＞有利子負債の形が理想形となる。この形の確保と維持が担保できれば、ストックの安全性があると判断できる。

究極の理想形は、**図表Ⅳ－１とⅣ－２**になる。図表Ⅳ－１では、脂肪資産＞エネルギー資本で、固定資金が不足している。不足分は流動資金の余剰（悪玉資産＜善玉負債）で調達されている。図表Ⅳ－２では、悪玉資産＞善玉負債で、流動資金が不足している。不足分は固定資金の余剰（脂肪資産＜エネルギー資本）で調達されている。

これらの形は、無借金の状態であり、いわゆる「キャッシュ・リッチ」の究極の形だ。

■図表Ⅳ－１　キャッシュ体質図の理想形①

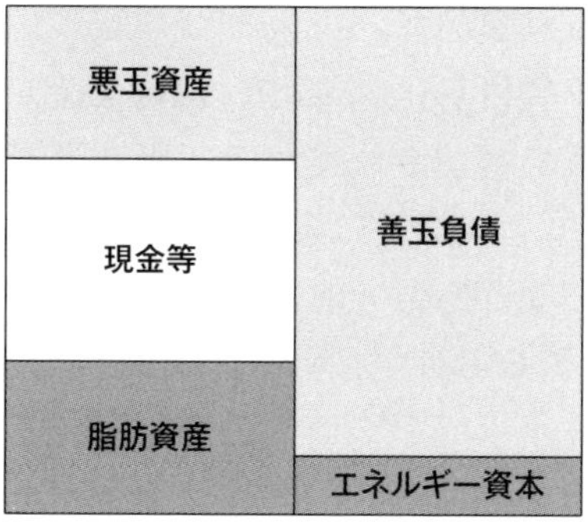

■図表Ⅳ－２　キャッシュ体質図の理想形②

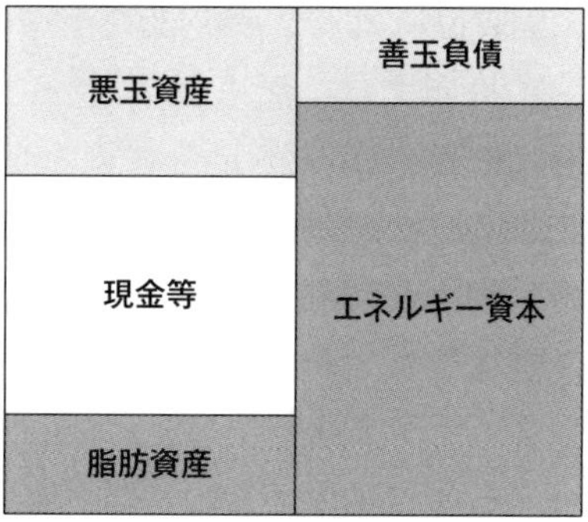

①　㈱キーエンスの例

図表Ⅳ－3は、㈱キーエンスのキャッシュ体質図だ。

2020年では、悪玉資産11.1％＞善玉負債4.1％なので、流動資金が不足している。脂肪資産37.6％＜エネルギー資本95.9％なので、固定資金は余剰している。この余剰は流動資金の不足分と現金等の調達原資となっている。この結果、現金等51.3％＞有利子負債0％で、究極のキャッシュ・リッチの形となっている。

㈱キーエンスの現金等51.3％は、実数では944,139百万円だ。これを月商45,986百万円（売上高551,843百万円÷12か月）で割れば、20.5か月となる。簡単に考えれば、20.5か月間の売上高がゼロであっても、経営が可能となるのだ。

これであれば、第1フェーズでは、ストックの安全性が確保されていると判断できる。

ここで前掲**図表Ⅱ－3**をみてみよう。パターン①・②・③は、現金等＞有利子負債の形となっている。これらもキャッシュ・リッチの形だ。この場合も、第1フェーズでは、ストックの安全性が確保されていると判断できる。金融機関から全額返済を求められても、原則的には返済が可能だからだ。また、不測の事態に対応できる現金等があるからでもある。

②　㈱三共の例

図表Ⅳ－4は、㈱三共のキャッシュ体質図だ。

2020年では、悪玉資産9.3％＞善玉負債7.6％なので、流動資金が不足している。不足分は有利子負債で調達されている。脂肪資産22.6％＜エネルギー資本86.8％なので、固定資金は余剰している。この余剰は現金等の調達原資となっている。残りの現金等は有利子負債で調達されている。この結果、現金等68.0％＞有利子負債5.6％で、キャッシュ・リッチの形となっている。

㈱三共の現金等68.0％は、実数では242,846百万円だ。これを月商

■図表Ⅳ－3　キャッシュ体質図（㈱キーエンス／2020年決算）

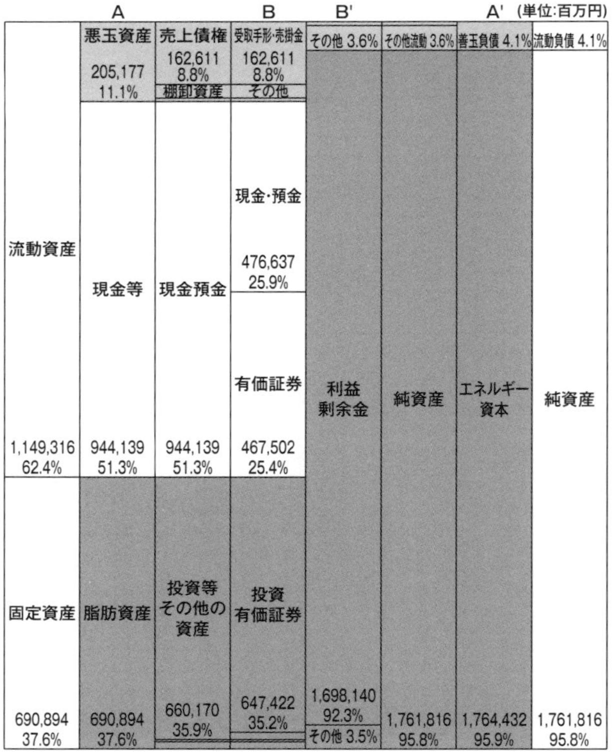

■図表Ⅳ－4　キャッシュ体質図（㈱三共／2020年決算）

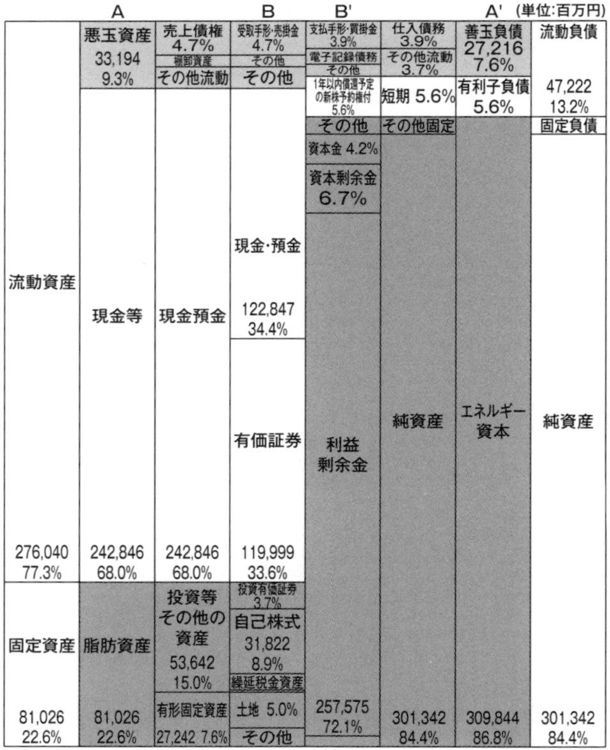

6,534百万円（売上高78,416百万円÷12か月）で割れば、37.2か月となる。簡単に考えれば、37.2か月間の売上高がゼロであっても、経営が可能となるのだ。

これであれば、第1フェーズでは、ストックの安全性が確保されていると判断できる。

前掲**図表Ⅱ－3**のパターン④・⑤・⑥は、現金等＜有利子負債の形となっている。これらはキャッシュ・プアの形だ。この場合は、第1フェーズでは、ストックの安全性が確保されていないと判断する。

⑵ 第2フェーズ～現金等と有利子負債のトレンド

第2フェーズでは、トレンドを検討する。

図表Ⅳ－5をみていただきたい。

現金等の面積は、悪玉資産と脂肪資産の面積を小さくすれば、大きくなる。例えば、悪玉資産である売上債権の面積は取引条件を短くすれば、また棚卸資産の面積は適正在庫となるようにすれば、それぞれ小さくなる。脂肪資産の面積もムダな資産は売却すれば、小さくなる。小さくなった分が現金等になるのである。

一方、有利子負債の面積は、善玉負債とエネルギー資本の面積を大きくすれば、小さくなる。例えば、善玉負債である仕入債務の面積は、取引条件を長くすれば、またエネルギー資本の面積は、増資や営業利益をよりいっそう発生させれば、それぞれ大きくなる。大きくなった分が現金等の面積を大きくさせ、その現金等により返済が実行され、有利子負債の面積が小さくなる。

ストックの安全性が高い企業は、エネルギー資本の面積が大きくなり、長期借入金等の面積は小さくなる。さらに、余裕を持って長期借入金等の約定返済をできていれば、短期借入金・当座借越等の返済が可能となり、短期借入金・当座借越等の面積は小さくなる。このため、ストックの安全性が確保されていると判断できるのだ。

悪玉資産・脂肪資産・善玉負債・エネルギー資本の面積の変化のトレンドをみて、現金等の面積が大きくなっているか、有利子負債の面

■図表Ⅳ−5　現金等を大きく、有利子負債を小さくするには

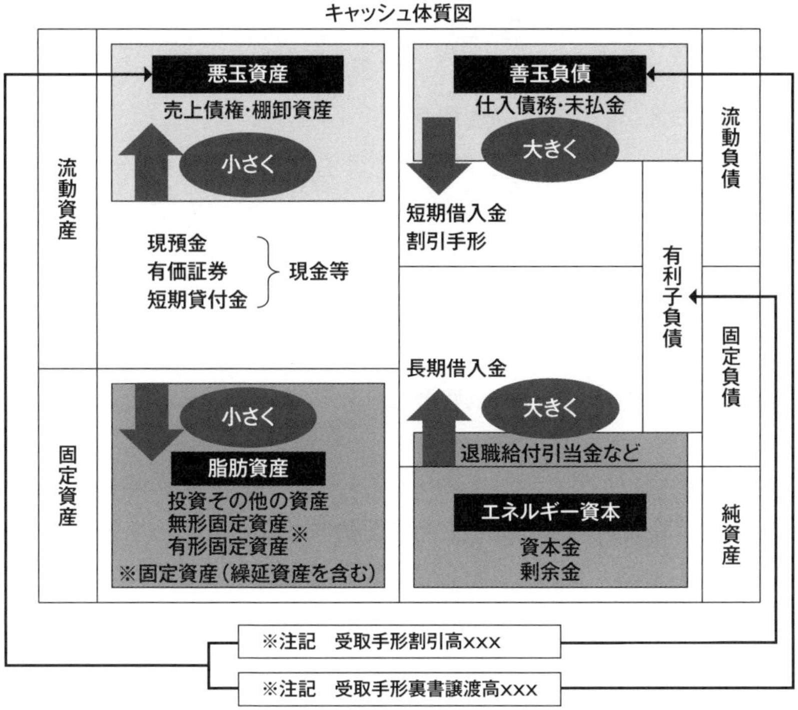

積が小さくなっているか、確認することが必要である。このトレンドによる検討の結果で、ストックの安全性が確保・維持されているかの判断を行うことになる。

この結果、無借金の状態（キャッシュ・リッチの究極の形）が維持、あるいは、現金等＞有利子負債の形が維持され、両者の差が小さくなっていなければ、ストックの安全性は維持されているので、まったく問題はない。

問題となるのは、当初が現金等＞有利子負債の形であったものが、トレンドをみて、両者の差が小さくなっていることや現金等＜有利子負債の形のままであること、この両者の差が大きくなっていることだ。

第１・第２フェーズの注意点

第1･第2フェーズでは､次のようなことに注意しなければならない。

①　面積の大小についての注意点

(イ)　悪玉資産

悪玉資産についての注意事項は、例えば、いわゆる「投げ売り」を行っている場合だ。投げ売りとは、安く売る条件として、売上債権の回収を、当初に取り決めた回収条件よりも早めてもらうことである。これにより、通常よりも売上債権の面積が小さくなるが、正常な悪玉資産＜善玉負債の余剰（流動資金の余り）ではない。

(ロ)　脂肪資産

脂肪資産については、資金繰りが苦しくて、固定資産を売却している場合だ。売却すれば、固定資産の面積は小さくなるが、正常な脂肪資産＜エネルギー資本の余剰（固定資金の余り）ではない。

また、脂肪資産＜エネルギー資本であっても、脂肪資産の下に「マイナスの利益剰余金」があれば、注意をしなければならない。利益のないところにキャッシュは生まれない。

(ハ)　善玉負債

善玉負債についての注意事項は、例えば善玉負債の支払いができずにいれば、善玉負債の面積は大きくなる。そうなると、正常な悪玉資産＜善玉負債の余剰（流動資金の余り）ではなくなる。

(ニ)　エネルギー資本

エネルギー資本では、例えば、繰り返される増資よって資本金が大きくなっていることや繰り返される臨時的な利益によって利益剰余金が大きくなっていることは､「正常な収益力」による経常的な調達ではないので、今後の継続性という点で不安が残る。

②　実数の大小についての注意点

キャッシュ体質図は割合図なので、例えば、当期の有利子負債の面積が前期と比べて小さくなっていたとしても、金額が小さくなっているとは限らない。当期の有利子負債の金額が前期と同額であっても、当期になって他の項目の金額が大きくなれば、当期の有利子負債の面積が小さくなることもあるからだ。そこで、第1フェーズ・第2フェーズを問わず、実数による分析もしなければならない。

❸ フローの安全性

(1) 第３フェーズ～「おおむね留保経常収支額」と「有利子負債の約定返済額」を比較

第3フェーズでは、「おおむね留保経常収支額」と「有利子負債の約定返済額」の絶対値を比較することになる。**図表Ⅳ－６**のように、「おおむね留保経常収支額」390＞「有利子負債の約定返済額」▲270（長期借入金等の約定返済額▲120＋短期借入金の約定返済額▲150）の絶対値の形となれば、フローの安全性は確保されているといえる。

そうなると、ストックの安全性は確保されていないが、「おおむね留保経常収支額」＞「有利子負債の約定返済額」の絶対値の形となって、フローの安全性は確保されているという現象が現れることがある。

この場合は、不測の事態が起こらなければ、ストックの心配は生じないので、フロー上では、安定的な経営が可能となる。今後もフローの安全性が維持できれば、将来的には、現金等＞有利子負債の形となり、ストックの安全性も確保・維持されるだろう。

なお、「おおむね留保経常収支額」がマイナスとなれば、フローの安全性は確保されていないと判断する。「正常な収益力」をベースとした「おおむね留保経常収支額」が創出されていないからだ。

では、「おおむね留保経常収支額」＜「有利子負債の約定返済額」の絶対値の形のケースはどうなるか。

この状態でも、約定返済額の不足額を手持ちのストック、増資、有利子負債等で補填したとすれば延命はできるが、基本的にはフローの

■図表Ⅳ−6　「おおむね留保経常収支額」と返済額

1　営業活動によるキャッシュフロー

	営業利益	451
	減価償却費	100
	売上債権の増減額（増—）	0
	棚卸資産の増減額（増—）	0
	仕入債務の増減額（減—）合計▲250	0
	利息及び配当金の受取額	4
	利息の支払額（—）	−5
	法人税等の支払額（—）	−150
次のフェーズで	「その他」	0
内容を検討→	「その他」	0
−50	「その他」	0
	「その他」	0
	「その他」合計▲50	0
	「支払配当金」	−10

第3フェーズ	「おおむね留保経常収支額」	390
	有利子負債の約定返済額	−270
	長期借入金等の約定返済額	−120
	短期借入金の約定返済額	−150

第4フェーズ	「おおむね留保経常収支額」	390
	「その他」（経常的）	0
	長期借入金等の約定返済額	−120
	短期借入金の約定返済額	−150
	「その他」（臨時的）	−50

第5フェーズ	「おおむね留保経常収支額」	390
	「その他」（経常的）	0
	実際長期借入金等の返済額	−120
	実際短期借入金の返済額	−150
	「その他」（臨時的）	−50
	差引金額	70
	「運転資金のマイナス」	−250
	投資CFの支出	0
	原資➡財務CF（短期借入金等）	0
	原資➡財務CF（増資等）	0
	原資➡投資CF（資産売却等）	0
	原資➡「現金及び現金同等物」増減額	−180
	「現金及び現金同等物」期首残高	300
	「現金及び現金同等物」期末残高	120

※約定返済額と実際の返済額は同額としている

安全性はないといわざるを得ない。「正常な収益力」をベースとした「おおむね留保経常収支額」の創出が足りないか、あるいは有利子負債過多だからだ。今後もこの状態が続けば、現況が現金等＞有利子負債の形であっても、将来的には、現金等＜有利子負債の形となり、ストックの安全性の確保・維持ができなくなるであろう。

図表Ⅳ－７（営業利益を200とした場合）をみてみよう。

■図表Ⅳ−7　営業利益を200とした場合

営業利益	200
減価償却費	100
売上債権の増減額（増―）	0
棚卸資産の増減額（増―）	0
仕入債務の増減額（減―）合計▲250	0
利息及び配当金の受取額	4
利息の支払額（―）	−5
法人税等の支払額（―）	−150
「その他」	0
「その他」	0
「その他」	0
「その他」	0
「その他」合計▲50	0
支払配当金	−10
「おおむね留保経常収支額」	139
有利子負債の約定返済額	−270
長期借入金等の約定返済額	−120
短期借入金の約定返済額	−150

「おおむね留保経常収支額」	139
「その他」（経常的）	0
長期借入金等の約定返済額	−120
短期借入金の約定返済額	−150
「その他」（臨時的）	−50

現実には、「おおむね留保経常収支額」139＜「有利子負債の約定返済額」▲270（長期借入金等の約定返済額▲120＋短期借入金の約定返済額▲150）の絶対値の形であっても継続して経営を行っている企業も多い。

この場合、短期借入金については、「おおむね留保経常収支額」139＜「短期借入金の約定返済額」▲150の絶対値の形あるいは「おおむね留保経常収支額」＞一部の「短期借入金の約定返済額」の絶対値の形となっていても、短期借入金を短期借入金で返済すること、いわゆる「借換え」が実務的には行われている実態がある。このことは金融機関次第ではあるが、借換えが可能となれば経営は継続できる。

ただし、実務的には「おおむね留保経常収支額」139＞「長期借入金等の約定返済額」▲120の絶対値の形を維持していないと、借換えをしてもらえず､いずれは倒産してしまうことになりかねないだろう。

この状態は、理論的にはフローの安全性は確保されているとはいえないが、実務的にはフローの安全性が不安定ながら確保されている、といっておくことにしよう。

なお、後述する事例においては、「約定返済額」は有価証券報告書に記載されている「予定長期借入金等の返済額」・「予定短期借入金の返済額」とする。

⑵ 第４フェーズ～営業CFの「その他」の検討

第３フェーズでは、経常的な収支を対象とした。平準の年度との比較をするためだ。第４フェーズでは、主に臨時的な要素が強い営業CFにある「その他」の検討だ。

プラス表示の「その他」は調達原資となり、マイナス表示の「その他」は運用される金額となる。上場企業の場合は、内容が不明なものや臨時的なもの等（以下「臨時的なもの等」とする）が混在している。このため、「その他」の内容を吟味する必要がある。

この時に、「その他」の金額の大小、臨時的なものか、今後にも影響するものかなどの検討をした後に、臨時的なものを排除し、平準の年度との比較を考慮して、「経常的なもの」と判断すれば、「おおむね留保経常収支額」に増減する。つまり、「おおむね留保経常収支額」±「経常的なもの」＜「有利子負債の約定返済額」となれば、フローの安全性が確保されているとはいえない。

前掲図表Ⅳ－７では、▲50は「臨時的なもの等」と判断したため、「おおむね留保経常収支額」に増減しない例だ。

⑶ 第５フェーズ～「運転資金のマイナス」の調達原資

第５フェーズでは、「運転資金のマイナス」が何によって調達されているのか、検討する。調達内容が、今後、返済を要しないものなのか、要するものなのか、見極めを行う必要がある。

第３フェーズと第４フェーズでは、フローの安全性を検討するために、有利子負債は「有利子負債の約定返済額」を対象とした。第５フェーズでは、実際のCFの全体的な動きの中で、「運転資金のマイナス」等の調達原資を検討するために、有利子負債は「実際に返済した有利子負債」を対象とする。

〈返済を要しない例〉

返済を要しないものとは、手持ちのストックや増資のことだ。

手持ちのストックには、現金等や固定資産がある。この場合は、ストックが調達原資として、どの程度維持できるかという企業の体力を検討する。この状態が長く続く場合は、まさに体力勝負ということになる。これは前述したストックの安全性との関連で検討することになる。

前掲**図表Ⅳ－6**では、「運転資金のマイナス」▲250の調達原資が、当期に稼ぎ出した営業CFの70と「現金及び現金同等物」期首残高のうち180となっている例だ。このため、「現金及び現金同等物」増減額は▲180となり、「現金及び現金同等物」期末残高は120となっている。

増資についても同様だ。ところで中小企業の場合は、「役員借入金」という調達原資がある。これは会計上、借入金であるが、金融機関側からみれば、資本金と変わりがないということで、増資の扱いとなり、自己資本として認識してもらえるようだ。

2020年2月頃に発症した新型コロナウイルス感染症により、経済はかなりの打撃を受けている。このため政府は「劣後ローン」を企業に注入することを考えているようである。また「永久劣後ローン」を注入すべきと主張する学者もいる。いずれにしても、これらは、返済期限がずっと先になる資金だ。上記の役員借入金と同様に、金融機関側には自己資本として認識してもらえるらしい。

〈返済を要する例〉

返済を要するものとは、短期借入金、当座借越、割引手形、長期借入金等の有利子負債のことだ。今後は、既存の有利子負債の返済額に、この新たに発生した有利子負債に対する返済額（**図表Ⅳ－8**（「原資➡財務CF（短期借入金等）の250」に対する返済額）が追加されることになるので、将来のフローの安全性について、第3フェーズ・第4フェーズの手法を用いて予測する必要がある。

■図表Ⅳ－8

「おおむね留保経常収支額」	390
「その他」（経常的）	0
実際長期借入金等の返済額	−120
実際短期借入金の返済額	−150
「その他」（臨時的）	−50
差引金額	70
「運転資金のマイナス」	−250
投資CFの支出	0
原資➡財務CF（短期借入金等）	250
原資➡財務CF（増資等）	0
原資➡投資CF（資産売却等）	0
原資➡「現金及び現金同等物」増減額	70
「現金及び現金同等物」期首残高	300
「現金及び現金同等物」期末残高	370

さて、**図表Ⅳ－8**では、「運転資金のマイナス」▲250の調達原資が、財務CF（短期借入金等）の250となっている例だ。このため、「現金及び現金同等物」増加額は当期に稼ぎ出した営業CFの70となり、「現金及び現金同等物」期末残高は370となっている。

なお、「おおむね留保経常収支額」＞「有利子負債の約定返済額」の絶対値の形であれば、フローの安全性はあると判断することができることは、前述のとおりである。ただし、粉飾をしている場合は、利益を水増ししているので「おおむね留保経常収支額」が実態よりも多くなる。このため「おおむね留保経常収支額」＞「有利子負債の約定返済額」の絶対値の形の状態が作りだされることになる。この点は注意をしなければならない。

図表Ⅳ－9（営業利益を100とした場合）では、「運転資金のマイナス」▲250の調達原資が、財務CF（短期借入金等）の250となっていることは図表Ⅳ－8と変わりはない。変わっているのは、営業利益が100となっていることによって、「営業利益＋減価償却費」200＜「運転資金のマイナス」▲250となっていることである。これは、「営業利益＋減価償却費」200が「運転資金のマイナス」▲250にすべて喰われていることを表している。中小企業ではありがちな例だ。「運転資金のマイナス」▲250の調達原資は財務CF（短期借入金等）の250となっているが、支出▲281はすべて投資CF（資産売却等）で調達されている。このため、「現金及び現金同等物」には変化はない。

そもそも、利益追求を目的としている企業が、投資物件や固定資産の売却をして、これを返済原資として、有利子負債の返済を行うことになれば、倒産は近いと考えてもよいだろう。

いずれにしても、有利子負債の約定返済ができないとすれば、あるいはできない可能性が発生した状況となると、金融機関との信頼関係

■図表Ⅳ−9　営業利益を100とした場合

営業利益	100
減価償却費	100
売上債権の増減額（増−）	0
棚卸資産の増減額（増−）	0
仕入債務の増減額（減−）合計▲250	0
利息及び配当金の受取額	4
利息の支払額（−）	−5
法人税等の支払額（−）	−150
「その他」	0
「その他」	0
「その他」	0
「その他」	0
「その他」合計▲50	0
支払配当金	−10
「おおむね留保経常収支額」	39
有利子負債の約定返済額	−270
長期借入金等の約定返済額	−120
短期借入金の約定返済額	−150

「おおむね留保経常収支額」	39
「その他」（経常的）	0
実際長期借入金等の返済額	−120
実際短期借入金の返済額	−150
「その他」（臨時的）	−50
差引金額	−281
「運転資金のマイナス」	−250
投資CFの支出	0
原資➡財務CF（短期借入金等）	250
原資➡財務CF（増資等）	0
原資➡投資CF（資産売却等）	281
原資➡「現金及び現金同等物」増減額	0
「現金及び現金同等物」期首残高	300
「現金及び現金同等物」期末残高	300

が崩れ、あえなく倒産となる。

このように、総合的にフローの安全性の確保について良し悪しの判断を行うことになる。

さて、「運転資金のプラス」の場合はどのように考えたらよいだろうか。「運転資金のプラス」の金額は、営業の収入として使われる。このため、この場合のフローの安全性は【「おおむね留保経常収支額」＋「運転資金のプラス」】でみることになる。

この場合も、上記の第３フェーズ・第４フェーズの過程において【「おおむね留保経常収支額」＋「運転資金のプラス」】のプラスの金額と「有利子負債の約定返済額」を比較して、フローの安全性を判断することになる。

なお、「おおむね留保経常収支額」>「有利子負債の約定返済額」の絶対値の形にせよ、【「おおむね留保経常収支額」＋「運転資金のプラス」】＞「有利子負債の約定返済額」の絶対値の形にせよ、これらが、まずは有利子負債のうち、長期借入金等の返済額にまわり、残れば短期借入金の返済額に回るのである。長期借入金等の返済に回せず、他に返済原資がなければ、短期借入金は永遠に返済できないことになる。短期借入金の借換えが不可能となれば、最終的には倒産せざるを得ないのである。

すべてのフェーズ共通の注意点

① ストックの体質と売上高の増減

⑴ 悪玉資産・善玉負債と売上高の増減

前掲**図表Ⅱ－3**のパターン②・④・⑥の流動資金不足分（悪玉資産＞善玉負債）は、エネルギー資本で調達されない場合には、有利子負債で調達することになる。この場合には、悪玉資産と善玉負債の中身が、売上高に比例して増減するものであれば、売上高の増加とともに悪玉資産は増加（マイナス表示）し、善玉負債も増加（プラス表示）する。両者の差額（マイナス表示）である不足分に調達されている有利子負債も増加する。逆に、売上高の減少とともに、悪玉資産は減少（プラス表示）し、善玉負債も減少（マイナス表示）する。両者の差（プラス表示）である余剰分が現金等となり増加するのである。これは、なるべくしてなる現象だ。

ここで注意を払うことは、例えば、悪玉資産＞善玉負債の場合に、現金等の面積が大きくなった場合だ。軽々に安全性があると判断できないのである。売上高の減少とともに、現金等が増加するからだ。この現金等の増加は、売上高が減少し続ければ、間違いなく縮小することになる。なお、割引手形という有利子負債は、改めて返済する必要はないが、割引手形が不渡りになったときは、その割り引いた手形だけ銀行に支払いをしなければならない。不渡りの危険のない企業の割引は、調達原資としては有益である。

また、前掲**図表Ⅱ－3**のパターン①・③・⑤の流動資金余剰分（悪玉資産＜善玉負債）は現金等になる。この場合には、売上高が増加すれば現金等も増加し、逆に、売上高が減少すれば現金等が減少することになる。これも、なるべくしてなっている現象だ。これらのことを前提に現金等と有利子負債の比較をする必要がある。これらの現象は、下記⑵で解説する原理と同じである。

中小企業では、フローと同様に、悪玉資産＞善玉負債の場合、その不足が短期借入金で調達されることが多いが、エネルギー資本の面積が大きくならなければ、短期借入金に対する経常的な返済原資はない。そうなれば、短期借入金は永遠に返済することはできないのである。銀行が許容する限り、この短期借入金の借換えを永遠に繰り返すことになる。許容されなければ、倒産ということになる。

経営も末期状態となれば、増資も社債発行もやり果たし、投資物件や固定資産の売却・有利子負債のリスケ・経営者の借入等の手立てを講じることが多い。

キャッシュ体質図では、増資があればエネルギー資本の面積が大きくなり、社債発行や経営者からの借入等があれば有利子負債の面積が大きくなる。

また、固定資産の売却があれば、脂肪資産の面積が小さくなる。本来、有利子負債の返済は利益剰余金によることが望ましいが、経営の末期状態には、このような調達もある。一過性か継続性があるかなどの吟味をする必要がある。

(ロ) 「売上債権」・「仕入債務」と売上高の増減

売上債権・仕入債務は、いわゆる運転資金の２要素と呼ばれている。運転資金の２要素は売上高の増減によって増減する。CF 計算書では、売上債権は、売上高が増加すればマイナス表示となり、売上高が減少すればプラス表示となる。仕入債務は、売上高が増加すればプラス表示となり、売上高が減少すればマイナス表示となる。

そうなると、ストックである売上債権・仕入債務の面積が掴めれば、売上高の増減によって、CF 計算書にある売上債権・仕入債務のプラス表示やマイナス表示が原理的にどのようになるか推測することができる。原理どおりの表示とならなければ、何か変化があったことになる。この良し悪しを検討することで、ストックの安全性あるいはフローの安全性を追求できるのである。

なお、棚卸資産も売上高の増減によって増減するが、売上債権・仕入債務ほど濃厚に増減するとは限らない。棚卸資産の増減は企業の政策や内部事情等で独特の動きをするからだ。このため理論的な分析をしづらいので、本書では特に重要な影響がある場合にだけ言及することにする。

ⓐ　売上債権＞仕入債務のパターン

図表Ⅳ－10をみてみよう。

売上債権＞仕入債務のパターンである。A・B・Cは、いずれも、そのパターンである。これらの違いは、売上高の推移である。Aは売上高が増加するという条件である。Bは売上高が減少するという条件であり、Cは売上高が横ばいという条件である。

Aのケースでは、売上高が増加すれば、売上債権は増加することになる。一方､仕入債務も増加することになる。このケースでは、CF計算書では、増加する資産である売上債権はマイナス表示となり、増加する負債である仕入債務はプラス表示となる。原理としては、資産の増加はマイナス表示となり、負債の増加はプラス表示となるからだ。

このケースでは、マイナス表示の売上債権増加額の絶対値が、プラス表示の仕入債務増加額よりも大きいので、両者の差引金額はマイナス表示となる。「営業利益＋減価償却費」がゼロとして、他の科目に増減変化等がなければ、「営業CFの結果」はマイナス表示になる。

Bのケースでは、売上高が減少すれば、売上債権も減少することになる。一方、仕入債務も減少することになる。このケースでは、CF計算書では、減少する資産である売上債権はプラス表示となり、減少する負債である仕入債務はマイナス表示となる。原理としては、資産の減少はプラス表示となり、負債の減少はマイナス表示となるからだ。

このケースでは、プラス表示の売上債権減少額が、マイナス表示の仕入債務減少額の絶対値よりも大きいので、両者の差引金額はプラス表示となる。

「営業利益＋減価償却費」がゼロとして、他の科目に増減変化等がなければ、「営業CFの結果」はプラス表示となる。しかし、売

■図表Ⅳ－10　悪玉資産＞善玉負債のパターン

A　売上高

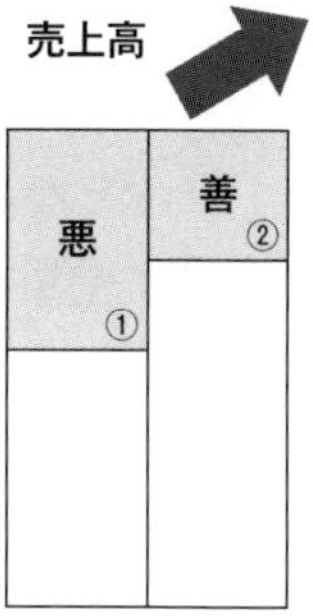

①売上債権　▲
②仕入債務　＋
両者の差　▲　円（▲の金額が大きくなる）

B　売上高

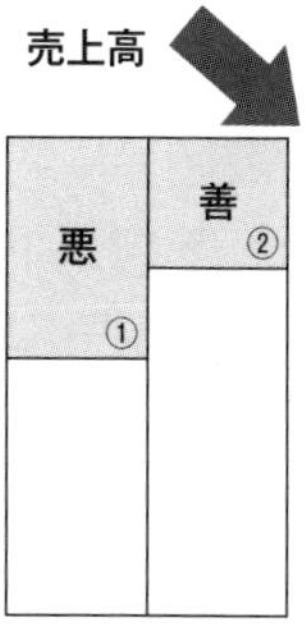

①売上債権　＋
②仕入債務　▲
両者の差　＋　円（＋の金額が小さくなる）

C　売上高

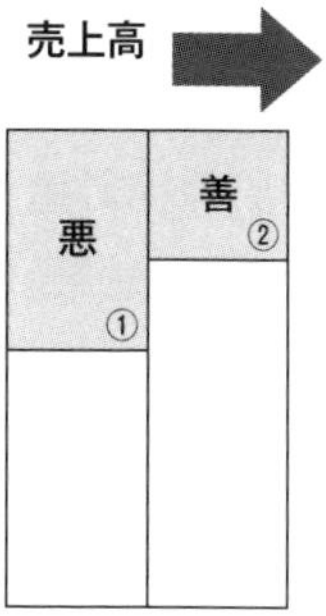

①売上債権　－
②仕入債務　－
両者の差　円（変化なし）

上高が減少し続ければ、両者の差引金額のプラスも「営業CFの結果」のプラスも小さくなってしまうのである。

Cのケースでは、売上高が横ばいなので、売上債権・仕入債務の増減はない。このケースでは、CF計算書では、売上債権増減額はゼロとなり、仕入債務増減額もゼロとなる。原理としては、資産の増減がないのでゼロとなり、負債の増減がないのでゼロとなる。

このケースでは、他の科目に増減変化等がなければ、営業CFの出発点である「営業利益＋減価償却費」が、そのまま「営業CFの結果」となる。

ⓑ　売上債権＜仕入債務のパターン

次に、前掲とは逆のパターンについてみてみよう。売上債権＜仕入債務のパターンである。

図表Ⅳ－11をご覧いただきたい。D・E・Fは、いずれも、そのパターンである。

これらの違いは、売上高の推移である。Dは売上高が増加するという条件である。Eは売上高が減少するという条件であり、Fは売上高が横ばいという条件である。

Dのケースでは、売上高が増加すれば、売上債権も仕入債務も増加することになる。このケースでは、CF計算書では、増加する資産である売上債権はマイナス表示となり、増加する負債である仕入債務はプラス表示となる。原理としては、資産の増加はマイナス表示となり、負債の増加はプラス表示となるからだ。

このケースでは、マイナス表示の売上債権増加額の絶対値が、プラス表示の仕入債務増加額よりも小さいので、両者の差引金額はプラス表示となる。

このケースでは、「営業利益＋減価償却費」がゼロであっても、他の科目に増減変化等がなければ、「営業CFの結果」はプラスになる。

Eのケースでは、売上高が減少すれば、売上債権・仕入債務も減少することになる。このケースでは、CF計算書では、減少する資

■図表Ⅳ−１１　悪玉資産＜善玉負債のパターン

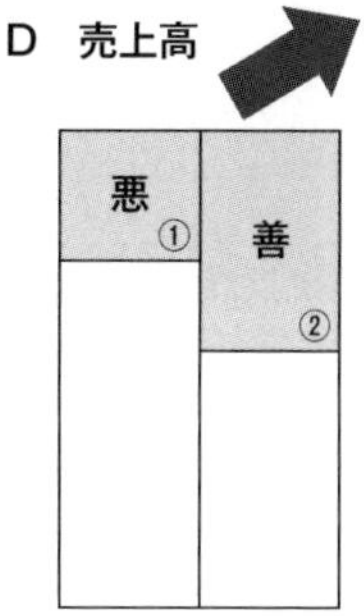

①売上債権　▲
②仕入債務　＋
両者の差　＋　円（＋の金額が大きくなる）

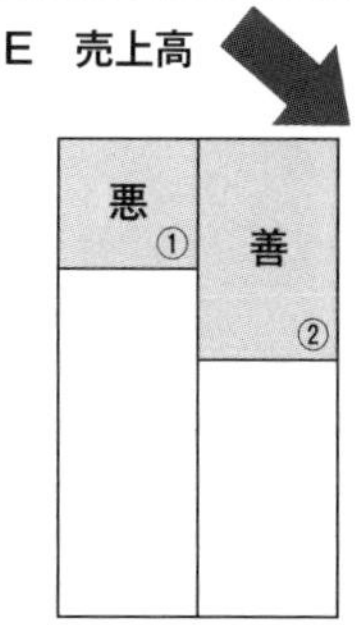

①売上債権　＋
②仕入債務　▲
両者の差　▲　円（▲の金額が小さくなる）

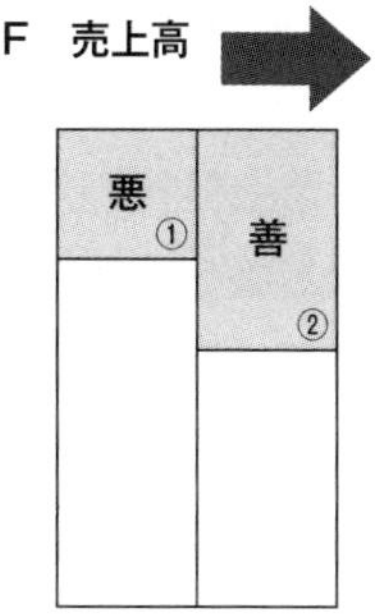

①売上債権　−
②仕入債務　−
両者の差　円（変化なし）

産である売上債権の減少はプラス表示となり、減少する負債である仕入債務の減少はマイナス表示となる。原理としては、資産の減少はプラス表示となり、負債の減少はマイナス表示となるからだ。

このケースでは、プラス表示の売上債権減少額は、マイナス表示の仕入債務減少額の絶対値よりも小さいので、両者の合計金額はマイナス表示となる。

このケースでは、「営業利益＋減価償却費」がゼロで、他の科目に増減変化等がなければ、「営業CFの結果」はマイナスとなる。

Fのケースでは、売上高が横ばいなので、売上債権・仕入債務の増減もないことになる。このケースでは、CF計算書では、売上債権増減額はゼロとなり、仕入債務増減額もゼロとなる。原理としては、資産の増減がないのでゼロとなり、負債の増減がないのでゼロとなる。

このケースでは、他の科目に増減変化等がなければ、営業CFの出発点である「営業利益＋減価償却費」が、そのまま「営業CFの結果」となる。

Ⓒ　売上債権≒仕入債務のパターン

図表Ⅳ－12をみてみよう。

売上債権≒仕入債務のパターンである。G・H・Iは、いずれもそのパターンだ。これらの違いは、売上高の推移である。Gは売上高が増加するという条件であり、Hは売上高が減少するという条件、Iは売上高が横ばいという条件である。

Gのケースでは、売上高が増加すれば、通常、売上債権の増加額はマイナス表示・仕入債務の増加額はプラス表示となる。売上債権の増加額と仕入債務の増加額の差はわずかなマイナス表示・わずかなプラス表示あるいはゼロ表示となる。

Hのケースでは、売上高が減少すれば、通常、売上債権の減少額はプラス表示・仕入債務の減少額はマイナス表示となる。売上債権の減少額と仕入債務の減少額の差はわずかなプラス表示・わずかなマイナス表示あるいはゼロ表示となる。

■図表Ⅳ−12　悪玉資産≒善玉負債のパターン

G　売上高

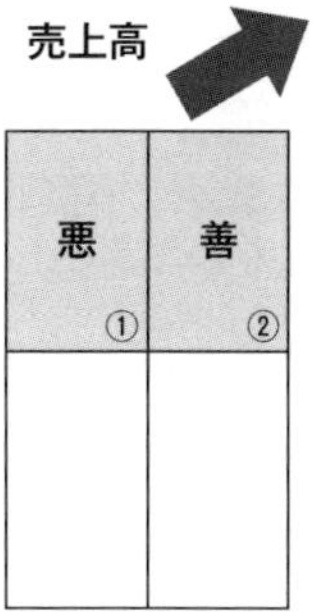

①売上債権　▲
②仕入債務　＋

両者の差　・わずかな▲表示
　　　　　・わずかな＋表示
　　　　　・あるいはゼロ表示

H　売上高

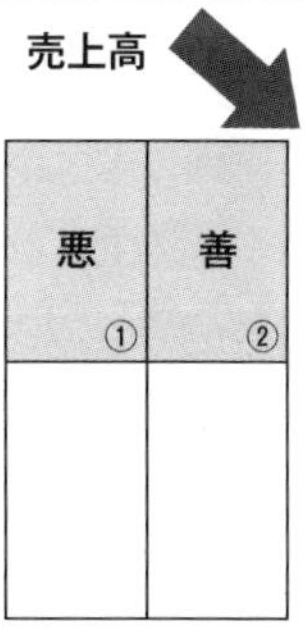

①売上債権　＋
②仕入債務　▲

両者の差　・わずかな＋表示
　　　　　・わずかな▲表示
　　　　　・あるいはゼロ表示

I　売上高

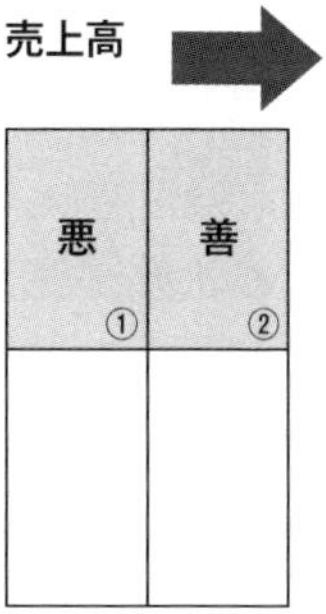

①売上債権　−
②仕入債務　−

両者の差　　　　　円（変化なし）

Ｉのケースでは、売上債権・仕入債務の増減もないことになる。このケースでは、CF計算書では、売上債権増減額はゼロとなり、仕入債務増減額もゼロとなる。原理としては、資産の増減がないのでゼロとなり、負債の増減がないのでゼロとなる。

このケースでは、他の科目に増減変化がなければ、営業CFの出発点である「営業利益と減価償却費」が、そのまま「営業CFの結果」となる。

共通点としては、売上債権＞仕入債務のパターン、売上債権＜仕入債務のパターン、売上債権≒仕入債務のパターンであっても、売上高が横ばいであれば、他の科目に増減変化がなければ、「営業利益＋減価償却費」が、そのまま「営業CFの結果」となるのである。

このように、Ａ・Ｂ・ＣとＤ・Ｅ・ＦとＧ・Ｈ・Ｉのパターンには、それぞれの営業CF上で、なるべくしてなる原理の動きがある。この原理とは異なる営業CFの動きがあるとすれば、何か変化があることになる。例えば、取引条件の変更、季節変動、現金取引の増減変化、決算日が土曜日・日曜日・祭日、その他偶発的な出来事などがあれば、CFは原理的な動きはしない。このようなとき、一過性の現象なのか、継続性があるのか、今後にとって、良い状態なのか否かの判断をしなければならない。

②　粉飾と「おおむね留保経常収支額」＞「有利子負債の約定返済額」

粉飾をしている場合は、利益を水増ししているので「おおむね留保経常収支額」(39頁参照) が実態よりも多くなる。このため「おおむね留保経常収支額」＞「有利子負債の約定返済額」の状態が作りだされることになり、フローの安全性が確保されているようにみえることになるので、この点は注意をしなければならない。

簡単にいえば、売上債権・棚卸資産に係る利益の水増しが行われた場合には、CF計算書では、水増しした分だけ、売上債権・棚卸資産の増加はマイナス表示となる。このため、売上高は増加・当期純利益が計上されていても、「営業CFの結果」はマイナス表示となる。こ

■図表Ⅳ－13　粉飾の場合

〈架空売上高〉

損益計算書

架空売上高	100万円
⋮	
⋮	
架空利益	100万円

CF計算書

架空利益	100万円
▲架空売上債権増加額	▲100万円
現金等増減	0円

キャッシュ体質図

架空売上債権　100万円	
	架空利益剰余金　100万円

〈架空棚卸高〉

損益計算書

売上高	
⋮	
架空期末棚卸高	5万円
⋮	
架空利益	5万円

CF計算書

架空利益	5万円
▲架空棚卸資産増加額	▲5万円
現金等増減	0円

キャッシュ体質図

架空棚卸資産　5万円	
	架空利益剰余金　5万円

〈架空仕入高〉

損益計算書

売上高	
⋮	
架空仕入高	50万円
⋮	
架空損失	▲50万円

CF計算書

架空損失	▲50万円
⋮	
架空仕入債務増加額	50万円
現金等増減	0円

キャッシュ体質図

	架空仕入債務　50万円
	架空 ▲利益剰余金　50万円

れは水増し前の実態を表しているのだ。

「おおむね留保経常収支額」＞「有利子負債の約定返済額」の状態であっても、売上高は増加・当期純利益も計上・「営業CFの結果」がマイナス表示のケースでは、フローの安全性の判断について注意を払わなければならない。

図表Ⅳ－13をみていただきたい。

運転資金の3要素の売上債権、棚卸資産、仕入債務は、一般的には売上高と相関関係がある。売上高が増加すると、これらも増加する。CF計算書では、売上債権・棚卸資産の増加はマイナス表示となる。一方、仕入債務の増加はプラス表示となる。

例えば、損益計算書では、架空売上高100万円が計上された場合には、その100万円が架空利益となる。キャッシュ体質図では、架空売上債権が100万円と架空利益剰余金100万円が計上される。CF計算書では、この架空売上債権増加額100万円は▲100万円（資産の増加のため）となる。よって、CF計算書では、架空利益100万円と架空売上債権増加額▲100万円は相殺されて、粉飾前のCFが算出されるのである。

棚卸資産についても同様の算出だ。例えば、損益計算書では、架空期末棚卸高（収益計上科目）5万円が計上された場合には、その5万円が架空利益となる。キャッシュ体質図では、架空棚卸資産（資産計上科目）は5万円と架空利益剰余金5万円が計上される。CF計算書では、架空棚卸資産増加額5万円は▲5万円（資産の増加のため）となる。よって、CF計算書では、架空期末棚卸高による架空利益5万円と架空棚卸資産増加額▲5万円は相殺されて、粉飾前のCFが算出されるのである。

一方、仕入債務も相殺されて、粉飾前のCFが算出されるのである。例えば、損益計算書では、架空仕入高50万円が計上された場合には、その50万円が架空損失となる。キャッシュ体質図では、架空仕入債務50万円と架空「マイナスの利益剰余金」が計上される。CF計算書では、架空仕入債務増加額50万円はプラス50万円（負債の増加のため）となる。よって、CF計算書では、架空損失▲50万円と架空仕入債務増加額プラス50万円は相殺されて、粉飾前のCFが算出されるのである。

つまり、CF計算書は、運転資金に関わる粉飾の影響を受けないのである。

なお、架空仕入債務の増加は粉飾には好材料ではない。架空仕入債務が増加するということは、架空仕入高という費用が発生して利益を減少させるからだ。しかし、架空売上高の発生と架空売上債権の増加だけで粉飾すれば、売上高売上総利益率（売上総利益÷売上高）が高くなり、粉飾の疑いをもたれる可能性が出てくる。このことを懸念して、架空売上高とともに架空仕入高を計上して、売上高売上総利益率が変わらないようにする粉飾の手法をとる場合がある。

③　回転期間の役割

売上高が増加すれば、売上債権・棚卸資産・仕入債務の残高は増加するが、粉飾によってもその残高は増加する。粉飾し続ければ、その残高は増加し続けることになる。

この現象を検証する方法として**図表Ⅳ－14**の算式を使うことが一般的に行われている。売上債権回転期間と棚卸資産回転期間は、資金繰り上では短い方が良いが、粉飾し続ければ売上債権の残高と棚卸資産の残高が多くなるので、この粉飾された回転期間は長くなる。仕入債務回転期間は資金繰り上では長い方が良いが、粉飾し続ければ仕入債務の残高も多くなるので、通常よりこの粉飾された回転期間は長くなる。

また、粉飾ばかりではなく、前掲の売上債権＞仕入債務、売上債権＜仕入債務、売上債権≒仕入債務の原理どおりにCFが動いていない場合の原因を探る手法としても役に立つ。

図表Ⅳ－15をみてみよう。

■図表Ⅳ－14　回転期間の算式(1)

①　対応売上債権回転期間（資金繰り上は、短い方が良い）

$$\frac{\text{期末の売掛金・受取手形・割引手形・裏書譲渡手形}}{\text{月平均売上高}}$$

②　対応棚卸資産回転期間（資金繰り上は、短い方が良い）

$$\frac{\text{期末の棚卸資産}}{\text{月平均売上原価}}$$

③　対応仕入債務回転期間（資金繰り上は、長い方が良い）

$$\frac{\text{期末の買掛金・支払手形・裏書譲渡手形}}{\text{月平均仕入高}}$$

■図表Ⅳ−15　回転期間の算式(2)

①　売上債権回転期間（資金繰り上は、短い方が良い）

$$\frac{\text{期末の売掛金・受取手形・割引手形・裏書譲渡手形}}{\text{月平均売上高}}$$

②　棚卸資産回転期間（資金繰り上は、短い方が良い）

$$\frac{\text{期末の棚卸資産}}{\text{月平均売上高}}$$

③　仕入債務回転期間（資金繰り上は、長い方が良い）

$$\frac{\text{期末の買掛金・支払手形・裏書譲渡手形}}{\text{月平均売上高}}$$

この回転期間は①〜③すべての分母が「月平均売上高」となっている。このため売上債権回転期間と棚卸資産回転期間を合計することや売上債権回転期間と棚卸資産回転期間の合計から仕入債務回転期間を差し引くこともできるので、粉飾の是非を検討するときには便利なものとして一般的に知られている。

売上債権、棚卸資産、仕入債務の残高以外の科目の残高に変化がなければ、総資産・総負債に対する粉飾後の売上債権、棚卸資産、仕入債務、利益剰余金の残高割合も大きくなる。この現象を検証する方法としてキャッシュ体質図も役に立つと考える。

なお、本来の回転期間としては、分子科目と分母の科目が直接的な対応関係にあることが望ましいという見解がある。前掲図表Ⅳ−14にあるように、この回転期間は支払能力を検討する場合に適している、というものである。

そこで、著者は分母が「月平均売上高」となる回転期間と区別するために、売上債権回転期間に対して「対応売上債権回転期間」、棚卸資産回転期間に対して「対応棚卸資産回転期間」、そして仕入債務回転期間に対して「対応仕入債務回転期間」として、それぞれを使用することにしている。

第２編

事　例　編

Ⅰ　ワールド・ロジ株式会社
～体力の脆弱さが招いた倒産

ワールド・ロジ㈱は、1997 年 12 月に設立され、物流システムのアウトソーシングを請け負う「サードパーティ・ロジスティクス」を主力事業として成長した。

2004 年 12 月にヘラクレス（現・ジャスダック）に上場。その後も物流を中心に金融事業等を展開したが、事業拡大路線が裏目となり、多額の有利子負債を抱えた。

東日本大震災による受注減等もあって、経営再建が厳しい状況に陥り、事業再生計画案の取引金融機関からの同意が得られない見通しとなったため、2013 年 8 月に破産申請した（負債総額 79 億 1,600 万円）。

❶ 概　　要

分析年度　2005 年～ 2012 年

運転資金の特徴

	悪玉資産・善玉負債	売上債権・仕入債務	売上高
2005 年	悪玉資産＞善玉負債	売上債権＞仕入債務	↗
2006 年	悪玉資産＞善玉負債	売上債権＞仕入債務	↗
2007 年	悪玉資産＞善玉負債	売上債権＞仕入債務	↗

2008年	悪玉資産＞善玉負債	売上債権＞仕入債務	→
2009年	悪玉資産＞善玉負債	売上債権＞仕入債務	⤵
2010年	悪玉資産＜善玉負債	売上債権＞仕入債務	⤵
2011年	悪玉資産＜善玉負債	売上債権＞仕入債務	⤵
2012年	悪玉資産＜善玉負債	売上債権＜仕入債務	⤵

⑴　ストックの安全性

2005年は、現金等＞有利子負債で、キャッシュ・リッチの形となっている。第1フェーズでは、ストックの安全性は確保されている。

2006年・2007年では、現金等＜有利子負債で、キャッシュ・プアの形となっている。第1フェーズでは、ストックの安全性は確保されていない。

2008年でも、現金等＜有利子負債だ。両者の差は前期よりも大きくなった。ここまでのトレンドをみると、第2フェーズでは、ストックの安全性は確保・維持されていないといわざるを得ない。

2009年には、資本の欠損の状態となった。その後、欠損金は積み増しされ、2012年には債務超過となってしまった。ストックの安全性は全く確保・維持されていない。

⑵　フローの安全性

2005年・2006年では、フローの安全性は不安定ながらの確保となる。2005年では「現金及び現金同等物」の増加額は、自力で稼いだ営業のCFでは構成されていないことや、有利子負債を有利子負債で返済していたことが分かる。

2006年は、「現金及び現金同等物」の増加額は、自力で稼いだ営業のCFでは構成されていないことはもちろんであるが、利益追求を目的とする企業が、投資した物件を売却し、その金額を結果的に他の投資に回さないで、営業CFや有利子負債の返済額を補填したことは、かなり末期的な財務状態と判断せざるを得ない。

2007年・2008年では、フローの安全性は確保されていなかった。

2007年では、大半の支払いは、主に長期借入金・株式発行収入・社債収入・手持ちの「現金及び現金同等物」で調達された。

2008年でも、大半の支出は、手持ちの「現金及び現金同等物」で調達されたのである。これでワールド・ロジの体力はかなり弱くなっただろう。いよいよ金融機関の信用がなくなったのか。

2009年以降は、「おおむね留保経常収支額」がマイナスとなったので、フローの安全性は確保されていなかった。

❷ 主要な経営指標等

ワールド・ロジの売上高は2004年の売上高10,709,747千円を起点とすれば、前年対比で2005年から2007年まで増加していた。2008年は横ばいであった。倒産した年の4年前の2009年から2012年までは減少していた。

当期純利益は2005年から2008年まで計上していたが、2009年から2012年までは当期純損失の計上となった。

「営業CFの結果」をみると、プラスの年度とマイナスの年度とまばらな計上となっていた。驚いたのは倒産した年の4年前の2009年から2012年までは当期純損失を計上していたのに、この期間では、「営業CFの結果」は2011年の年度だけがマイナスで、それ以外はプラスとなっていたことだ。利益のないところにはキャッシュは生まれないことが原則だ。なぜだろうか。実態を探ってみよう。

❸ 安全性の分析

(1) ストックの安全性①

図表Ⅰ－1～Ⅰ－3は、2005年・2006・2008年のキャッシュ体質図だ。なお、この図表にあるA・A'、B・B'の合計が、端数の関係で、100％にはならない場合があることを承知していただきたい（以下同様）。

まず、**図表Ⅰ－1**をみていただきたい。

> （2005 年）
>
> ・悪玉資産 41.2％＞善玉負債 32.2％なので、流動資金が不足していて、短期借入金で調達されている。
>
> ・脂肪資産 20.9％＜エネルギー資本 31.6％なので、固定資金は余剰している。その余剰は短期貸付金を含む現金等となっている。残りの現金等は有利子負債で調達されている。
>
> ・現金等 37.8％＞有利子負債 36.3％。

このため、キャッシュ・リッチの形となっているので、第1フェーズではストックの安全性は確保されている。

次に、**図表Ⅰ－2**と、併せて後掲**図表Ⅰ－11、Ⅰ－12**をみてみよう。

> （2006 年・2007 年）
>
> ・2006 年では流動資金も固定資金も不足体質となってしまい、現金等 30.7％＜有利子負債 50.5％と、両者の差は 19.8％になった。
>
> ・左側の最下位にあるものは「▲その他包括利益累計額」。
>
> ・2007 年も、流動資金も固定資金も不足体質のままであった。現金等 21.8％＜有利子負債 52.8％と両者の差は 31％になった。
>
> ・左側の最下位にあるものは「▲その他包括利益累計額」。

このため、両年ともキャッシュ・プアとなっているので、第1フェーズではストックの安全性は確保されていない。

そして、**図表Ⅰ－3**をみていただきたい。

> （2008 年）
>
> ・悪玉資産 33.3％＞善玉負債 11.9％なので、流動資金が不足してい

■図表Ⅰ−1　キャッシュ体質図（2005年決算）

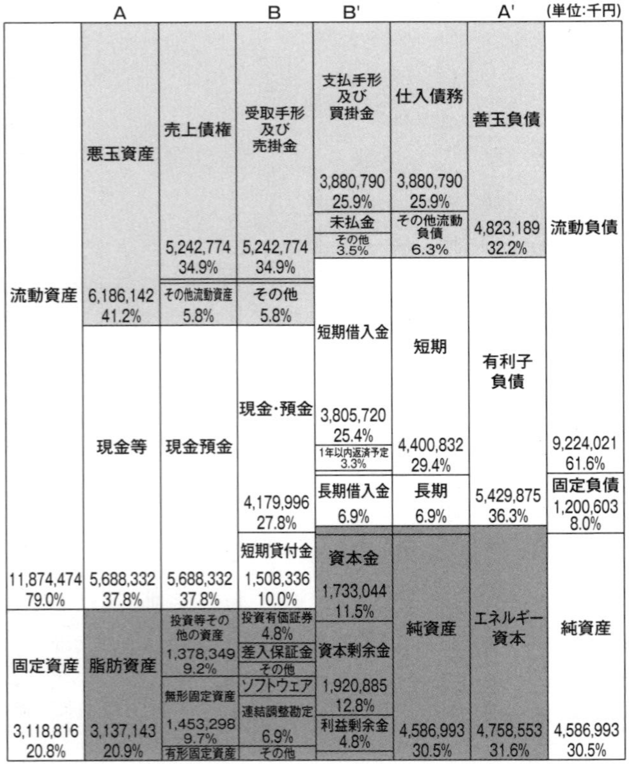

■図表Ⅰ−2　キャッシュ体質図（2006年決算）

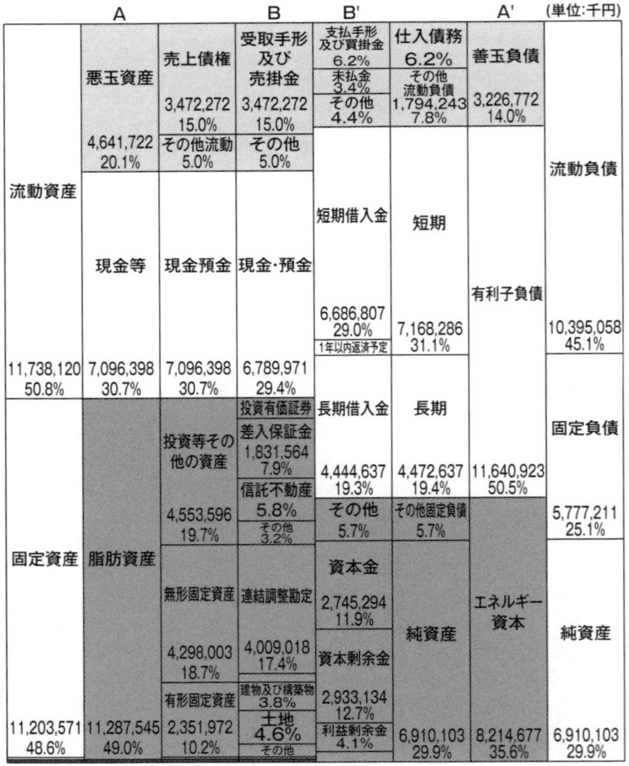

■図表Ⅰ−3　キャッシュ体質図（2008年決算）

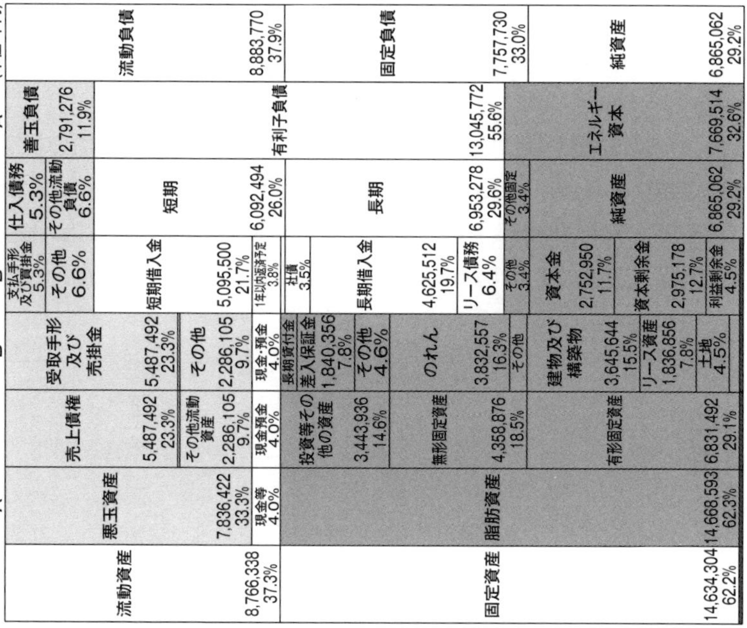

て、短期借入金で調達されている。

・脂肪資産 62.3%＋「▲その他包括利益累計額」0.3%＞エネルギー資本 32.6%なので、固定資金も不足している。その不足は有利子負債で調達されている。

・現金等も有利子負債で調達されたことに変わりはない。左側の最下位にあるものは「▲その他包括利益累計額」（0.3%）。

ここで、大きく変化している。現金等の面積は4%（前期 21.8%）とかなり小さくなっている。この結果、現金等4%＜有利子負債55.6%と、両者の差は51.6%になった。この年度でトレンドをみる第2フェーズでは、ストックの安全性は確保・維持されていないといわざるを得ない。

(2)　フローの安全性①

図表Ⅰ－4～Ⅰ－6をみてみよう。

(2005年)
・「おおむね留保経常収支額」566,801千円<「有利子負債の約定返済額」▲3,241,363千円（予定長期借入金等の返済額▲375,363千円＋予定短期借入金の返済額は▲2,866,000千円）の絶対値。
・実際長期借入金等の返済額▲401,033千円・実際短期借入金の返済額は▲4,006,000千円となっている。

「おおむね留保経常収支額」566,801千円>予定長期借入金等の返済額▲375,363千円の絶対値となるので、この差額で予定短期借入金の返済額の一部を返済することが可能であった。このためフローの安全性は不安定ながらの確保となる。なお、「その他」については内容が不明なので、「臨時的なもの等」として取り扱うことにする。

ここで図表Ⅰ－7をみてみよう。

「おおむね留保経常収支額」566,801千円だけでは、運用欄の5・6・7の支出を賄えなかった。この調達不足額▲4,094,786千円・「運転資金のマイナス」▲728,377千円・投資CFの▲2,241,446千円の合計▲7,064,609千円は、財務CFの8,054,970千円で調達された。この差990,361千円（8,054,970千円－7,064,609千円）が「現金及び現金同等物」の増加額となった。

「営業利益＋減価償却費」が「運転資金のマイナス」に喰われている。この「運転資金のマイナス」も含めて、大半の支出は主に有利子負債・増資で調達された。今後の、有利子負債の約定返済の実行がカギとなる。

このような見方をすれば、「現金及び現金同等物」の増加額は、自力で稼いだ営業のCFでは構成されていないことや有利子負債を有利

■図表Ⅰ−4　概略営業CF【「おおむね留保経常収支額」と返済額】

（単位：千円）

	営業CF	−416,130	199,116	43,542	−773,420	339,107	510,216	−206,964	198,350
		2005	2006	2007	2008	2009	2010	2011	2012
①	（営業利益）	818,146	1,029,184	488,643	978,925	−540,667	−280,347	−444,476	−925,778
②	減価償却費	58,053	254,782	265,884	574,601	613,585	473,946	379,155	375,449
③＝①＋②	合計	876,199	1,283,966	754,527	1,553,526	72,918	193,599	−65,321	−550,329
④	売上債権	−2,830,926	3,407,698	64,935	−2,771,625	−70,072	382,155	190,983	287,266
⑤	仕入債務	2,166,675	−2,875,502	184,794	−117,848	510,106	156,257	−102,263	18,839
⑥＝④＋⑤	合計	−664,251	532,196	249,729	−2,889,473	440,034	538,412	88,720	306,105
⑦	棚卸資産	−64,126	25,598	−251,625	1,526,093	7,194	0	0	0
⑧＝⑥＋⑦	合計	−728,377	557,794	−1,896	−1,363,380	447,228	538,412	88,720	306,105
⑨	受取利息・配当額	23,097	61,068	13,285	8,103	2,646	7,908	9,065	10,543
⑩	支払利息額	−43,095	−105,017	−163,379	−306,853	−307,834	−245,663	−204,120	−114,199
⑪	法人税等支払額	−289,400	−398,976	−578,672	12,847	136,897	21,254	−574	−7,390
⑫＝⑨＋⑩＋⑪	合計	−309,398	−442,925	−728,766	−285,903	−168,291	−216,501	−195,629	−111,046
⑬＝⑭−（③＋⑧＋⑫）	「その他」合計	−254,554	−1,199,719	19,677	−677,663	−12,748	−5,294	−34,734	553,620
⑭	営業CF	−416,130	199,116	43,542	−773,420	339,107	510,216	−206,964	198,350
⑮＝③	営業利益・減価償却費	876,199	1,283,966	754,527	1,553,526	72,918	193,599	−65,321	−550,329
⑯＝⑫	利息・配当・法人税等	−309,398	−442,925	−728,766	−285,903	−168,291	−216,501	−195,629	−111,046
⑰	支払配当金	0	0	0	−58,241	−27,061	−203	0	0
⑱＝⑮＋⑯＋⑰	「おおむね留保経常収支額」	566,801	841,041	25,761	1,209,382	−122,434	−23,105	−260,950	−661,375
⑲	実際長期借入金等の返済額	401,033	1,342,120	136,080	1,519,124	1,583,126	1,176,306	338,524	243,107
⑳	予定長期借入金等の返済額	375,363	595,112	481,479	1,342,529	1,381,242	1,253,874	490,305	466,649
	実際長期借入金等の返済額								
	1年以内長期借入金	401,033	1,242,120	27,580	1,191,014	1,063,609	125,834	125,584	92,514
	1年以内社債	0	100,000	108,500	147,000	108,000	817,500	0	0
	1年以内リース	0	0	0	181,110	411,517	232,972	212,940	150,593
	1年以内未払金								
	合計	401,033	1,342,120	136,080	1,519,124	1,583,126	1,176,306	338,524	243,107
	実際短期借入金の返済額								
	短期借入金	4,006,000	18,075,430	1,064,918	672,458	1,082,990	0	29,180	15,831
	合計	4,407,033	19,417,550	1,200,998	2,191,582	2,666,116	1,176,306	367,704	258,938
	予定長期借入金等の返済額								
	1年以内長期借入金	375,363	495,112	467,479	1,090,529	887,994	863,368	288,624	318,424
	1年以内社債	0	100,000	14,000	252,000	109,000	109,000	0	0
	1年以内リース	0	0	0	0	384,248	281,506	201,681	148,225
	1年以内未払金								
	合計	375,363	595,112	481,479	1,342,529	1,381,242	1,253,874	490,305	466,649
	予定短期借入金の返済額								
	短期借入金	2,866,000	3,805,720	6,686,807	6,919,000	5,095,500	3,596,496	5,353,735	6,809,555
	合計	3,241,363	4,400,832	7,168,286	8,261,529	6,476,742	4,850,370	5,844,040	7,276,204

■図表I−5　投資CFの収入・支出

（単位:千円）

【同種項目対応金額】	2005	2006	2007	2008	2009	2010	2011	2012
①定期預金　戻入	114,829	36,936	0	0	0	250,000	3,000	19,300
②定期預金　預入	0	0	0	0	650,000	9,300	6,500	11,500
差額①−②	114,829	36,936	0	0	−650,000	240,700	−3,500	7,800
①有形固定　売却	3,959	4,469,560	365,935	661,009	0	0	0	0
②有形固定　取得	135,760	1,365,297	2,244,337	2,364,268	616,566	393,604	89,177	144,098
差額①−②	−131,801	3,104,263	−1,878,402	−1,703,259	−616,566	−393,604	−89,177	−144,098
①無形固定　売却	0	0	0	0	0	0	0	0
②無形固定　取得	431,569	112,101	164,080	122,716	0	0	0	0
差額①−②	−431,569	−112,101	−164,080	−122,716	0	0	0	0
①投資有価証券　売却	145,860	359,750	695,562	13,142	147,570	49,800	0	0
②投資有価証券　取得	117,700	741,246	316,025	5,575	8,838	51,000	0	0
差額①−②	28,160	−381,496	379,537	7,567	138,732	−1,200	0	0
①短期貸付金　回収	0	1,239,419	487,059	0	0	0	0	0
②短期貸付金　支出	1,475,000	0	0	645,817	31,449	12,836	97	536
差額①−②	−1,475,000	1,239,419	487,059	−645,817	−31,449	−12,836	−97	−536
①長期貸付金　回収	78,907	2,052,242	228,723	72,197	62,958	47,003	25,535	278,896
②長期貸付金　支出	209,750	1,971,267	601,968	335,386	170,000	70,000	191,600	80,000
差額①−②	−130,843	80,975	−373,245	−263,189	−107,042	−22,997	−166,065	198,896
①子会社株式　売却	0	0	0	617,331	2,558,933	76,039	0	0
②子会社株式　取得	0	1,042,206	858,342	199,342	104,790	0	0	0
差額①−②	0	−1,042,206	−858,342	417,989	2,454,143	76,039	0	0
①差入保証金　回収	0	0	0	0	0	135,524	0	0
②差入保証金　支出	0	0	0	0	0	0	0	0
差額①−②	0	0	0	0	0	135,524	0	0
①その他　収入	0	0	0	0	0	0	0	0
②その他　支出	12,865	138,519	30,037	18,796	0	0	0	0
差額①−②	−12,865	−138,519	−30,037	−18,796	0	0	0	0
①その他　収入	0	0	0	0	0	0	198,568	0
②その他　支出	0	1,369,240	438,926	0	0	0	0	0
差額①−②	0	−1,369,240	−438,926	0	0	0	198,568	0
①その他　収入	0	0	0	165,388	50,495	82,854	0	0
②その他　支出	202,357	130,196	303,836	0	0	0	2,840	70,198
差額①−②	−202,357	−130,196	−303,836	165,388	50,495	82,854	−2,840	−70,198
差額合計	−2,241,446	1,287,835	−3,180,272	−2,162,833	1,238,313	104,480	−63,111	−8,136

■図表I−6　財務CFの収入・支出

（単位:千円）

【同種項目対応金額】	2005	2006	2007	2008	2009	2010	2011	2012
①短期借入金　収入	5,410,000	16,787,497	0	0	0	485,807	0	0
②短期借入金　支出	**4,006,000**	**18,075,430**	**1,064,918**	**672,458**	**1,082,990**	**0**	**29,180**	**15,831**
差額①−②	1,404,000	−1,287,933	−1,064,918	−672,458	−1,082,990	485,807	−29,180	−15,831
①長期借入金　収入	1,050,000	1,671,180	2,831,500	50,000	400,000	298,000	223,000	0
②長期借入金　支出	**401,033**	**1,242,120**	**27,580**	**1,191,014**	**1,063,609**	**125,834**	**125,584**	**92,514**
差額①−②	648,967	429,060	2,803,920	−1,141,014	−663,609	172,166	97,416	−92,514
①株式発行　収入	1,576,972	2,024,500	5,512	9,800	0	41,380	6,620	0
②株式　支出	0	0	0	0	0	12,858	5,720	0
差額①−②	1,576,972	2,024,500	5,512	9,800	0	28,522	900	0
①社債　収入	0	42,000	1,070,604	0	0	0	0	0
②社債　支出	**0**	**100,000**	**108,500**	**147,000**	**108,000**	**817,500**	**0**	**0**
差額①−②	0	−58,000	962,104	−147,000	−108,000	−817,500	0	0
①配当　収入	0	0	0	0	0	0	0	0
②配当　支出	0	0	0	58,241	27,061	203	0	0
差額①−②	0	0	0	−58,241	−27,061	−203	0	0
①自己株式　収入	0	0	0	0	48,879	0	0	0
②自己株式　支出	0	0	199,874	98,390	0	0	0	0
差額①−②	0	0	−199,874	−98,390	48,879	0	0	0
①リース債務　収入	0	0	0	0	0	0	0	0
②リース債務　支出	**0**	**0**	**0**	**181,110**	**411,517**	**232,972**	**212,940**	**150,593**
差額①−②	0	0	0	−181,110	−411,517	−232,972	−212,940	−150,593
①その他　収入	18,000	0	0	0	0	0	309,941	0
②その他　支出	0	4,130	0	884	0	0	0	48,111
差額①−②	18,000	−4,130	0	−884	0	0	309,941	−48,111
差額合計	3,647,939	1,103,497	2,506,744	−2,289,297	−2,244,298	−364,180	166,137	−307,049

現金及び現金同等物に係る換算差額	0	0	0	0	0	0	0	0
現金及び現金同等物の増減額	990,361	2,590,446	−629,987	−5,225,556	−666,880	250,513	−103,937	−116,835
現金及び現金同等物の期首残高	3,186,513	4,179,996	6,775,421	6,145,434	919,878	252,997	308,596	204,658
連結関係の現金及び現金同等物の増減額	3,121	4,979	0	0	0	−194,914	0	0
現金及び現金同等物の期末残高	4,179,996	6,775,421	6,145,434	919,878	252,997	308,596	204,658	87,823

太字は実際長期借入金等の返済額・実際短期借入金の返済額

は支払配当金

子負債で返済していたことが分かる。

では、すぐに倒産かというと、そうではない。長期借入金等の約定返済ができていることが前提だろうが、金融機関からの信用が維持されていれば短期借入金は借換えをさせてもらえるはずなので、生きながらえることができるであろう。「おおむね留保経常収支額」が長期借入金等の約定返済額を超える努力を行うことが大事である。

2006年の運転資金はプラスとなっているので、フローの安全性は【「おおむね留保経常収支額」+「運転資金のプラス」】でみることになる。

（2006年）

・【「おおむね留保経常収支額」841,041千円＋「運転資金のプラス」557,794千円】＝1,398,835千円＜「有利子負債の約定返済額」▲4,400,832千円（予定長期借入金等の返済額▲595,112千円＋予定短期借入金の返済額▲3,805,720千円）の絶対値。

・実際長期借入金等の返済額▲1,342,120千円・実際短期借入金の返済額は▲18,075,430千円であった。

【「おおむね留保経常収支額」841,041千円＋「運転資金のプラス」557,794千円】＝1,398,835千円＞予定長期借入金等の返済額▲595,112千円の絶対値となるので、この差額で予定短期借入金の返済額のわずかでも返済することが可能であった。このためフローの安全性は不安定ながらの確保となる。なお、営業の「その他」については内容が不明なので、「臨時的なもの等」として取り扱うことにする。

次に、図表Ｉ－８をみていただきたい。

【「おおむね留保経常収支額」841,041千円＋「運転資金のプラス」557,794千円】＝1,398,835千円だけでは、運用欄の５・６・７の支出を賄えなかった。この調達不足額▲19,218,434千円・運用欄の財務CF（その他）▲4,130円の合計▲19,222,564千円は、財

■図表I−7　キャッシュ運用表（2005年）

（単位:千円）

キャッシュの運用			キャッシュの調達		
1	【利息・配当・法人税等の合計】	309,398	1	【営業利益+減価償却費】	876,199
2	財務CF（支払配当金）	0		—	
3	「おおむね留保経常収支額」	566,801	2	「▲おおむね留保経常収支額」	0
	1~3 TOTAL	876,199		1+2 TOTAL	876,199
4	「▲おおむね留保経常収支額」	0	3	「おおむね留保経常収支額」	566,801
5	実際長期借入金等の返済額	401,033	4	「運転資金のプラス」	0
6	実際短期借入金の返済額	4,006,000		—	
7	営業CFマイナス「その他」	254,554	5	営業CFプラス「その他」	0
8	調達超過額	0	6	調達不足額	4,094,786
	4~8 TOTAL	4,661,587		3~6 TOTAL	4,661,587
9	調達不足額	4,094,786	7	調達超過額	0
10	「運転資金のマイナス」	728,377	8	財務CF（短期借入金）	5,410,000
	—		9	財務CF（長期借入金）	1,050,000
	—		10	財務CF（社債）	0
	—		11	財務CF（増資）	1,594,972
11	財務CF（その他）	0	12	財務CF（その他）+端数調整額	−2
12	投資CFの支出額（純額）	2,241,446	13	投資CF（固定資産売却等）（純額）	0
13	「現金及び現金同等物」増加額	990,361	14	「現金及び現金同等物」減少額	0
	9~13 TOTAL	8,054,970		7~14 TOTAL	8,054,970

■図表I−8　キャッシュ運用表（2006年）

（単位:千円）

キャッシュの運用			キャッシュの調達		
1	【利息・配当・法人税等の合計】	442,925	1	【営業利益+減価償却費】	1,283,966
2	財務CF（支払配当金）	0		—	
3	「おおむね留保経常収支額」	841,041	2	「▲おおむね留保経常収支額」	0
	1~3 TOTAL	1,283,966		1+2 TOTAL	1,283,966
4	「▲おおむね留保経常収支額」	0	3	「おおむね留保経常収支額」	841,041
5	実際長期借入金等の返済額	1,342,120	4	「運転資金のプラス」	557,794
6	実際短期借入金の返済額	18,075,430		—	
7	営業CFマイナス「その他」	1,199,719	5	営業CFプラス「その他」	0
8	調達超過額	0	6	調達不足額	19,218,434
	4~8 TOTAL	20,617,269		3~6 TOTAL	20,617,269
9	調達不足額	19,218,434	7	調達超過額	0
10	「運転資金のマイナス」	0	8	財務CF（短期借入金）	16,787,497
	—		9	財務CF（長期借入金）	1,671,180
	—		10	財務CF（社債）	42,000
	—		11	財務CF（増資）	2,024,500
11	財務CF（その他）	4,130	12	財務CF（その他）+端数調整額	−2
12	投資CFの支出額（純額）	0	13	投資CF（固定資産売却等）（純額）	1,287,835
13	「現金及び現金同等物」増加額	2,590,446	14	「現金及び現金同等物」減少額	0
	9~13 TOTAL	21,813,010		7~14 TOTAL	21,813,010

務CF・投資CFの合計21,813,010千円で調達された。この両者の差額2,590,446千円（21,813,010千円－19,222,564千円）が「現金及び現金同等物」の増加額となった。

この年度では、同年に稼ぎ出した営業のCFも「運転資金のプラス」もあったが、大半の支出は、主に投資CFと有利子負債・増資で調達された。「現金及び現金同等物」の増加額は、自力で稼いだ営業のCFでは構成されていないことはもちろんであるが、利益追求を目的とする企業が、投資した物件を売却し、その金額を結果的に他の投資に回さないで、営業CFや有利子負債の返済額を補填したことは、かなり末期的な財務状態と判断せざるを得ない。

（2007年）

・「おおむね留保経常収支額」25,761千円＜「有利子負債の約定返済額」▲7,168,286千円（予定長期借入金等の返済額▲481,479千円＋予定短期借入金の返済額▲6,686,807千円）の絶対値。
・実際長期借入金等の返済額▲136,080千円・実際短期借入金の返済額▲1,064,918千円であった。

「おおむね留保経常収支額」25,761千円＜予定長期借入金等の返済額▲481,479千円の絶対値となるので、フローの安全性は確保されていなかった。なお、営業CFの「その他」については内容が不明なので、「臨時的なもの等」として取り扱うことにする。

さらに、図表Ⅰ－9をみてみよう。

「おおむね留保経常収支額」25,761千円だけでは、運用欄の5・6の支出を賄えなかった。営業CFの「その他」収入19,677千円を調達原資としても、この調達不足額は▲1,155,560千円となった。この金額・「運転資金のマイナス」▲1,896千円・運用欄の財務（その他）

■図表I−9　キャッシュ運用表(2007年)

(単位:千円)

キャッシュの運用			キャッシュの調達		
1	【利息・配当・法人税等の合計】	728,766	1	【営業利益+減価償却費】	754,527
2	財務CF(支払配当金)	0		—	
3	「おおむね留保経常収支額」	25,761	2	「▲おおむね留保経常収支額」	0
	1~3 TOTAL	754,527		1+2 TOTAL	754,527
4	「▲おおむね留保経常収支額」	0	3	「おおむね留保経常収支額」	25,761
5	実際長期借入金等の返済額	136,080	4	「運転資金のプラス」	0
6	実際短期借入金の返済額	1,064,918		—	
7	営業CFマイナス「その他」	0	5	営業CFプラス「その他」	19,677
8	調達超過額	0	6	調達不足額	1,155,560
	4~8 TOTAL	1,200,998		3~6 TOTAL	1,200,998
9	調達不足額	1,155,560	7	調達超過額	0
10	「運転資金のマイナス」	1,896	8	財務CF(短期借入金)	0
	—		9	財務CF(長期借入金)	2,831,500
	—		10	財務CF(社債)	1,070,604
	—		11	財務CF(増資)	5,512
11	財務CF(その他)	199,874	12	財務CF(その他)+端数調整額	−1
12	投資CFの支出額(純額)	3,180,272	13	投資CF(固定資産売却等)(純額)	0
13	「現金及び現金同等物」増加額	0	14	「現金及び現金同等物」減少額	629,987
	9~13 TOTAL	4,537,602		7~14 TOTAL	4,537,602

■図表I−10　キャッシュ運用表(2008年)

(単位:千円)

キャッシュの運用			キャッシュの調達		
1	【利息・配当・法人税等の合計】	285,903	1	【営業利益+減価償却費】	1,553,526
2	財務CF(支払配当金)	58,241		—	
3	「おおむね留保経常収支額」	1,209,382	2	「▲おおむね留保経常収支額」	0
	1~3 TOTAL	1,553,526		1+2 TOTAL	1,553,526
4	「▲おおむね留保経常収支額」	0	3	「おおむね留保経常収支額」	1,209,382
5	実際長期借入金等の返済額	1,519,124	4	「運転資金のプラス」	0
6	実際短期借入金の返済額	672,458		—	
7	営業CFマイナス「その他」	677,663	5	営業CFプラス「その他」	0
8	調達超過額	0	6	調達不足額	1,659,863
	4~8 TOTAL	2,869,245		3~6 TOTAL	2,869,245
9	調達不足額	1,659,863	7	調達超過額	0
10	「運転資金のマイナス」	1,363,380	8	財務CF(短期借入金)	0
	—		9	財務CF(長期借入金)	50,000
	—		10	財務CF(社債)	0
	—		11	財務CF(増資)	9,800
11	財務CF(その他)	99,274	12	財務CF(その他)+端数調整額	−6
12	投資CFの支出額(純額)	2,162,833	13	投資CF(固定資産売却等)(純額)	0
13	「現金及び現金同等物」増加額	0	14	「現金及び現金同等物」減少額	5,225,556
	9~13 TOTAL	5,285,350		7~14 TOTAL	5,285,350

▲199,874千円・投資CFの▲3,180,272千円の合計▲4,537,602千円は、財務CF・「現金及び現金同等物」の合計4,537,602千円で調達された。このため、「現金及び現金同等物」は▲629,987千円となった。

この年度では、同年に稼ぎ出した営業のCFもあったが、これで支払利息額や法人税等の支払いをするのが精いっぱいであった。大半の支出は、主に長期借入金・株式発行収入・社債収入・手持ちの「現金及び現金同等物」で調達されたのである。予定長期借入金等の返済もできない財務状態であれば、予定短期借入金の返済は不可能である。この3年間は売上高を増加させてきてはいるが、自力で稼いだ営業のCFが不足する状況であった。金融機関の信用に陰りが出てもやむを得ないところだ。「おおむね留保経常収支額」が長期借入金等の約定返済額を超える努力を行うことの大切さを思い知らされる。

ワールド・ロジはその後、どうであったのだろうか。

(2008年)

・「おおむね留保経常収支額」1,209,382千円＜「有利子負債の約定返済額」▲8,261,529千円（予定長期借入金等の返済額▲1,342,529千円＋予定短期借入金の返済額▲6,919,000千円）の絶対値。

・実際長期借入金等の返済額▲1,519,124千円・実際短期借入金の返済額▲672,458千円であった。

「おおむね留保経常収支額」1,209,382千円＜予定長期借入金等の返済額▲1,342,529千円の絶対値となるので、フローの安全性は確保されていなかった。なお、営業CFの「その他」については内容が不明なので、「臨時的なもの等」として取り扱うことにする。

そして、**図表Ⅰ－10**をみてみよう。

「おおむね留保経常収支額」1,209,382千円だけでは、運用欄の5·6·7の支出を賄えなかった。この調達不足額▲1,659,863千円·「運転資金のマイナス」▲1,363,380千円・運用欄の財務（その他）▲99,274千円・投資CFの▲2,162,833千円の合計▲5,285,350千円は、財務CF・手持ちの「現金及び現金同等物」で調達された。このため、「現金及び現金同等物」は▲5,225,556千円となった。

この年度は、自力で稼いだ営業のCFもあったが、「営業利益＋減価償却費」が「運転資金のマイナス」に喰われている。この「運転資金のマイナス」も含めて、大半の支出が「現金及び現金同等物」で調達されている。

このため、この金額が「現金及び現金同等物」の減少額となったのである。これでワールド・ロジの体力はかなり弱くなっただろう。いよいよ金融機関の信用がなくなったのか。ワールド・ロジ、危うし、というところだ。

(3) ストックの安全性②

図表Ⅰ－11、Ⅰ－12は、キャッシュ体質図の推移グラフである。

2009年には、資本の欠損の状態となった。その後、欠損金は積み増しされ、2012年には、債務超過となってしまった。ストックの安全性は全く確保・維持されていない。

(4) フローの安全性②

前掲**図表Ⅰ－4**で、その後のフローの安全性をみてみよう。

2009年から2012年の運転資金はプラスとなっているので、フローの安全性は【「おおむね留保経常収支額」＋「運転資金のプラス」】でみることになる。

■図表I－11　キャッシュ体質推移A

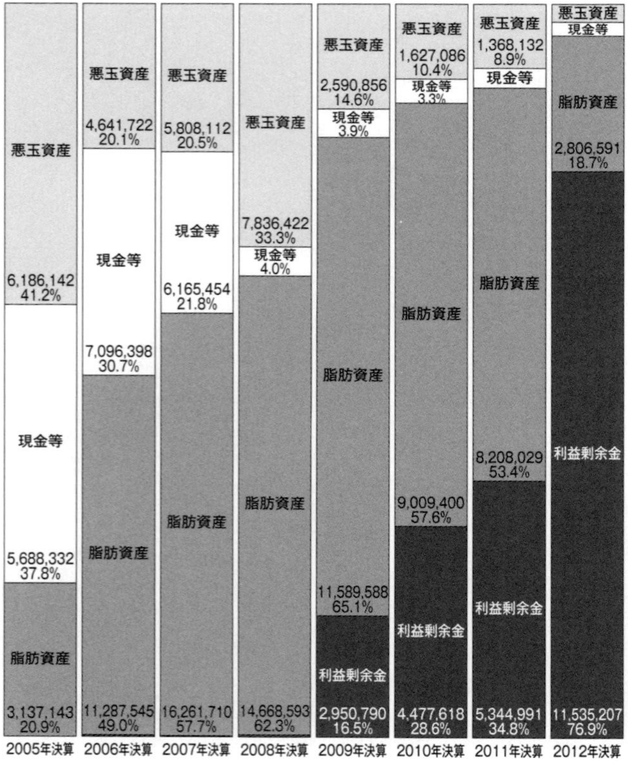

■図表I－12　キャッシュ体質推移A’

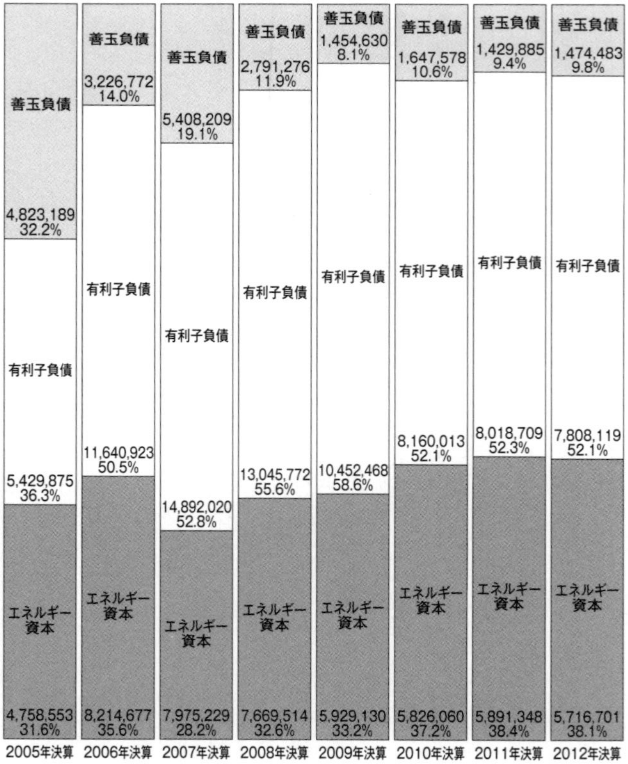

（2009年）
・【「おおむね留保経常収支額」▲122,434千円＋「運転資金のプラス」447,228千円】となっていた。

「正常な収益力」をベースとした「おおむね留保経常収支額」がマイナスとなったので、フローの安全性は確保されていなかった。その後の年度も、以下のとおり、「おおむね留保経常収支額」がマイナスとなった。2009年から2012年までは営業損失の計上となったからだ。

（2010年～2012年）
・2010年は【「おおむね留保経常収支額」▲23,105千円＋「運転資金のプラス」538,412千円】
・2011年は【「おおむね留保経常収支額」▲260,950千円＋「運転資金のプラス」88,720千円】
・2012年は【「おおむね留保経常収支額」▲661,375千円＋「運転資金のプラス」306,105千円】

2009年から2012年では、当期純損失を計上していたが、「営業CFの結果」は、2011年の年度だけがマイナスで、それ以外はプラスとなっていた。どういうことなのだろうか。利益のないところにはキャッシュは生まれないことが原則だ。

この答えは簡単であった。主に減価償却費の存在と「運転資金のプラス」の存在である。両者の大切さが浮き彫りとなった事例であった。しかし、「運転資金のプラス」になったことは、ワールド・ロジの戦略的な手法の結果ではない。これは当然の原理によるものだ。P58を参照していただきたい。

❹ 総　括

さて、なぜ、年度によって「運転資金の売上債権増減額・仕入債務増減額」がマイナスになったりプラスになったりしたのであろうか。

2005年から2007年では、売上債権＞仕入債務の体質で、売上高が増加したケースの原理は以下のとおりである（P58のA参照）。

原　理

売上債権＞仕入債務の体質で売上高が増加すれば、通常、売上債権増加額はマイナス表示・仕入債務増加額はプラス表示。売上債権増加額と仕入債務増加額の差はマイナス表示となる。

このケースでは売上高が増加すれば、営業CFが不足することになるので、注意しなければならない。

・2005年は原理どおりの動きとなっていた。

　売上債権は▲2,830,926千円

　仕入債務は＋2,166,675千円

　合計差額は　▲664,251千円

・2006年は原理とは逆の動きとなった。

　売上債権は＋3,407,698千円

　仕入債務は▲2,875,502千円

　合計差額は　＋532,196千円

2006年は、売上債権については当期決算期の回転期間は短く（前期決算期116日、当期決算期49日）なった。その分回収が多くなって、プラス表示となったことが考えられる。果たして、それだけが原因なのか。季節変動や年度の後半になって回収条件の良い売上先の売上高が多くなったのか。回収条件に変更があったのか。実態は分からないが、一過性なのかなどの検討が大事である。

仕入債務については当期決算期の回転期間は短く（前期決算期86日、当期決算期20日）なって支払いが多くなって、マイナス表示となったことが考えられる。売上債権と同様に、原因を検討すべきである。

中小企業ではセオリーと逆の現象が起きた場合に、まず実態の把握・企業にとって良いことか否か・一過性か否か等の検討が大切となる。

・2007年は原理どおりではなかった。
　売上債権は　＋64,935千円
　仕入債務は＋184,794千円
　合計差額は＋249,729千円

売上債権については、前期の決算期49日、当期の決算期38日となっている。当期の回転期間は短くなって回収が多くなったことが原因か。あるいは当期の決算日は土曜日であったことも原因なのか。

仕入債務については、前期の決算期20日、当期の決算期24日となっている。当期の回転期間は長くなって支払いが少なかったことが原因か。当期の決算日は土曜日であったことも原因なのか。

2008年では、売上債権＞仕入債務の体質で、売上高が横ばいのケースの原理は以下のとおりである（P58のC参照）。

原　理

売上債権＞仕入債務の体質で売上高が横ばいとなれば、通常、売上債権の増減額はなくなるのでゼロ表示・仕入債務の増減額もなくなるのでゼロ表示。両者の差はゼロ表示となる。

このケースでは、他の科目に変化等がなければ、「営業利益＋減価償却費」がそのまま「営業CFの結果」になるので、「営業利益＋減価償却費」だけみていればよい。

・2008 年は原理どおりではない。
売上債権は▲ 2,771,625 千円
仕入債務は　▲ 117,848 千円
合計差額は▲ 2,889,473 千円

売上債権については当期決算期の回転期間は長く（前期決算期 38 日、当期決算期 57 日）なっている。回収期間の遅い売上高が後半に多くなったか。取引条件が変わったかなどの変化が考えられる。

仕入債務については当期決算期の回転期間が短く（前期決算期 24 日、当期決算期 13 日）なっている。支払期間の早い仕入高が後半に多くなったか。取引条件が変わったかなどの変化が考えられる。

2009 年から 2011 年では、売上債権＞仕入債務の体質で、売上高が減少したケースだ。このケースの原理は以下のとおりである（P58 の B 参照）。

原　理

売上債権＞仕入債務の体質で、売上高が減少すれば、通常、売上債権減少額はプラス表示・仕入債務減少額はマイナス表示、売上債権減少額と仕入債務減少額の差はプラス表示となるのが原理。

他の科目に変化等がなければ、「営業利益＋減価償却費」がゼロでも、「営業 CF の結果」がプラスとなる。

・2009 年は原理どおりではない。
売上債権は　▲ 70,072 千円
仕入債務は＋ 510,106 千円
合計差額は＋ 440,034 千円

売上債権については当期決算期の回転期間は短く（前期決算期 57

日、当期決算期46日）なっている。通常、回収が早くなっているので、さらに売上債権の減少額（プラス表示）が計上されるはずである。何か特別な事情があるはずである。資料は示していないが、貸借対照表をみると1,211,953千円の破産更生債権等が計上されている。このことにより売上債権は破産更生債権に振り替えられるので、売上債権回転期間を計算するときの分子にある期末の売上債権はその分小さくなっている。回収日数は当然小さくなるわけだ。このため、回収可能性がかなり低くなってしまっていたようだ。それであれば、本来、多額の売上債権の減少（プラス表示）となるところを、わずかではあるが、増加（マイナス表示）になっていることが理解できる。

仕入債務については当期決算期回転期間が短く（前期決算期13日、当期決算期9日）なっている。通常、支払いは早くなっているので、さらに仕入債務の減少額（マイナス表示）が計上されるはずである。おそらく、売上債権の貸倒れから派生しているのか、支払いができずにいたかもしれない。それであれば、仕入債務が増加（プラス表示）していることを理解できるが、他に原因があるかもしれない。中小企業では、自社のことであれば詳細な検討ができるはずなので、検討を怠ってはいけない。

・2010年は原理どおりではない。
売上債権は＋382,155千円
仕入債務は＋156,257千円
合計差額は＋538,412千円

仕入債務については当期決算期回転期間が長く（前期決算期9日、当期決算期24日）なっている。当期の回転期間は長くなって支払いが少なかった。支払いが厳しくなっているためなのか。仕入債務は増加（プラス表示）していたことが考えられる。

・2011年は原理どおりである。

売上債権は＋ 190,983 千円
仕入債務は▲ 102,263 千円
合計差額は　＋ 88,720 千円

2012 年では、売上債権＜仕入債務の体質となり、売上高が減少したケースだ。

このケースの原理は以下のとおりである（P60 の E 参照）。

原　理

売上債権＜仕入債務の体質で売上高が減少すれば、通常、売上債権は減少（プラス表示）し、仕入債務も減少（マイナス表示）する。売上債権減少額と仕入債務減少額の差はマイナス表示となる。

このケースでは、売上高の減少を抑え、横ばいに努めるか、利益の吸収構造を見直して、より多くの利益を計上できるように努めなければならない。

・2012 年は原理どおりではない。
売上債権は＋ 287,266 千円
仕入債務は　＋ 18,839 千円
合計差額は＋ 306,105 千円

仕入債務については当期決算期回転期間が長く（前期決算期 27 日、当期決算期 31 日）なっている。当期の回転期間は長くなって支払いが少なかった。支払いが厳しくなっているためなのか。仕入債務は増加（プラス表示）していたことが考えられる。

中小企業は大企業ほど体力がない。こまめに財務内容をチェックすることで無駄な体力を使うことを防がなければならない。上記の事例のように、キャッシュフローの原理とは異なる動きがあるとすれば、何か変化があることになる。例えば、取引条件の変更・季節変動・現金取引の増減変化・年度の後半になって回収条件あるいは支払条件に変化があったか・決算日が土曜日・日曜日・祭日・その他偶発的な出来事などがあれば、キャッシュフローは原理的な動きはしない。このようなとき、一過性の現象なのか、継続性があるのか、今後にとって良い状態なのか否かの判断をしなければならない。

倒産の定義である「弁済能力の欠乏のために弁済期が到来した債務を一般的、かつ、継続的に弁済することができないと判断される客観的状態」ないしは「債務額の総計が資産額の総計を超過している状態」を典型的に表しているワールド・ロジの事例であった。

ワールド・ロジは、売上高が増加していた2005年から2007年までは、有利子負債の返済額を新たな有利子負債を調達原資として返済していた。それでも返済額に不足が生じた年度は、増資や投資物件を換金化した。売上高が横ばいとなった2008年では、金融機関からの信用がなくなったのか、手持ちの「現金及び現金同等物」を調達原資とした。体力はなくなったようだ。その後、売上高が減少した2009年には「資本の欠損」となり、2012年には「債務超過」となった。体力の脆弱さが招いた倒産であったようだ。

中小企業への教訓

☞利益のないところにキャッシュは生まれない。

☞売上債権＞仕入債務の体質で、売上高が増加すれば、通常、売上債権増加額はマイナス表示・仕入債務増加額はプラス表示。売上債権増加額と仕入債務増加額の差はマイナス表示となるのが原理。

～他の科目に変化等がなく、「営業利益・減価償却費」がないとすれば、営業CFは不足する。

☞売上債権＞仕入債務の体質で、売上高が横ばいとなれば、通常、売上債権の増減額はなくなるのでゼロ表示、仕入債務の増減額もなくなるのでゼロ表示。両者の差はゼロ表示となるのが原理。

～他の科目に変化等がなければ、「営業利益＋減価償却費」がそのまま「営業 CF の結果」になるので、「営業利益＋減価償却費」だけみていればよい。

☞売上債権＞仕入債務の体質で、売上高が減少すれば、通常、売上債権減少額はプラス表示・仕入債務減少額はマイナス表示、売上債権減少額と仕入債務減少額の差はプラス表示となるのが原理。

～他の科目に変化等がなければ、「営業利益＋減価償却費」がゼロでも、「営業 CF の結果」はプラスとなる。

☞売上債権＜仕入債務の体質で、売上高が減少すれば、通常、売上債権は減少（プラス表示）し、仕入債務も減少（マイナス表示）する。売上債権減少額と仕入債務減少額の差はマイナス表示となる。

～売上高の減少を抑え、横ばいに努めるか、あるいは利益の吸収構造を見直して、より多くの利益を計上できるように努めなければならない。

☞ CF が原理的な動きをしないときは、一過性の現象なのか、継続性があるのか、今後、企業にとって良い状態なのか否か等の判断をしなければならない。

Ⅱ 株式会社グレース
～貸付金と「運転資金のマイナス」による倒産

㈱グレースは1997年6月の設立で、建築コンサルタント業を中心に複数の子会社化を進め、グループ経営を展開した。2000年9月に大阪証券取引所に上場、2003年4月にヘラクレス（現・ジャスダック）に指定替え。

グレース本社はグループ全体に対する経営戦略立案業務と資金貸付業務を主業としていたが、グループ会社からの返済が滞り、資金繰りが悪化。2008年2月に破産手続開始決定した（負債総額35億2,700万円）。

❶ 概　　要

分析年度　2004年～2006年

運転資金の特徴

	悪玉資産・善玉負債	売上債権・仕入債務	売上高
2004年	悪玉資産＞善玉負債	売上債権＞仕入債務	⤴
2005年	悪玉資産＞善玉負債	売上債権＞仕入債務	⤴
2006年	悪玉資産＞善玉負債	売上債権＞仕入債務	⤴

⑴ ストックの安全性

2004年・2005年・2006年は、いずれも現金等＜有利子負債となっている。第1フェーズでは、ストックの安全性は確保されていなかった。

2006年の現金等はパーセンテージも実数も小さくなった。有利子負債は、パーセンテージは年々少なくなっているが、実数は、大きくなっている。第2フェーズではストックの安全性は確保・維持されていない。

⑵ フローの安全性

2004年は、フローの安全性は確保されていなかった。この年度は、大半の支出は、財務CFで調達されたことになる。「現金及び現金同等物」の増加額は、自力で稼いだCFでは構成されていないことが分かる。

2005年・2006年では、フローの安全性は不安定ながら確保されていた。2005年では、大半の支出は、財務CFで調達されたことになる。「現金及び現金同等物」の増加額は、自力で稼いだCFでは構成されていないことが分かる。2006年でも、大半の支出は、財務CFで調達されたことになる。また「現金及び現金同等物」を減少させ、体力を減退させたのである。

グレースは、売上高は増加し、当期純利益も計上されていたのに「営業CFの結果」がマイナスになったわけだ。損益計算書だけを重視する経営は、黒字倒産を予知できないことを痛感させられる事例であった。

❷ 主要な経営指標等

グレースの売上高は2003年の売上高7,196,961千円を起点とすれば、その後の売上高は前年対比で増加し、当期純利益も計上されていた。

これだけの情報であれば、良い企業として評価されるだろう。

3年間の「営業CFの結果」をみると、どの年度もマイナスとなっていた。本来、「営業CFの結果」はプラスであることが必要である。「営業CFの結果」がマイナスであるということは、営業活動での収入より支出の方が多くなり、経営が成り立たないことを意味する。しかし、利益が計上されているのに、どうして「営業CFの結果」がマイナスとなったのであろうか。

❸　安全性の分析

(1)　ストックの安全性①

図表Ⅱ－1をみてみよう。

(2004年)

・悪玉資産68.6%＞善玉負債49.6%なので、流動資金が不足していて、短期借入金で調達されている。

・脂肪資産6.1%＜エネルギー資本9.1%なので、固定資金は余剰している。その余剰は現金等となっていて、残りの現金等は有利子負債で調達されている。

・現金等25.2%＜有利子負債41.4%と、両者の差は16.2%になった。

この状態はキャッシュ・プアなので、第1フェーズではストックの安全性は確保されていない。

次に、図表Ⅱ－2をご覧いただきたい。

(2005年)

現金等21.3%＜有利子負債38.8%と、両者の差は17.5%になった。

■図表Ⅱ−1　キャッシュ体質図（2004年）

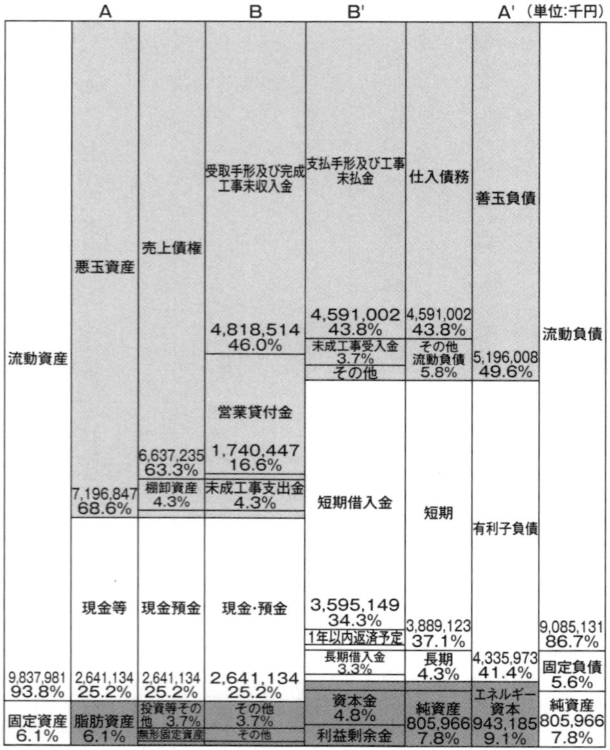

■図表Ⅱ−2　キャッシュ体質図（2005年）

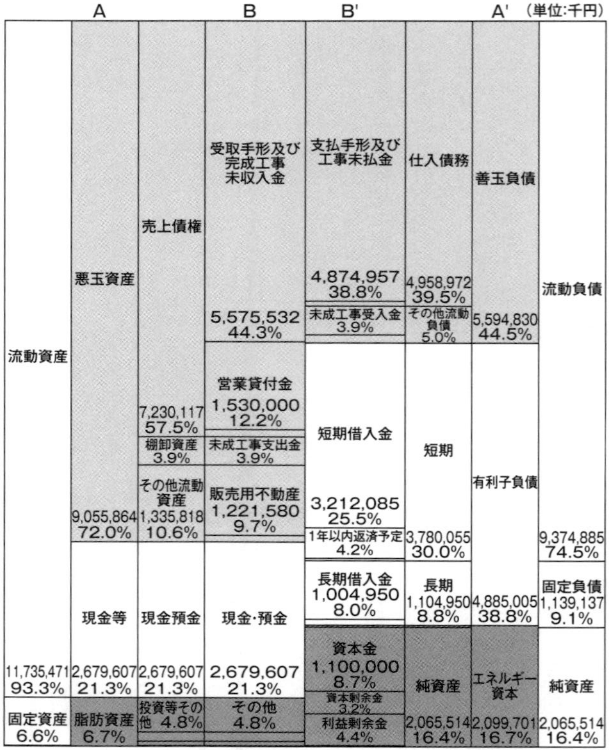

これもキャッシュ・プアなので、第1フェーズではストックの安全性は確保されていない。

(2) フローの安全性①

図表Ⅱ－3～Ⅱ－8により、フローの安全性をみていこう。

> (2004年)
> ・「おおむね留保経常収支額」116,478千円＜「有利子負債の約定返済額」▲1,376,282千円（予定長期借入金等の返済額▲139,200千円＋予定短期借入金の返済額▲1,237,082千円）の絶対値。
> ・実際長期借入金等の返済額▲172,750千円・実際短期借入金の返済額▲2,312,082千円であった。

「おおむね留保経常収支額」116,478千円＜予定長期借入金等の返済額▲139,200千円の絶対値なので、フローの安全性は確保されていなかった。営業CFの「その他」は▲1,077,891千円である。これは主に営業貸付金収入と支出の純額だ。経常性があるかどうか判断がつかないので、「臨時的なもの等」として取り扱うことにする。「経常的なもの」としてもマイナスなので、ますますフローの安全性は確保されていなかったことになる。

ここで図表Ⅱ－6により全体的なCFの動きをみてみよう。

> 「おおむね留保経常収支額」116,478千円だけでは、運用欄の5･6･7の支出を賄えなかった。この調達不足額▲3,446,245千円・「運転資金のマイナス」▲643,238千円･運用欄の財務（その他）▲2,934千円・投資CFの▲779,110千円の合計▲4,871,527千円は、財務CFの5,257,184千円で調達された。この両者の差額385,657千円が「現金及び現金同等物」の増加額となった。

この年度は、「営業利益＋減価償却費」が「運転資金のマイナス」

■図表Ⅱ－3　概略営業CF【「おおむね留保経常収支額」と返済額】

（単位:千円）

	営業CF	-1,580,703	-1,290,599	-1,676,875
		2004	2005	2006
①	（営業利益）	253,152	373,180	742,099
②	減価償却費	6,909	11,204	250,964
③＝①＋②	合計	260,061	384,384	993,063
④	売上債権	-2,442,710	-760,568	-2,788,153
⑤	仕入債務	1,765,662	283,954	-34,353
⑥＝④＋⑤	合計	-677,048	-476,614	-2,822,506
⑦	棚卸資産	263,288	-1,259,642	1,935,861
⑧	未成工事受入金	-229,478	109,013	-1,938,005
⑨＝⑦＋⑧	小計	33,810	-1,150,629	-2,144
⑩＝⑥＋⑨	合計	-643,238	-1,627,243	-2,824,650
⑪	受取利息・配当額	7,248	6,419	15,526
⑫	支払利息額	-16,805	-22,393	-74,860
⑬	法人税等支払額	-110,078	-126,714	-102,029
⑭＝⑪＋⑫＋⑬	合計	-119,635	-142,688	-161,363
⑮＝⑯－（③＋⑨＋⑭）	「その他」合計	-1,077,891	94,948	316,075
⑯	営業CF	-1,580,703	-1,290,599	-1,676,875
⑰＝③	営業利益・減価償却費	260,061	384,384	993,063
⑱＝⑭	利息・配当・法人税等	-119,635	-142,688	-161,363
⑲	支払配当金	-23,948	-24,592	-30,721
⑳＝⑰＋⑱＋⑲	「おおむね留保経常収支額」	116,478	217,104	800,979
㉑	実際長期借入金等の返済額	172,750	311,400	1,291,500
㉒	予定長期借入金等の返済額	139,200	215,700	527,400
	実際長期借入金等の返済額			
	1年以内長期借入金	172,750	311,400	1,291,500
	1年以内社債			
	1年以内リース			
	1年以内未払金			
	合計	172,750	311,400	1,291,500
	実際短期借入金の返済額			
	短期借入金	2,312,082	4,025,149	6,812,665
	合計	2,484,832	4,336,549	8,104,165
	予定長期借入金等の返済額			
	1年以内長期借入金	139,200	215,700	527,400
	1年以内社債			
	1年以内リース			
	1年以内未払金			
	合計	139,200	215,700	527,400
	予定短期借入金の返済額			
	短期借入金	1,237,082	3,595,149	3,212,085
	合計	1,376,282	3,810,849	3,739,485

■図表Ⅱ－4　投資CFの収入・支出

（単位:千円）

【同種項目対応金額】	2004	2005	2006
①有形固定　売却	0	0	514,294
②有形固定　取得	85,050	26,670	132,662
差額①－②	-85,050	-26,670	381,632
①無形固定　売却	0	0	0
②無形固定　取得	1,720	5,178	0
差額①－②	-1,720	-5,178	0
①投資有価証券　売却	7,000	0	43,544
②投資有価証券　取得	0	0	25,749
差額①－②	7,000	0	17,795
①短期貸付金　回収	1,026	2,547	300,585
②短期貸付金　支出	323	0	524,000
差額①－②	703	2,547	-223,415
①子会社株式　売却	0	0	0
②子会社株式　取得	9,737	0	248,992
差額①－②	-9,737	0	-248,992
①差入保証金　回収	3,586	16,638	45,430
②差入保証金　支出	248,434	205,540	167,291
差額①－②	-244,848	-188,902	-121,861
①　収入	303,831	0	0
②　支出	748,203	0	229,148
差額①－②	-444,372	0	-229,148
①その他　収入	0	0	0
②その他　支出	1,086	0	1,132
差額①－②	-1,086	0	-1,132
差額合計	-779,110	-218,203	-425,121

■図表Ⅱ－5　財務CFの収入・支出

（単位：千円）

【同種項目対応金額】	2004	2005	2006
①短期借入金　収入	4,857,188	3,642,085	7,635,866
②短期借入金　支出	**2,312,082**	**4,025,149**	**6,812,665**
差額①－②	2,545,106	−383,064	823,201
①長期借入金　収入	400,000	1,281,200	1,998,000
②長期借入金　支出	**172,750**	**311,400**	**1,291,500**
差額①－②	227,250	969,800	706,500
①社債　収入	0	990,450	0
②社債　支出	**0**	**0**	**0**
差額①－②	0	990,450	0
①配当　収入	0	0	0
②配当　支出	23,183	24,592	30,621
差額①－②	−23,183	−24,592	−30,621
①その他配当　収入	0	0	0
②その他配当　支出	765	0	100
差額①－②	−765	0	−100
①自己株式　収入	0	0	0
②自己株式　支出	76	1,057	0
差額①－②	−76	−1,057	0
①その他　収入	0	0	0
②その他　支出	2,858	4,262	0
差額①－②	−2,858	−4,262	0
差額合計	2,745,474	1,547,275	1,498,980

現金及び現金同等物に係る換算差額	0	0	0
現金及び現金同等物の増減額	385,657	38,472	−603,017
現金及び現金同等物の期首残高	2,255,477	2,641,134	2,679,607
現金及び現金同等物の期末残高	2,641,134	2,679,607	2,076,589

太字は実際長期借入金等の返済額・実際短期借入金の返済額

網かけ は支払配当金

■図表Ⅱ−6　キャッシュ運用表（2004年）

（単位：千円）

	キャッシュの運用			キャッシュの調達	
1	【利息・配当・法人税等の合計】	119,635	1	【営業利益＋減価償却費】	260,061
2	財務CF（支払配当金）	23,948		—	
3	「おおむね留保経常収支額」	116,478	2	「▲おおむね留保経常収支額」	0
	1~3 TOTAL	260,061		1+2 TOTAL	260,061
4	「▲おおむね留保経常収支額」	0	3	「おおむね留保経常収支額」	116,478
5	実際長期借入金等の返済額	172,750	4	「運転資金のプラス」	0
6	実際短期借入金の返済額	2,312,082		—	
7	営業CFマイナス「その他」	1,077,891	5	営業CFプラス「その他」	0
8	調達超過額	0	6	調達不足額	3,446,245
	4~8 TOTAL	3,562,723		3~6 TOTAL	3,562,723
9	調達不足額	3,446,245	7	調達超過額	0
10	「運転資金のマイナス」	643,238	8	財務CF（短期借入金）	4,857,188
	—		9	財務CF（長期借入金）	400,000
	—		10	財務CF（社債その他）	0
	—		11	財務CF（増資）	0
11	財務CF（その他）	2,934	12	財務CF（その他）＋端数調整額	−4
12	投資CFの支出額（純額）	779,110	13	投資CF（固定資産売却等）（純額）	0
13	「現金及び現金同等物」増加額	385,657	14	「現金及び現金同等物」減少額	0
	9~13 TOTAL	5,257,184		7~14 TOTAL	5,257,184

※有価証券報告書では、各科目金額を足した計算金額と記載合計額とに差がある。このため、端数調整を行っている。

■図表Ⅱ−7　キャッシュ運用表（2005年）

（単位：千円）

	キャッシュの運用			キャッシュの調達	
1	【利息・配当・法人税等の合計】	142,688	1	【営業利益＋減価償却費】	384,384
2	財務CF（支払配当金）	24,592		—	
3	「おおむね留保経常収支額」	217,104	2	「▲おおむね留保経常収支額」	0
	1~3 TOTAL	384,384		1+2 TOTAL	384,384
4	「▲おおむね留保経常収支額」	0	3	「おおむね留保経常収支額」	217,104
5	実際長期借入金等の返済額	311,400	4	「運転資金のプラス」	0
6	実際短期借入金の返済額	4,025,149		—	
7	営業CFマイナス「その他」	0	5	営業CFプラス「その他」	94,948
8	調達超過額	0	6	調達不足額	4,024,497
	4~8 TOTAL	4,336,549		3~6 TOTAL	4,336,549
9	調達不足額	4,024,497	7	調達超過額	0
10	「運転資金のマイナス」	1,627,243	8	財務CF（短期借入金）	3,642,085
	—		9	財務CF（長期借入金）	1,281,200
	—		10	財務CF（社債）	990,450
	—		11	財務CF（増資）	0
11	財務CF（その他）	5,319	12	財務CF（その他）＋端数調整額	−1
12	投資CFの支出額（純額）	218,203	13	投資CF（固定資産売却等）（純額）	0
13	「現金及び現金同等物」増加額	38,472	14	「現金及び現金同等物」減少額	0
	9~13 TOTAL	5,913,734		7~14 TOTAL	5,913,734

※有価証券報告書では、各科目金額を足した計算金額と記載合計額とに差がある。このため、端数調整を行っている。

■図表Ⅱ−8　キャッシュ運用表（2006年）

（単位：千円）

キャッシュの運用			キャッシュの調達		
1	【利息・配当・法人税等の合計】	161,363	1	【営業利益＋減価償却費】	993,063
2	財務CF（支払配当金）	30,721		—	
3	「おおむね留保経常収支額」	800,979	2	「▲おおむね留保経常収支額」	0
	1〜3 TOTAL	993,063		1+2 TOTAL	993,063
4	「▲おおむね留保経常収支額」	0	3	「おおむね留保経常収支額」	800,979
5	実際長期借入金等の返済額	1,291,500	4	「運転資金のプラス」	0
6	実際短期借入金の返済額	6,812,665		—	
7	営業CFマイナス「その他」	0	5	営業CFプラス「その他」	316,075
8	調達超過額	0	6	調達不足額	6,987,111
	4〜8 TOTAL	8,104,165		3〜6 TOTAL	8,104,165
9	調達不足額	6,987,111	7	調達超過額	0
10	「運転資金のマイナス」	2,824,650	8	財務CF（短期借入金）	7,635,866
	—		9	財務CF（長期借入金）	1,998,000
	—		10	財務CF（社債）	0
	—		11	財務CF（増資）	0
11	財務CF（その他）	0	12	財務CF（その他）＋端数調整額	−1
12	投資CFの支出額（純額）	425,121	13	投資CF（固定資産売却等）（純額）	0
13	「現金及び現金同等物」増加額	0	14	「現金及び現金同等物」減少額	603,017
	9〜13 TOTAL	10,236,882		7〜14 TOTAL	10,236,882

※有価証券報告書では、各科目金額を足した計算金額と記載合計額とに差がある。このため、端数調整を行っている。

に喰われている。この「運転資金のマイナス」も含めて、大半の支出は財務CFで調達されている。

「現金及び現金同等物」の増加額は、自力で稼いだCFでは構成されていないこともわかる。

（2005年）

・「おおむね留保経常収支額」217,104千円＜「有利子負債の約定返済額」▲3,810,849千円（予定長期借入金等の返済額▲215,700千円＋予定短期借入金の返済額▲3,595,149千円）の絶対値。

・実際長期借入金等の返済額▲311,400千円・実際短期借入金の返済額▲4,025,149千円であった。

「おおむね留保経常収支額」217,104千円＞予定長期借入金等の返済額▲215,700千円の絶対値となるので、この差額で予定短期借入金の返済額の一部をわずかながら返済することが可能であった。このため、フローの安全性は不安定ながら確保されていた。営業CFの「その他」の収入94,948千円（主に営業貸付金収入と支出の純額）が「経常的なもの」としても、フローの安全性は不安定ながら確保されていたことになる。この年度でも、経常性があるかどうか判断がつかないので、「臨時的なもの等」として取り扱うことにする。

次に、図表Ⅱ－7をみよう。

「おおむね留保経常収支額」217,104千円だけでは、運用欄の5・6の支出を賄えなかった。営業CFの「その他」の収入94,948千円を調達原資としても、この調達不足額は▲4,024,497千円となった。この金額・「運転資金のマイナス」▲1,627,243千円・運用欄の財務（その他）▲5,319千円・投資CFの▲218,203千円の合計▲5,875,262千円は、財務CFの5,913,734千円で調達された。この両者の差額38,472千円が「現金及び現金同等物」の増加額となった。

この年度も、「営業利益＋減価償却費」が「運転資金のマイナス」に喰われている。この「運転資金のマイナス」も含めて、大半の支出は財務CFで調達されたこと、「現金及び現金同等物」の増加額は、自力で稼いだCFでは構成されていないこともわかる。

(3) ストックの安全性②

図表Ⅱ－9、Ⅱ－10をご覧いただきたい。

■図表Ⅱ−9　キャッシュ体質推移A

（単位:千円）

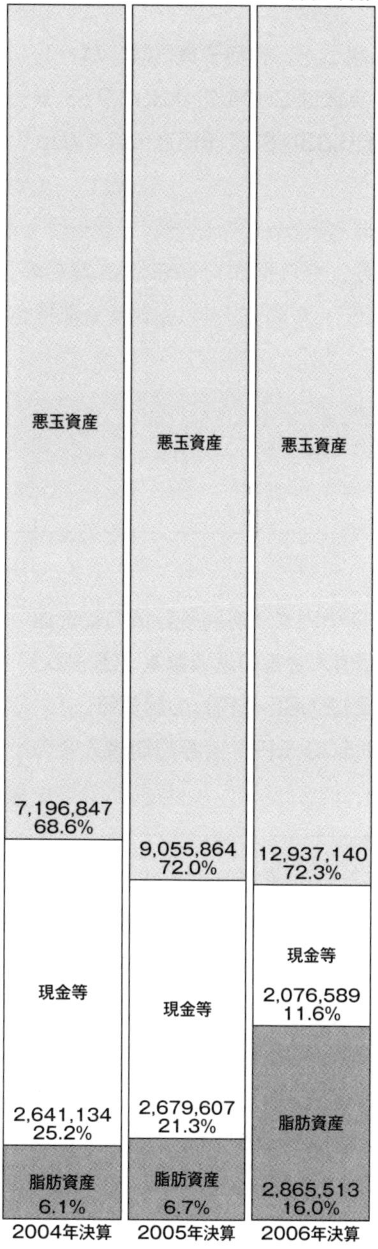

■図表Ⅱ−10　キャッシュ体質推移A'

（単位:千円）

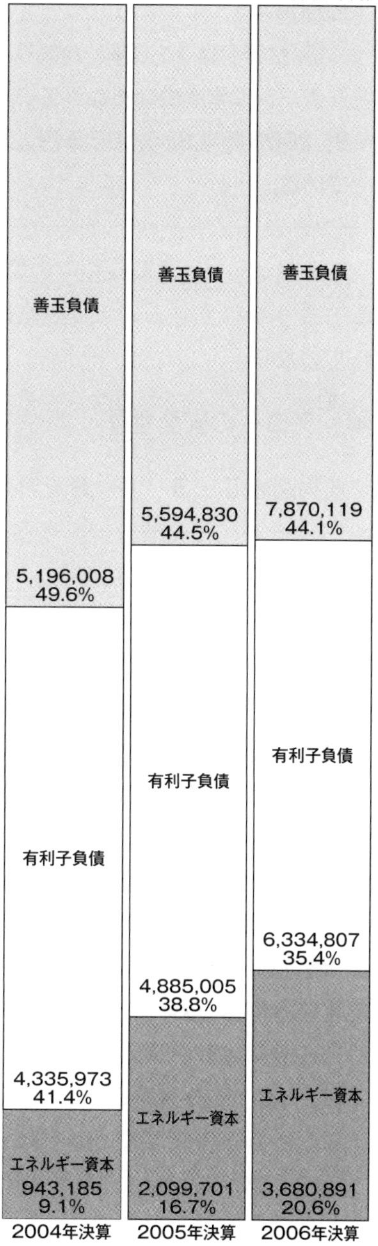

（2006年）

「現金等」は11.6%とかなり小さくなった。有利子負債は、パーセンテージは年々少なくなっているが、実数は2004年4,335,973千円、2005年4,885,005千円、2006年6,334,807千円と大きくなっている。

これにより、金融機関頼みの経営であったことが分かる。このため、ここまでを第2フェーズでみれば、ストックの安全性は確保・維持されていない。

⑷　フローの安全性②

前掲図表Ⅱ－3～Ⅱ－8を再度みてみよう。

（2006年）

・「おおむね留保経常収支額」800,979千円＜「有利子負債の約定返済額」▲3,739,485千円（予定長期借入金等の返済額▲527,400千円＋予定短期借入金の返済額▲3,212,085千円）の絶対値。
・実際長期借入金等の返済額▲1,291,500千円・実際短期借入金の返済額▲6,812,665千円であった。

「おおむね留保経常収支額」800,979千円＞予定長期借入金等の返済額▲527,400千円の絶対値となるので、この差額で予定短期借入金の返済額の一部を返済することが可能であった。フローの安全性は不安定ながら確保されていた。営業CFの「その他」の収入316,075千円（主に営業貸付金・未払消費税の収入と支出の純額）が「経常的なもの」としても、フローの安全性は不安定ながら確保されていたことに変わりはない。この年度でも、経常性があるかどうか判断がつかないので、「臨時的なもの等」として取り扱うことにする。

ここで図表Ⅱ－8を確認する。

「おおむね留保経常収支額」800,979千円だけでは、運用欄の5・6の支出を賄えなかった。営業CFの「その他」の収入316,075千円を調達原資としても、この調達不足額は▲6,987,111千円となった。この金額・「運転資金のマイナス」▲2,824,650千円・投資CFの▲425,121千円の合計▲10,236,882千円は、財務CFと「現金及び現金同等物」で調達された。このため、「現金及び現金同等物」は▲603,017千円となった。

この年度も、「営業利益＋減価償却費」が「運転資金のマイナス」に喰われている。この「運転資金のマイナス」も含めて、大半の支出は財務CFと「現金及び現金同等物」で調達されたことが分かる。また、「現金及び現金同等物」を減少させたことで、体力を減退させたのである。

❹ 総　括

このようにみてみると、利益が計上されているのに、「営業CFの結果」がマイナスとなったのは、「営業利益＋減価償却費」よりも「運転資金のマイナス」（未成工事受入金を含む）の絶対値が多いことが資金繰りを圧迫させた原因であることが分かる。

2004年では、営業CFの「その他」▲1,077,891千円がある。主に営業貸付金の回収と支出の純額だ。これも資金繰りを圧迫させた原因の一つである。

中小企業では、貸付金支出を行い、いつの間にか多額の金額となってしまったケースをみかけることがある。回収できればよいが、貸倒れとなれば命取りになりかねない。金融機関では貸付金をあたかもガン細胞のように扱うことがある。体力のない中小企業では、特に慎重に対処すべきである。

グレースは、売上高は増加し、当期純利益も計上されていたのに「営業CFの結果」がマイナスになった。損益計算書だけを重視する経営は、黒字倒産を予知できないことを痛感させられる事例であった。

もう一度、前掲**図表Ⅱ－3～Ⅱ－5**をみてみよう。

「運転資金のマイナス」は、年々マイナスの金額が大きくなっている。

どの年度も「営業利益＋減価償却費」が「運転資金のマイナス」の絶対値より小さい。「運転資金のマイナス」は有利子負債で調達されており、売上高が増加すればするほど、このマイナスは増える。このマイナスを補填する手段が有利子負債以外にないとすれば、有利子負債は増えていってしまうのだ。回収は早くなり、支払いは遅くなる取引条件にすれば、「運転資金のマイナス」は小さくなる。「営業利益＋減価償却費」が、「運転資金のマイナス」の絶対値よりかなり大きくできれば、有利子負債に依存することのない経営ができるのである。

ここまでみたところで、売上高は増加し、当期純利益も計上されていたのに「営業CFの結果」がマイナスになったことに関する疑問の解消ができた。それは、「運転資金のマイナス」である。前記Ⅰのワールド･ロジとは逆の現象で、これもなるべくしてなったものといえる。

売上債権＞仕入債務の体質で、売上高が増加すれば、通常、売上債権増加額はマイナス表示・仕入債務増加額はプラス表示。売上債権増加額と仕入債務増加額の差はマイナス表示となるからだ。

「運転資金のマイナス」はできるだけ少なくしたい。取引条件や棚卸資産のコントロールがカギとなる。中小企業の経営者は、このことをよく理解した上で経営をすべきである。

「運転資金のマイナス」は、一般的には短期借入金や当座借越などの有利子負債で調達されるか、増資あるいは固定資産の売却等をして調達されることになる。「運転資金のマイナス」の状態が続けば、金融機関は上記の融資を引き揚げてしまうであろう。中小企業では増資には限界があるであろうし、固定資産の売却等の方法では企業の体力次第ということになってしまう。

引き際を見誤ると大変なことになってしまうということが、よく分かる事例であった。

グレースは、営業 CF の営業貸付金や投資 CF の短期貸付金によって CF を圧迫してしまった。さらに圧迫したものがある。「営業利益＋減価償却費」＜「運転資金のマイナス」（未成工事受入金を含む）の絶対値が圧倒的に多いことだ。これらが倒産の要因だろう。

中小企業への教訓

☞損益計算書だけを重視する経営は黒字倒産を予知できない。

☞「営業利益＋減価償却費」＞「運転資金のマイナス」の絶対値でありたい。

Ⅲ ジェネシス・テクノロジー株式会社
～売上高減少と営業損失で資金繰りに窮して民事再生

半導体テストハウス（検査受託）業大手のジェネシス・テクノロジー㈱は、1987年12月に設立された。2006年3月、東京証券取引所第2部上場。

2007年頃から生産調整、価格下落などにより減収傾向に陥り、構造改革や希望退職の募集など合理化に努めたものの業績は回復せず､資金繰りに窮した。2008年9月､スポンサーの支援・協力の下、民事再生手続を開始した（負債総額112億6,400万円）。

❶ 概　　要

分析年度　2005年～2008年

運転資金の特徴

	悪玉資産・善玉負債	売上債権・仕入債務	売上高
2005年	悪玉資産＞善玉負債	売上債権＞仕入債務	⤵
2006年	悪玉資産＞善玉負債	売上債権＞仕入債務	⤴
2007年	悪玉資産＞善玉負債	売上債権＞仕入債務	⤵
2008年	悪玉資産＞善玉負債	売上債権＞仕入債務	⤵

⑴　ストックの安全性

2004年・2005年・2006年は、いずれも現金等＜有利子負債となっている。第1フェーズでは、ストックの安全性は確保されていなかった。

2005年では、現金等＜有利子負債と、有利子負債が多かった。第1フェーズではストックの安全性は確保されていなかった。

2006年では、現金等＜有利子負債であったが、現金等が多くなった。第1フェーズではストックの安全性は確保されていなかった。固定資金が余剰となって、流動資金に回ったのは、増資をしたからだ。

2007年では、現金等＜有利子負債と、有利子負債が多くなった。第1フェーズではストックの安全性は確保されていなかった。

2008年でも、現金等＜有利子負債と、有利子負債が多くなった。「資本の欠損」となり、第2フェーズではストックの安全性は確保・維持されていなかった。

⑵　フローの安全性

2005年は、詳細データが入手不能のため、分析ができないので、フローの安全性については≪全体的なCFの動き≫をみることにする。この年度は、おそらくフローの安全性は確保されていたとみてよいだろう。

2006年は、フローの安全性は確保されていた。「運転資金のマイナス」は、短期借入金や株式発行収入等で調達された。

2007年・2008年では、「正常な収益力」をベースとした「おおむね留保経常収支額」がマイナスとなったので、フローの安全性は確保されていなかった。2007年では、大半の支出は財務CFと「現金及び現金同等物」で調達されたのだ。2008年では、大半の支出は、「運転資金のプラス」・投資CF・財務CFで調達されたと考えられる。

❷ 主要な経営指標等

倒産の3年前（2005年）の売上高は、前年売上高11,428,313千円と比べてわずかに減少した。前年対比で2006年の売上高は増加し、2007年・2008年の売上高は減少した。

2005年・2006年は当期純利益が計上されたが、2007年・2008年では当期純損失が計上された。

2005年･2007年の「営業CFの結果」はプラスであったが､2006年･2008年の「営業CFの結果」はマイナスとなった。

❸ 安全性の分析

(1) ストックの安全性①

まず、図表Ⅲ－1をみてみよう。

(2005年)

- 悪玉資産30.2%＞善玉負債19.1%なので、流動資金が不足していて、短期借入金・長期借入金で調達されている。
- 脂肪資産58.8%＜エネルギー資本66.2%なので、固定資金は余剰している。その余剰は現金等となっている。残りの現金等は有利子負債で調達されている。
- 現金等11.2%＜有利子負債14.8%と、両者の差は3.6%と、有利子負債が多かった。

この状態はキャッシュ・プアなので、第1フェーズではストックの安全性は確保されていない。

(2) フローの安全性①

■図表Ⅲ－1　キャッシュ体質図（2005年）

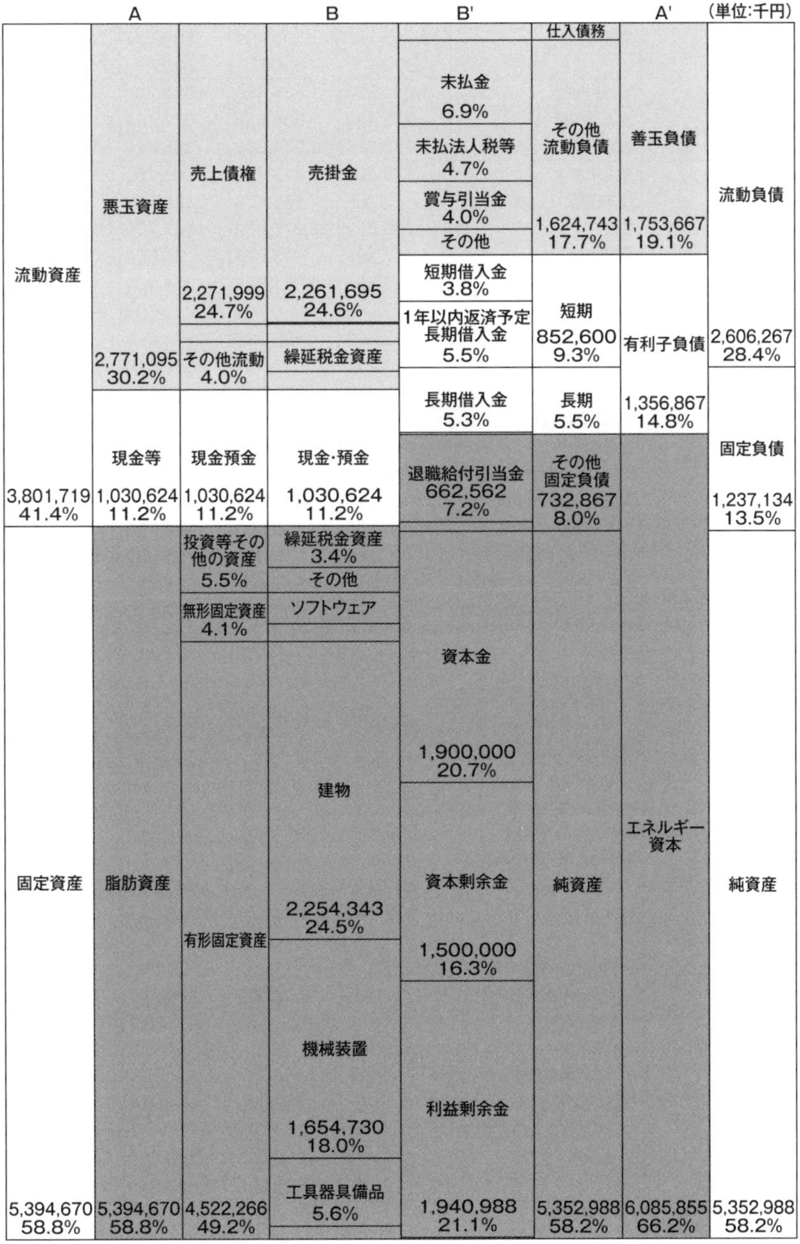

■図表Ⅲ−2　概略営業CF【「おおむね留保経常収支額」と返済額】

（単位:千円）

	営業CF	2,119,743	−595,491	506,127	−154,925
		2005	2006	2007	2008
①	（営業利益）	1,002,222	1,135,860	−530,727	−2,457,342
②	減価償却費	975,449	938,526	877,142	893,329
③=①+②	合計	1,977,671	2,074,386	346,415	−1,564,013
④	売上債権	176,488	−2,443,440	355,750	1,674,127
⑤	仕入債務	−17,166	165,578	−168,050	66,628
⑥=④+⑤	合計	159,322	−2,277,862	187,700	1,740,755
⑦	棚卸資産	−17,492	−93,873	36,664	61,748
⑧=⑥+⑦	合計	141,830	−2,371,735	224,364	1,802,503
⑨	受取利息･配当額	3	94	603	1,317
⑩	支払利息額	−32,928	−30,386	−26,894	−53,062
⑪	法人税等支払額	−29,294	−649,757	−380,810	95,935
⑫=⑨+⑩+⑪	合計	−62,219	−680,049	−407,101	44,190
⑬=⑭−（③+⑧+⑫）	「その他」合計	62,461	381,907	342,449	−437,605
⑭	営業CF	2,119,743	−595,491	506,127	−154,925
⑮=③	営業利益･減価償却費	1,977,671	2,074,386	346,415	−1,564,013
⑯=⑫	利息･配当･法人税等	−62,219	−680,049	−407,101	44,190
⑰	支払配当金	−96,000	−48,000	−72,636	−80
⑱=⑮+⑯+⑰	「おおむね留保経常収支額」	1,819,452	1,346,337	−133,322	−1,519,903
⑲	実際長期借入金等の返済額	692,640	517,487	598,747	479,223
⑳	予定長期借入金等の返済額	不明	502,600	489,250	307,200
	実際長期借入金等の返済額				
	1年以内長期借入金	502,600	502,600	526,750	307,200
	1年以内社債				
	1年以内リース				
	1年以内未払金	190,040	14,887	71,997	172,023
	合計	692,640	517,487	598,747	479,223
	実際短期借入金の返済額				
	短期借入金	650,000	0	1,140,000	0
	合計	1,342,640	517,487	1,738,747	479,223
	予定長期借入金等の返済額				
	1年以内長期借入金	不明	502,600	489,250	307,200
	1年以内社債				
	1年以内リース				
	1年以内未払金				
	合計		502,600	489,250	307,200
	予定短期借入金の返済額				
	短期借入金	不明	350,000	1,340,000	200,000
	合計		852,600	1,829,250	507,200

■図表Ⅲ－3　投資CFの収入・支出

（単位:千円）

【同種項目対応金額】	2005	2006	2007	2008
①定期預金　戻入	0	0	1,200,000	750,000
②定期預金　預入	0	1,200,000	750,000	0
差額①－②	0	−1,200,000	450,000	750,000
①有形固定　売却	23,355	18,418	17,700	59,215
②有形固定　取得	1,173,348	883,407	814,570	595,776
差額①－②	−1,149,993	−864,989	−796,870	−536,561
①投資有価証券　売却	0	0	0	0
②投資有価証券　取得	0	5,000	3,000	0
差額①－②	0	−5,000	−3,000	0
①その他　収入	0	0	0	0
②その他　支出	106,991	0	0	0
差額①－②	−106,991	0	0	0
差額合計	−1,256,984	−2,069,989	−349,870	213,439

次に、第3フェーズのフローの安全性を**図表Ⅲ－2～Ⅲ－4**からみてみよう。

2005年・2007年・2008年の運転資金はプラスとなっているので、フローの安全性は【「おおむね留保経常収支額」+「運転資金のプラス」】でみることになる。

（2005年）

予定長期借入金等の返済額は不明、実際長期借入金等の返済額は▲692,640千円であった。予定短期借入金の返済額も不明、実際短期借入金の返済額は▲650,000千円であった。

ここで**図表Ⅲ－5**により全体的なCFの動きをみてみよう。

■図表Ⅲ−4　財務CFの収入·支出

（単位：千円）

【同種項目対応金額】	2005	2006	2007	2008
①短期借入金　収入	0	990,000	0	550,000
②短期借入金　支出	**650,000**	**0**	**1,140,000**	**0**
差額①−②	−650,000	990,000	−1,140,000	550,000
①長期借入金　収入	0	0	1,500,000	0
②長期借入金　支出	**502,600**	**502,600**	**526,750**	**307,200**
差額①−②	−502,600	−502,600	973,250	−307,200
①株式発行　収入	0	1,772,280	2,700	0
②株式　支出	0	0	0	0
差額①−②	0	1,772,280	2,700	0
①配当　収入	0	0	0	0
②配当　支出	96,000	48,000	72,636	80
差額①−②	−96,000	−48,000	−72,636	−80
①長期末払金　収入	0	99,750	0	0
②長期末払金　支出	**190,040**	**14,887**	**71,997**	**172,023**
差額①−②	−190,040	84,863	−71,997	−172,023
①その他　収入	0	0	0	0
②その他　支出	0	171	61	0
差額①−②	0	−171	−61	0
差額合計	−1,438,640	2,296,372	−308,744	70,697

現金及び現金同等物に係る換算差額	0	0	0	0
現金及び現金同等物の増減額	−575,881	−369,110	−152,488	129,209
現金及び現金同等物の期首残高	1,606,506	1,030,624	661,514	509,025
現金及び現金同等物の期末残高	1,030,624	661,514	509,025	638,234

太字は実際長期借入金等の返済額・実際短期借入金の返済額

網かけ は支払配当金

【「おおむね留保経常収支額」1,819,452千円＋「運転資金のプラス」141,830千円】＝1,961,282千円は、運用欄の5・6の支出の調達原資となった。この両者の差額と営業CFの「その他」収入62,461千円の合計681,103千円が調達超過額となった。この金額と「現金及び現金同等物」が、投資CFの▲1,256,984千円の調達原資となった。このため、「現金及び現金同等物」が▲575,881千円となった。

この年度は、【「おおむね留保経常収支額」＋「運転資金のプラス」】が実際長期借入金等の返済額を上回った。この上回った金額で実際短期借入金も返済できた。これは、「営業利益＋減価償却費」がかなり多額であったこと、「運転資金のプラス」があったからだ。

さらに多額な投資の運用にも充当できたことは素晴らしい。手持ちの「現金及び現金同等物」も運用に使われたのではあるが、金融機関からの調達がされていないことは、称賛に値する。この年度では、ジェネシス・テクノロジーは余裕の経営をしていたようである。この年度は、おそらくフローの安全性はあったとみてよいだろう。

(3) ストックの安全性②

ストックの安全性を後掲図表Ⅲ－9から確認してみよう。

(2006年)

・悪玉資産42.4%＞善玉負債16.1%なので、流動資金が不足している。不足分は有利子負債と固定資金の余剰で調達されている。

・脂肪資産42.9%＜エネルギー資本68.5%なので、固定資金は余剰している。その余剰は現金等と流動資金に回っている。

・現金等14.9%＜有利子負債15.3%と、両者の差は0.4%となり、前期に比べ現金等が多くなった。

■図表Ⅲ−5　キャッシュ運用表（2005年）

（単位：千円）

キャッシュの運用		キャッシュの調達	
1【利息・配当・法人税等の合計】	62,219	1【営業利益+減価償却費】	1,977,671
2 財務CF（支払配当金）	96,000	—	
3「おおむね留保経常収支額」	1,819,452	2「▲おおむね留保経常収支額」	0
1~3 TOTAL	1,977,671	1+2 TOTAL	1,977,671
4「▲おおむね留保経常収支額」	0	3「おおむね留保経常収支額」	1,819,452
5 実際長期借入金等の返済額	692,640	4「運転資金のプラス」	141,830
6 実際短期借入金の返済額	650,000	—	
7 営業CFマイナス「その他」	0	5 営業CFプラス「その他」	62,461
8 調達超過額	681,103	6 調達不足額	0
4~8 TOTAL	2,023,743	3~6 TOTAL	2,023,743
9 調達不足額	0	7 調達超過額	681,103
10「運転資金のマイナス」	0	8 財務CF（短期借入金）	0
—		9 財務CF（長期借入金）	0
—		10 財務CF（社債）	0
—		11 財務CF（増資）	0
11 財務CF（その他）	0	12 財務CF（その他）+端数調整額	0
12 投資CFの支出額（純額）	1,256,984	13 投資CF（固定資産売却等）（純額）	0
13「現金及び現金同等物」増加額	0	14「現金及び現金同等物」減少額	575,881
9~13 TOTAL	1,256,984	7~14 TOTAL	1,256,984

※有価証券報告書では、各科目金額を足した計算金額と記載合計額とに差がある。このため、端数調整を行っている。

■図表Ⅲ−6　キャッシュ運用表（2006年）

（単位：千円）

キャッシュの運用		キャッシュの調達	
1【利息・配当・法人税等の合計】	680,049	1【営業利益+減価償却費】	2,074,386
2 財務CF（支払配当金）	48,000	—	
3「おおむね留保経常収支額」	1,346,337	2「▲おおむね留保経常収支額」	0
	2,074,386	1+2 TOTAL	2,074,386
4「▲おおむね留保経常収支額」	0	3「おおむね留保経常収支額」	1,346,337
5 実際長期借入金等の返済額	517,487	4「運転資金のプラス」	0
6 実際短期借入金の返済額	0	—	
7 営業CFマイナス「その他」	0	5 営業CFプラス「その他」	381,907
8 調達超過額	1,210,757	6 調達不足額	0
4~8 TOTAL	1,728,244	3~6 TOTAL	1,728,244
9 調達不足額	0	7 調達超過額	1,210,757
10「運転資金のマイナス」	2,371,735	8 財務CF（短期借入金）	990,000
—		9 財務CF（長期借入金）	0
—		10 財務CF（社債）	0
—		11 財務CF（増資）	1,772,280
11 財務CF（その他）	0	12 財務CF（その他）+端数調整額	99,577
12 投資CFの支出額（純額）	2,069,989	13 投資CF（固定資産売却等）（純額）	0
13「現金及び現金同等物」増加額	0	14「現金及び現金同等物」減少額	369,110
9~13 TOTAL	4,441,724	7~14 TOTAL	4,441,724

※有価証券報告書では、各科目金額を足した計算金額と記載合計額とに差がある。このため、端数調整を行っている。

この年度もキャッシュ・プアなので、第1フェーズではストックの安全性は確保されていなかった。キャッシュ体質図では、投資CFの定期預金の預入額（1,200,000千円。**図表Ⅲ－3**参照）を加えているため、現金等が多くなったのだ。固定資金の余剰が流動資金にまで回ったのは、主に増資をしたからである。

(4) フローの安全性②

経常的な調達はどうであったのか。第3フェーズのフローの安全性をみてみよう。

前掲**図表Ⅲ－2～Ⅲ－4**を再度ご覧いただきたい。

> (2006年)
>
> ・「おおむね留保経常収支額」1,346,337千円＞「有利子負債の約定返済額」▲852,600千円（予定長期借入金等の返済額▲502,600千円＋予定短期借入金の返済額▲350,000千円）の絶対値。
>
> ・実際長期借入金等の返済額▲517,487千円・実際短期借入金の返済額はゼロであった。

このため、フローの安全性は確保されていた。営業CFの「その他」収入381,907千円（大半が内容不明）は「臨時的なもの等」とする。

ここで**図表Ⅲ－6**により全体的なCFの動きをみてみよう。

> 「おおむね留保経常収支額」1,346,337千円は、運用欄の5の支出の調達原資となった。この両者の差額と営業CFの「その他」収入381,907千円の合計1,210,757千円が調達超過額となった。この金額と財務CFと「現金及び現金同等物」の合計4,441,724千円が、「運転資金のマイナス」▲2,371,735千円・投資CFの▲2,069,989千円の合計▲4,441,724千円の調達原資となった。このため、「現金及び現金同等物」は▲369,110千円となった。

この年度は、「営業利益＋減価償却費」が「運転資金のマイナス」に喰われている。この「運転資金のマイナス」も含めて、大半の支出は短期借入金・株式発行収入・「現金及び現金同等物」等で調達されたのだ。

一般的には、「運転資金のマイナス」は短期借入金や当座借越などの有利子負債で調達されることが多く見受けられる。有利子負債となれば、いずれは返済をしなければならない。そのリスクを考慮すれば、最適な調達原資は「おおむね留保経常収支額」である。ジェネシス・テクノロジーはどのように調達したのだろうか。

リスクのない調達方法が、増資である。ジェネシス・テクノロジーではこの年度で株式発行収入1,772,280千円があり、増資をしたことが分かる。この増資金額が主に「運転資金のマイナス」の調達原資となっている。

中小企業ではなかなか難しいことではあるが、一考する価値はある。

⑸ ストックの安全性③

次に2007年のキャッシュ体質図（**図表Ⅲ－10**）をみよう。

（2007年）

・悪玉資産40.0％＞善玉負債15.9％なので、流動資金が不足している。不足分は有利子負債と固定資金の余剰で調達されている。

・脂肪資産49.8％＜エネルギー資本65％なので、固定資金は余剰している。その余剰は現金等と流動資金に回っている。利益剰余金が14.6％と小さくなった。

・現金等10.2％＜有利子負債19.1％と、両者の差は8.9％と、有利子負債が多くなった。

この年度も、わずかな増資（**図表Ⅲ－４参照**）をした。前期と異なり、営業損失が計上された。キャッシュ・プアなので、第1フェーズではストックの安全性は確保されていない。

(6) フローの安全性③

もう一度、前掲**図表Ⅲ－２～Ⅲ－４**をみてみよう。

> （2007年）
> ・【「おおむね留保経常収支額」▲133,322千円＋「運転資金のプラス」224,364千円】＝91,042千円となっていた。
> ・予定長期借入金等の返済額▲489,250千円・予定短期借入金の返済額▲1,340,000千円であり、実際長期借入金等の返済額は▲598,747千円・実際短期借入金の返済額▲1,140,000千円であった。

「正常な収益力」をベースとした「おおむね留保経常収支額」がマイナスとなったので、フローの安全性は確保されていなかった。営業CFの「その他」収入342,449千円（大半が内容は不明）は「臨時的なもの等」とする。

図表Ⅲ－７をご覧いただきたい。

> 【「おおむね留保経常収支額」▲133,322千円＋「運転資金のプラス」224,364千円】＝91,042千円だけでは、運用欄の５・６の支出を賄えなかった。営業CFの「その他」収入342,449千円を調達原資にしても、▲1,305,256千円が調達不足額となった。この金額と運用欄の財務CF（その他）▲61千円と投資CF▲349,870千円の合計▲1,655,187千円は、財務CFと「現金及び現金同等物」で調達された。このため、「現金及び現金同等物」は▲152,488千円となった。

大半の支出は財務CFと「現金及び現金同等物」で調達されたのだ。この年度は、営業損失が計上されたことで、「おおむね留保経常収支額」もマイナスとなった。このことが原因でフローの安全性は確保できていない。

■図表Ⅲ−7　キャッシュ運用表（2007年）

（単位:千円）

キャッシュの運用		キャッシュの調達	
1【利息・配当・法人税等の合計】	407,101	1【営業利益+減価償却費】	346,415
2 財務CF（支払配当金）	72,636	—	
3「おおむね留保経常収支額」	0	2「▲おおむね留保経常収支額」	133,322
1~3 TOTAL	479,737	1+2 TOTAL	479,737
4「▲おおむね留保経常収支額」	133,322	3「おおむね留保経常収支額」	0
5 実際長期借入金等の返済額	598,747	4「運転資金のプラス」	224,364
6 実際短期借入金の返済額	1,140,000	—	
7 営業CFマイナス「その他」	0	5 営業CFプラス「その他」	342,449
8 調達超過額	0	6 調達不足額	1,305,256
4~8 TOTAL	1,872,069	3~6 TOTAL	1,872,069
9 調達不足額	1,305,256	7 調達超過額	0
10「運転資金のマイナス」	0	8 財務CF（短期借入金）	0
—		9 財務CF（長期借入金）	1,500,000
—		10 財務CF（社債）	0
—		11 財務CF（増資）	2,700
11 財務CF（その他）	61	12 財務CF（その他）+端数調整額	−1
12 投資CFの支出額（純額）	349,870	13 投資CF（固定資産売却等）（純額）	0
13「現金及び現金同等物」増加額	0	14「現金及び現金同等物」減少額	152,488
9~13 TOTAL	1,655,187	7~14 TOTAL	1,655,187

※有価証券報告書では、各科目金額を足した計算金額と記載合計額とに差がある。このため、端数調整を行っている。

■図表Ⅲ−8　キャッシュ運用表（2008年）

（単位:千円）

キャッシュの運用		キャッシュの調達	
1【利息・配当・法人税等の合計】	−44,190	1【営業利益+減価償却費】	−1,564,013
2 財務CF（支払配当金）	80	—	
3「おおむね留保経常収支額」	0	2「▲おおむね留保経常収支額」	1,519,903
1~3 TOTAL	−44,110	1+2 TOTAL	−44,110
4「▲おおむね留保経常収支額」	1,519,903	3「おおむね留保経常収支額」	0
5 実際長期借入金等の返済額	479,223	4「運転資金のプラス」	1,802,503
6 実際短期借入金の返済額	0	—	
7 営業CFマイナス「その他」	437,605	5 営業CFプラス「その他」	0
8 調達超過額	0	6 調達不足額	634,228
4~8 TOTAL	2,436,731	3~6 TOTAL	2,436,731
9 調達不足額	634,228	7 調達超過額	0
10「運転資金のマイナス」	0	8 財務CF（短期借入金）	550,000
—		9 財務CF（長期借入金）	0
—		10 財務CF（社債）	0
—		11 財務CF（増資）	0
11 財務CF（その他）	0	12 財務CF（その他）+端数調整額	−2
12 投資CFの支出額（純額）	0	13 投資CF（固定資産売却等）（純額）	213,439
13「現金及び現金同等物」増加額	129,209	14「現金及び現金同等物」減少額	0
9~13 TOTAL	763,437	7~14 TOTAL	763,437

※有価証券報告書では、各科目金額を足した計算金額と記載合計額とに差がある。このため、端数調整を行っている。

(7) ストックの安全性④

2008年のキャッシュ体質図（**図表Ⅲ－11**）をみてみよう。

> (2008年)
> 多額の営業損失が計上されたことにより、資本の欠損となった。定期預金戻入もあったが、現金等は5.8%と小さくなっている。この結果、現金等5.8%＜有利子負債22.2%と、両者の差は16.4%と、有利子負債が多くなった。

ここまでの結果、キャッシュ･プア、資本の欠損なので、第2フェーズではストックの安全性は確保・維持されていない。

(8) フローの安全性④

最後に、第3フェーズのフローの安全性をみてみよう（**図表Ⅲ－2～Ⅲ－4**）。

> (2008年)
> ・【「おおむね留保経常収支額」▲1,519,903千円＋「運転資金のプラス」1,802,503千円】＝282,600千円となっていた。
> ・予定長期借入金等の返済額▲307,200千円・予定短期借入金の返済額▲200,000千円であり、実際長期借入金等の返済額は▲479,223千円であるが、実際短期借入金の返済額はゼロであった。

「正常な収益力」をベースとした「おおむね留保経常収支額」がマイナスとなったので、フローの安全性は確保されていなかった。営業CFの「その他」支出▲437,605千円（大半が内容不明）は「臨時的なもの等」とする。

次に、**図表Ⅲ－8**を確認したい。

■図表Ⅲ−9　キャッシュ体質図(2006年)

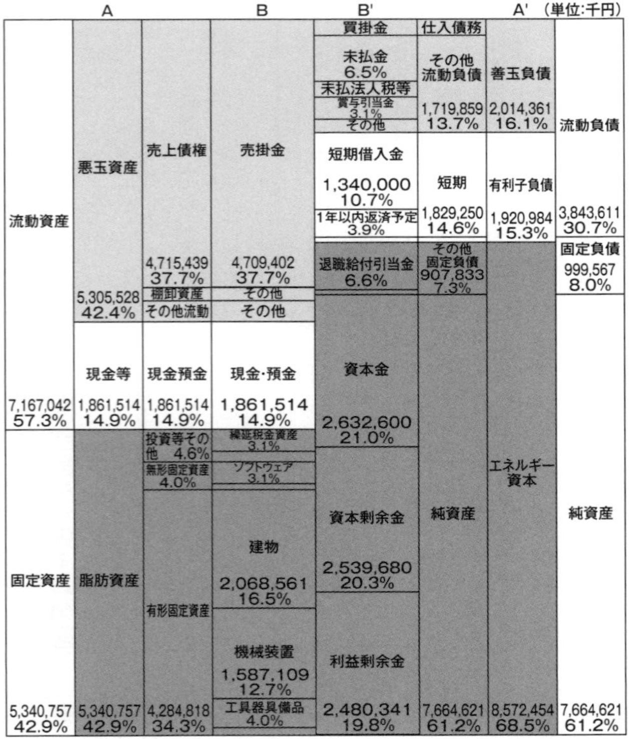

■図表Ⅲ−10　キャッシュ体質図(2007年)

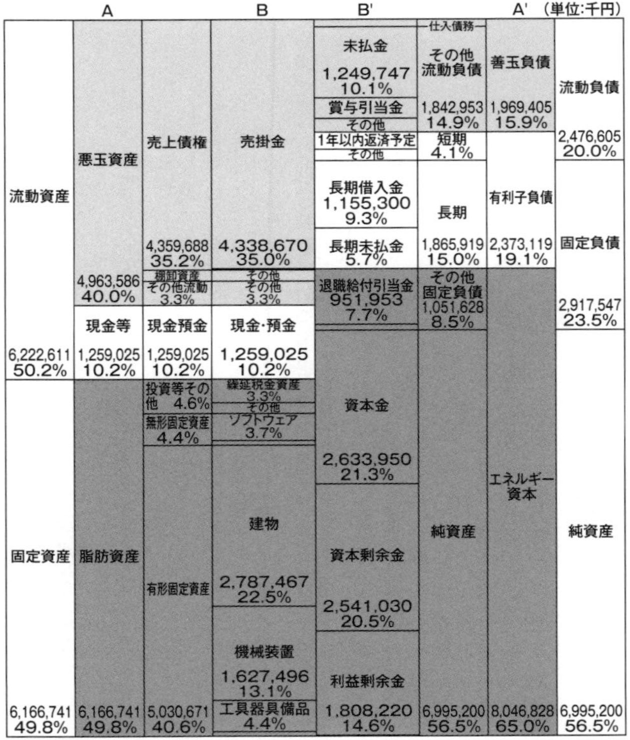

■図表Ⅲ－11　キャッシュ体質図(2008年)

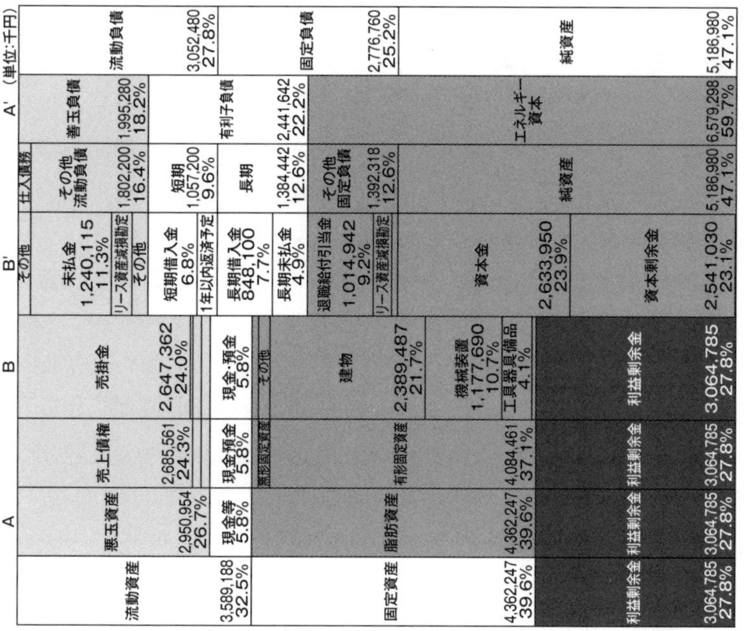

【「おおむね留保経常収支額」▲1,519,903 千円＋「運転資金のプラス」1,802,503 千円】＝282,600 千円だけでは、運用欄の 5・7 の支出は賄えなかった。この調達不足額は▲634,228 千円となった。この金額は財務 CF と投資 CF の合計 763,437 千円で調達された。このため、両者の差額 129,209 千円が「現金及び現金同等物」の増加額となった。

この年度も、多額な営業損失が計上され、「おおむね留保経常収支額」もマイナスにし、「資本の欠損」となった。大半の支出は、「運転資金のプラス」・投資 CF・財務 CF で調達されている。

❹ 総　　括

本書では、キャッシュの安全性の確保・維持を、短期的視点と長期的視点で検討することにしている。短期的視点ではフローを、長期的視点ではストックを検討している。

ジェネシス・テクノロジーは、2008 年では、ストックの安全性は確保・維持されていなかった。一方、フローはどうか。2007 年・2008 年では、「正常な収益力」をベースとした「おおむね留保経常収支額」がマイナスとなり、フローの安全性も確保されていなかった。

このように、フローの積上げが、ストックの良し悪しを決定づけることになると、改めて理解させられた事例であった。

ジェネシス・テクノロジーでは、直近の 2007 年と 2008 年の売上高が減少し、営業損失も計上された。これによる資金繰りに窮した倒産であったようだ。

中小企業への教訓

☞【「おおむね留保経常収支額」＋「運転資金のプラス」】が長期借入金等の返済額を上回り、この上回った金額で短期借入金も返済できるのは、「営業利益＋減価償却費」と「運転資金のプラス」が、かなり多額になっているからだ。

☞「運転資金のマイナス」は有利子負債よりも増資で補填できればリスクは少ない。

☞多額な営業損失が「おおむね留保経常収支額」をマイナスにして、フローの安全性を確保できなくする。

Ⅳ 太洋興業株式会社
～金融機関からの信用性の低下による民事再生

太洋興業㈱は1949年6月の設立で、農業・畜産用資材等の加工・販売を行っていた。1995年7月に店頭公開（現・ジャスダック）。

90年代後半以降、農業市場の長期的な縮小から業績が低迷したことに加え、原油高により仕入価格が高騰し、事業環境が悪化した。1996年9月期以降、棚卸資産や売掛金などの架空計上により約25億円の粉飾決算を行っていたことが発覚。信用低下により2008年12月、民事再生開始申立て（負債総額148億3,300万円）。

❶ 概　　要

分析年度　2004年～2007年

運転資金の特徴

	悪玉資産・善玉負債	売上債権・仕入債務	売上高
2004年	悪玉資産＞善玉負債	売上債権＞仕入債務	⤴
2005年	悪玉資産＞善玉負債	売上債権＞仕入債務	⤵
2006年	悪玉資産＞善玉負債	売上債権＞仕入債務	⤵
2007年	悪玉資産＞善玉負債	売上債権＞仕入債務	⤵

⑴ ストックの安全性

2007年では、ストックの安全性は確保されていない。現金等＜有利子負債で、キャッシュ・プアの形となっている。この体質は2004年以来ほぼ変わってはいない。第2フェーズでのトレンドのストックの安全性も確保・維持されていないことになる。

⑵ フローの安全性

2004年・2005年・2006年・2007年では、フローの安全性は不安定ながらの確保となる。2004年では、同年に稼ぎ出した営業のCF・「運転資金のプラス」もあったが、太洋興業は不足する金額を金融機関から借入れを行い、手持ちのキャッシュも使い、さらには投資物件も換金化したのだ。金融機関との信頼関係と企業の体力がカギとなる状況のようにみえる。2005年では、大半の支出は、同年に稼ぎ出した営業CFが中心となり、他に財務CFと営業CFの「その他」収入（恐らく、割引手形による収入）と手持ちの「現金及び現金同等物」で調達されたと考えられる。

2006年・2007年では、同年に稼ぎ出した営業CF・「運転資金のプラス」もあったが、大半の支出は、財務CFと手持ちの「現金及び現金同等物」で調達されたと考えられる。

❷ 主要な経営指標等

太洋興業が倒産をした年の4年前の2004年の売上高は、2003年の売上高30,884,609千円より増加していたが、前年対比で2005年・2006年・2007年の売上高はそれぞれ減少していた。

2004年・2006年は当期純損失が計上され、2005年・2007年は当期純利益が計上された。

2004年・2005年・2006年・2007年の「営業CFの結果」はプラスであった。太洋興業は、「営業CFの結果」はプラスなのに、どうして倒産したのだろうか。

❸　安全性の分析

(1)　フローの安全性

図表Ⅳ－1～Ⅳ－7により、フローの安全性を確認する。

2004年・2006年・2007年の運転資金はプラスとなっているので、フローの安全性は【「おおむね留保経常収支額」+「運転資金のプラス」】でみることになる。

（2004年）

・【「おおむね留保経常収支額」217,417千円＋「運転資金のプラス」86,813千円】＝304,230千円＜「有利子負債の約定返済額」▲7,139,795千円（予定長期借入金等の返済額▲193,959千円＋予定短期借入金の返済額▲6,945,836千円）の絶対値。

・実際長期借入金等の返済額▲267,311千円・実際短期借入金の返済額は▲255,427千円であった。

【「おおむね留保経常収支額」＋「運転資金のプラス」】＝304,230千円＞予定長期借入金等の返済額▲193,959千円の絶対値となるので、この差額で予定短期借入金の返済額のわずかでも返済することが可能であった。このため、フローの安全性は不安定ながらの確保となる。営業CFの「その他」支出▲304,116千円（大半が内容不明）は「臨時的なもの等」とする。

ここで、**図表Ⅳ－4**で全体的なCFの動きよくみてみよう。

【「おおむね留保経常収支額」217,417千円＋「運転資金のプラス」86,813千円】＝304,230千円だけでは、運用欄の5・6・7の支出を賄えなかった。この調達不足額▲522,624千円・運用欄の財務

■図表Ⅳ－1　概略営業CF【「おおむね留保経常収支額」と返済額】

（単位:千円）

	営業CF	29,888	593,092	560,973	355,343
		2004	2005	2006	2007
①	（営業利益）	166,921	363,448	449,519	290,198
②	減価償却費	296,263	281,144	284,786	301,028
③＝①＋②	合計	463,184	644,592	734,305	591,226
④	売上債権	728,659	1,086,054	−54,420	704,781
⑤	仕入債務	−227,752	−1,199,934	−309,386	−494,378
⑥＝④＋⑤	合計	500,907	−113,880	−363,806	210,403
⑦	棚卸資産	−414,094	−78,332	813,746	−22,108
	未成工事受入金	0	0	0	0
⑧＝⑥＋⑦	合計	86,813	−192,212	449,940	188,295
⑨	受取利息・配当額	22,997	29,750	28,175	28,042
⑩	支払利息額	−132,084	−125,193	−121,918	−137,998
⑪	法人税等支払額	−106,906	−20,995	−57,504	−35,940
⑫＝⑨＋⑩＋⑪	合計	−215,993	−116,438	−151,247	−145,896
⑬＝⑭－（③＋⑧＋⑫）	「その他」合計	−304,116	257,150	−472,025	−278,282
⑭	営業CF	29,888	593,092	560,973	355,343
⑮＝③	営業利益・減価償却費	463,184	644,592	734,305	591,226
⑯＝⑫	利息・配当・法人税等	−215,993	−116,438	−151,247	−145,896
⑰	支払配当金	−29,774	−225	−25,153	−25,371
⑱＝⑮＋⑯＋⑰	「おおむね留保経常収支額」	217,417	527,929	557,905	419,959
⑲	実際長期借入金等の返済額	267,311	419,271	192,919	264,501
⑳	予定長期借入金等の返済額	193,959	393,308	174,548	257,781
	実際長期借入金等の返済額				
	1年以内長期借入金	267,311	219,271	192,919	264,501
	1年以内社債	0	200,000	0	0
	1年以内リース				
	1年以内未払金				
	合計	267,311	419,271	192,919	264,501
	実際短期借入金の返済額				
	短期借入金	255,427	107,333	1,580,075	330,000
	合計	522,738	526,604	1,772,994	594,501
	予定長期借入金等の返済額				
	1年以内長期借入金	193,959	193,308	174,548	257,781
	1年以内社債	0	200,000	0	0
	1年以内リース				
	1年以内未払金				
	合計	193,959	393,308	174,548	257,781
	予定短期借入金の返済額				
	短期借入金	6,945,836	6,690,408	6,583,075	4,990,200
	合計	7,139,795	7,083,716	6,757,623	5,247,981

■図表Ⅳ−2　投資CFの収入・支出

（単位：千円）

【同種項目対応金額】	2004	2005	2006	2007
①定期預金　戻入	0	7,573	20,000	131,800
②定期預金　預入	100,001	102,000	73,900	100,000
差額①−②	−100,001	−94,427	−53,900	31,800
①有形固定　売却	213,895	222,030	116,979	59,917
②有形固定　取得	224,572	304,601	199,321	270,351
差額①−②	−10,677	−82,571	−82,342	−210,434
①投資有価証券　売却	96,279	58,636	36,371	130,368
②投資有価証券　取得	16,217	28,578	30,202	98,176
差額①−②	80,062	30,058	6,169	32,192
①短期貸付金　回収	36,009	45,442	54,717	103,798
②短期貸付金　支出	12,791	105,102	107,696	70,000
差額①−②	23,218	−59,660	−52,979	33,798
①子会社株式　売却	0	0	0	0
②子会社株式　取得	0	1,750	400	0
差額①−②	0	−1,750	−400	0
①その他　収入	76,231	0	18,695	8,963
②その他　支出	0	1,958	0	0
差額①−②	76,231	−1,958	18,695	8,963
差額合計	68,833	−210,308	−164,757	−103,681

CF（その他）▲7,500千円の合計▲530,124千円は、財務CFと投資CFと「現金及び現金同等物」で調達された。このため、「現金及び現金同等物」は▲101,293千円となった。

この年度は、同年に稼ぎ出した営業CF・「運転資金のプラス」もあったが、大半の支出が主に長期借入金・手持ちの「現金及び現金同等物」によって調達されている。太洋興業は不足する金額を金融機関から借

■図表Ⅳ－3　財務CFの収入・支出

（単位：千円）

【同種項目対応金額】	2004	2005	2006	2007
①短期借入金　収入	0	0	0	0
②短期借入金　支出	**255,427**	**107,333**	**1,580,075**	**330,000**
差額①－②	−255,427	−107,333	−1,580,075	−330,000
①長期借入金　収入	360,000	100,000	1,100,000	240,000
②長期借入金　支出	**267,311**	**219,271**	**192,919**	**264,501**
差額①－②	92,689	−119,271	907,081	−24,501
①社債　収入	0	0	0	0
②社債　支出	**0**	**200,000**	**0**	**0**
差額①－②	0	−200,000	0	0
①配当　収入	0	0	0	0
②配当　支出	24,374	225	23,803	24,021
差額①－②	−24,374	−225	−23,803	−24,021
①その他配当　収入	0	0	0	0
②その他配当　支出	5,400	0	1,350	1,350
差額①－②	−5,400	0	−1,350	−1,350
①自己株式　収入	0	0	0	0
②自己株式　支出	7,500	1,065	0	97
差額①－②	−7,500	−1,065	0	−97
差額合計	−200,012	−427,894	−698,147	−379,969

現金及び現金同等物に係る換算差額	0	0	0	0
現金及び現金同等物の増減額	−101,293	−45,111	−301,929	−128,307
現金及び現金同等物の期首残高	1,060,086	958,793	913,681	611,752
現金及び現金同等物の期末残高	958,793	913,681	611,752	483,444

太字は実際長期借入金等の返済額・実際短期借入金の返済額

網かけ は支払配当金

■図表Ⅳ−4　キャッシュ運用表（2004年）

（単位：千円）

キャッシュの運用			キャッシュの調達		
1	【利息・配当・法人税等の合計】	215,993	1	【営業利益＋減価償却費】	463,184
2	財務CF（支払配当金）	29,774		—	
3	「おおむね留保経常収支額」	217,417	2	「▲おおむね留保経常収支額」	0
	1〜3 TOTAL	463,184		1+2 TOTAL	463,184
4	「▲おおむね留保経常収支額」	0	3	「おおむね留保経常収支額」	217,417
5	実際長期借入金等の返済額	267,311	4	「運転資金のプラス」	86,813
6	実際短期借入金の返済額	255,427		—	
7	営業CFマイナス「その他」	304,116	5	営業CFプラス「その他」	0
8	調達超過額	0	6	調達不足額	522,624
	4〜8 TOTAL	826,854		3〜6 TOTAL	826,854
9	調達不足額	522,624	7	調達超過額	0
10	「運転資金のマイナス」	0	8	財務CF（短期借入金）	0
	—		9	財務CF（長期借入金）	360,000
	—		10	財務CF（社債）	0
	—		11	財務CF（増資）	0
11	財務CF（その他）	7,500	12	財務CF（その他）＋端数調整額	−2
12	投資CFの支出額（純額）	0	13	投資CF（固定資産売却等）（純額）	68,833
13	「現金及び現金同等物」増加額	0	14	「現金及び現金同等物」減少額	101,293
	9〜13 TOTAL	530,124		7〜14 TOTAL	530,124

※有価証券報告書では、各科目金額を足した計算金額と記載合計額とに差がある。このため、端数調整を行っている。

■図表Ⅳ−5　キャッシュ運用表（2005年）

（単位：千円）

キャッシュの運用			キャッシュの調達		
1	【利息・配当・法人税等の合計】	116,438	1	【営業利益＋減価償却費】	644,592
2	財務CF（支払配当金）	225		—	
3	「おおむね留保経常収支額」	527,929	2	「▲おおむね留保経常収支額」	0
	1〜3 TOTAL	644,592		1+2 TOTAL	644,592
4	「▲おおむね留保経常収支額」	0	3	「おおむね留保経常収支額」	527,929
5	実際長期借入金等の返済額	419,271	4	「運転資金のプラス」	0
6	実際短期借入金の返済額	107,333		—	
7	営業CFマイナス「その他」	0	5	営業CFプラス「その他」	257,150
8	調達超過額	258,475	6	調達不足額	0
	4〜8 TOTAL	785,079		3〜6 TOTAL	785,079
9	調達不足額	0	7	調達超過額	258,475
10	「運転資金のマイナス」	192,212	8	財務CF（短期借入金）	0
	—		9	財務CF（長期借入金）	100,000
	—		10	財務CF（社債）	0
	—		11	財務CF（増資）	0
11	財務CF（その他）	1,065	12	財務CF（その他）＋端数調整額	−1
12	投資CFの支出額（純額）	210,308	13	投資CF（固定資産売却等）（純額）	0
13	「現金及び現金同等物」増加額	0	14	「現金及び現金同等物」減少額	45,111
	9〜13 TOTAL	403,585		7〜14 TOTAL	403,585

※有価証券報告書では、各科目金額を足した計算金額と記載合計額とに差がある。このため、端数調整を行っている。

入れを行い、手持ちのキャッシュも使い、さらには投資物件も換金化したのだ。金融機関との信頼関係と企業の体力がカギとなる状況のようにみえる。

(2005年)

・「おおむね留保経常収支額」527,929千円＜「有利子負債の約定返済額」▲7,083,716千円（予定長期借入金等の返済額▲393,308千円＋予定短期借入金の返済額▲6,690,408千円）の絶対値。

・実際長期借入金等の返済額▲419,271千円・実際短期借入金の返済額▲107,333千円だった。

「おおむね留保経常収支額」527,929千円＞予定長期借入金等の返済額▲393,308千円の絶対値となるので、この差額で予定短期借入金の返済額のわずかでも返済することが可能であった。このため、フローの安全性は不安定ながらの確保となる。営業CFの「その他」収入257,150千円（この中に、金額は不明だが、太洋興業は割引手形の増減がある）は「臨時的なもの等」とする。

次に、**図表Ⅳ－5**をみてみよう。

「おおむね留保経常収支額」527,929千円は、運用欄の5・6の支出を賄うことで精一杯であった。営業CFの「その他」収入257,150千円で調達を得たことで、258,475千円が調達超過額となった。この調達超過額と財務CFと「現金及び現金同等物」が、「運転資金のマイナス」▲192,212千円・運用欄の財務CF（その他）▲1,065千円・投資CF▲210,308千円の合計▲403,585千円の調達原資となった。このため、「現金及び現金同等物」は▲45,111千円となった。

この年度は、大半の支出が同年に稼ぎ出した営業CFが中心となり、他に財務CFと営業CFの「その他」収入（恐らく、割引手形による収入）と手持ちの「現金及び現金同等物」で調達されたと考えられる。

（2006年）
・【「おおむね留保経常収支額」557,905千円＋「運転資金のプラス」449,940千円】＝1,007,845千円＜「有利子負債の約定返済額」▲6,757,623千円（予定長期借入金等の返済額▲174,548千円＋予定短期借入金の返済額▲6,583,075千円）の絶対値。
・実際長期借入金等の返済額▲192,919千円・実際短期借入金の返済額▲1,580,075千円だった。

【「おおむね留保経常収支額」＋「運転資金のプラス」】＝1,007,845千円＞予定長期借入金等の返済額▲174,548千円の絶対値となるので、この差額で予定短期借入金の返済額の一部を返済することが可能であった。このため、フローの安全性は不安定ながらの確保となる。営業CFの「その他」支出▲472,025千円（大半が内容不明）は「臨時的なもの等」とする。

さらに、図表Ⅳ－6をご覧いただきたい。

【「おおむね留保経常収支額」557,905千円＋「運転資金のプラス」449,940千円】＝1,007,845千円だけでは、運用欄の5・6・7の支出を賄えなかった。この調達不足額が▲1,237,174千円となった。この金額と投資CFの▲164,757千円の合計▲1,401,931千円は、財務CFと「現金及び現金同等物」で調達された。このため、「現金及び現金同等物」は▲301,929千円となった。

この年度も、同年に稼ぎ出した営業CF・「運転資金のプラス」もあったが、短期借入金の返済額の不足金額と営業CFの「その他」支出と投資の金額等は、財務CFと手持ちの「現金及び現金同等物」で調達されたと考えられる。

■図表Ⅳ−6　キャッシュ運用表（2006年）

（単位：千円）

	キャッシュの運用			キャッシュの調達	
1	【利息・配当・法人税等の合計】	151,247	1	【営業利益＋減価償却費】	734,305
2	財務CF（支払配当金）	25,153		—	
3	「おおむね留保経常収支額」	557,905	2	「▲おおむね留保経常収支額」	0
	1~3 TOTAL	734,305		1+2 TOTAL	734,305
4	「▲おおむね留保経常収支額」	0	3	「おおむね留保経常収支額」	557,905
5	実際長期借入金等の返済額	192,919	4	「運転資金のプラス」	449,940
6	実際短期借入金の返済額	1,580,075		—	
7	営業CFマイナス「その他」	472,025	5	営業CFプラス「その他」	0
8	調達超過額	0	6	調達不足額	1,237,174
	4~8 TOTAL	2,245,019		3~6 TOTAL	2,245,019
9	調達不足額	1,237,174	7	調達超過額	0
10	「運転資金のマイナス」	0	8	財務CF（短期借入金）	0
	—		9	財務CF（長期借入金）	1,100,000
	—		10	財務CF（社債）	0
	—		11	財務CF（増資）	0
11	財務CF（その他）	0	12	財務CF（その他）＋端数調整額	2
12	投資CFの支出額（純額）	164,757	13	投資CF（固定資産売却等）（純額）	0
13	「現金及び現金同等物」増加額	0	14	「現金及び現金同等物」減少額	301,929
	9~13 TOTAL	1,401,931		7~14 TOTAL	1,401,931

※有価証券報告書では、各科目金額を足した計算金額と記載合計額とに差がある。このため、端数調整を行っている。

■図表Ⅳ−7　キャッシュ運用表（2007年）

（単位：千円）

	キャッシュの運用			キャッシュの調達	
1	【利息・配当・法人税等の合計】	145,896	1	【営業利益＋減価償却費】	591,226
2	財務CF（支払配当金）	25,371		—	
3	「おおむね留保経常収支額」	419,959	2	「▲おおむね留保経常収支額」	0
	1~3 TOTAL	591,226		1+2 TOTAL	591,226
4	「▲おおむね留保経常収支額」	0	3	「おおむね留保経常収支額」	419,959
5	実際長期借入金等の返済額	264,501	4	「運転資金のプラス」	188,295
6	実際短期借入金の返済額	330,000		—	
7	営業CFマイナス「その他」	278,282	5	営業CFプラス「その他」	0
8	調達超過額	0	6	調達不足額	264,529
	4~8 TOTAL	872,783		3~6 TOTAL	872,783
9	調達不足額	264,529	7	調達超過額	0
10	「運転資金のマイナス」	0	8	財務CF（短期借入金）	0
	—		9	財務CF（長期借入金）	240,000
	—		10	財務CF（社債）	0
	—		11	財務CF（増資）	0
11	財務CF（その他）	97	12	財務CF（その他）＋端数調整額	0
12	投資CFの支出額（純額）	103,681	13	投資CF（固定資産売却等）（純額）	0
13	「現金及び現金同等物」増加額	0	14	「現金及び現金同等物」減少額	128,307
	9~13 TOTAL	368,307		7~14 TOTAL	368,307

※有価証券報告書では、各科目金額を足した計算金額と記載合計額とに差がある。このため、端数調整を行っている。

（2007 年）

・【「おおむね留保経常収支額」419,959 千円＋「運転資金のプラス」188,295 千円】＝608,254 千円＜「有利子負債の約定返済額」▲5,247,981 千円（予定長期借入金等の返済額▲ 257,781 千円＋予定短期借入金の返済額▲ 4,990,200 千円）の絶対値。

・実際長期借入金等の返済額▲ 264,501 千円・実際短期借入金の返済額▲ 330,000 千円だった。

【「おおむね留保経常収支額」＋「運転資金のプラス」】＝608,254千円＞予定長期借入金等の返済額▲257,781千円の絶対値となるので、この差額で予定短期借入金の返済額のわずかでも返済することが可能であった。このため、フローの安全性は不安定ながらの確保となる。営業CFの「その他」支出▲278,282千円（大半が内容不明）は「臨時的なもの等」とする。

そして、**図表Ⅳ－７**を確認する。

【「おおむね留保経常収支額」419,959 千円＋「運転資金のプラス」188,295 千円】＝608,254 千円だけでは、運用欄の５・６・７の支出を賄えなかった。この調達不足額は▲ 264,529 千円となった。この金額と運用欄の財務 CF（その他）▲ 97 千円・投資 CF の▲103,681 千円の合計▲ 368,307 千円は、財務 CF と「現金及び現金同等物」で調達されたのである。このため、「現金及び現金同等物」は▲ 128,307 千円となった。

この年度も、同年に稼ぎ出した営業CF・「運転資金のプラス」は運用欄の５・６の支出を賄うのに精一杯であった。他の支出の大半は、財務CFと手持ちの「現金及び現金同等物」で調達されたと考えられる。

(2) ストックの安全性

次に、図表Ⅳ－8によりストックの安全性を確認する。

(2007年)

・悪玉資産72.9%＞善玉負債41.2%なので、流動資金が不足していて、短期借入金・長期借入金で調達されている。

・脂肪資産22.1%＜エネルギー資本26.1%なので、固定資金は余剰している。その余剰は現金等となっている。残りの現金等は長期借入金で調達されている。

・現金等4.9%＜有利子負債32.6%。

このため、キャッシュ・プアなので、第1フェーズではストックの安全性は確保されていない。

次に、図表Ⅳ－9、Ⅳ－10のキャッシュ体質図の推移グラフをみてみよう。

この体質は2004年以来ほぼ変わってはいない。ここまでで、第2フェーズでのトレンドをみると、ストックの安全性は確保・維持されていないことになる。

悪玉資産と善玉負債の差は、大半が短期借入金で調達されている。これは、企業のスタート時点か、あるいはどこかの年度で運転資金がショートすることがあって短期借入金が存在するのである。太洋興業は、この短期借入金を短期借入金で返済するほど、金融機関との信頼関係が良好ではなかったのであろう。

■図表Ⅳ−8　キャッシュ体質図（2007年）

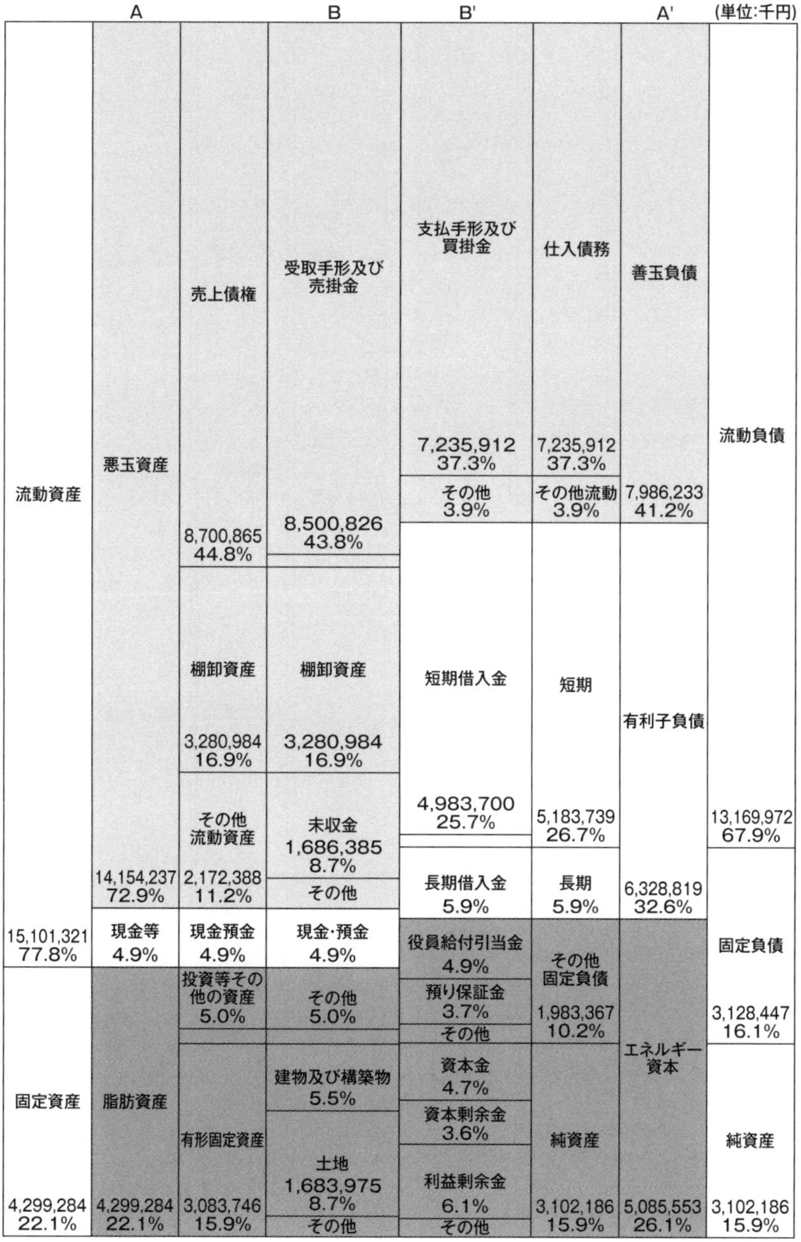

■図表Ⅳ−9　キャッシュ体質推移A

（単位:千円）

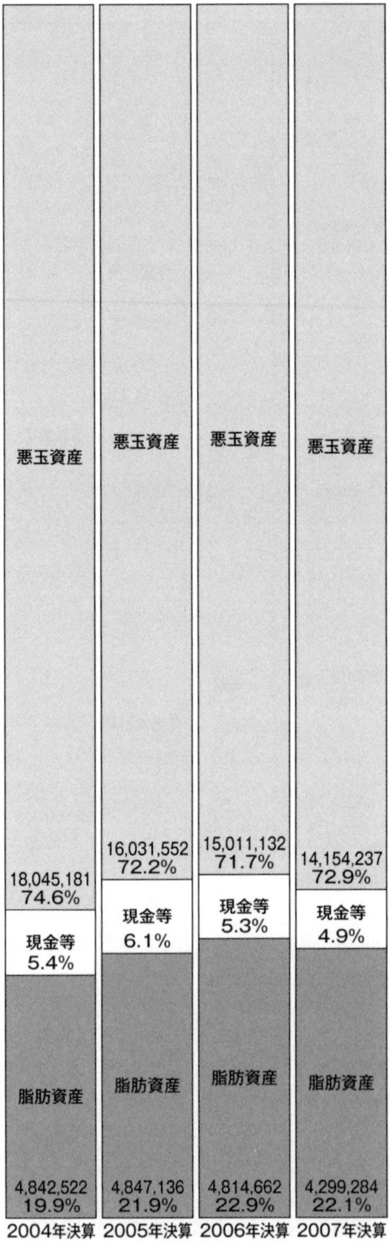

■図表Ⅳ−10　キャッシュ体質推移A'

（単位:千円）

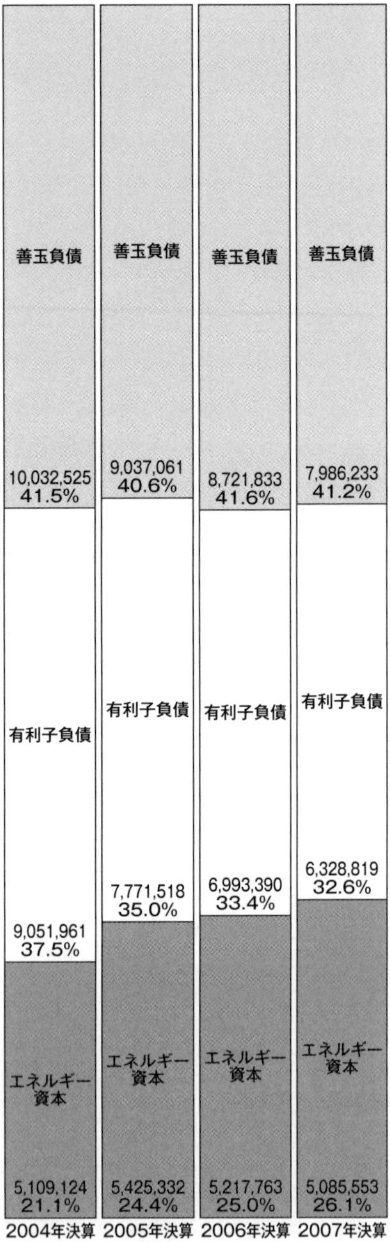

❹ 総　　括

この事例では、短期借入金の借換えができなければ、「営業 CF の結果」がプラスでも倒産すること、「運転資金のマイナス」は短期借入金で調達されることが多いが、いずれは返済しなければならないという意識が必要であることを改めて考えさせられた。

大半の年度で「運転資金のプラス」があるため、短期借入金による融資がないことは理解できる。過去の積残しの短期借入金については、年度ごとに少しずつ返済をしているが、いわゆる借換えがされていないことをみると、金融機関による信用性が低下していたのだろう。

中小企業への教訓

☞短期借入金の借換えができなければ、「営業 CF の結果」はプラスでも倒産する。

☞「運転資金のマイナス」は短期借入金で調達されることが多い。いずれは返済しなければならないという意識が必要である。

V 株式会社東京カソード研究所
～体力の減退とリーマンショックが招いた民事再生

㈱東京カソード研究所は 1953 年 4 月の設立以降、電子部品・半導体検査装置等の製造・販売で成長した。1995 年 10 月に株式を店頭公開（現・ジャスダック）。

リーマンショック以降の半導体業界の世界的な収縮や東日本大震災等の影響で業績が落ち込み、2009 年 3 月期から 4 期連続で最終損益が赤字となり、経営難に陥った。2013 年 3 月、民事再生法の適用を申請（負債総額 31 億 2,300 万円）。

❶ 概　　要

分析年度　2005 年～ 2012 年

運転資金の特徴

	悪玉資産・善玉負債	売上債権・仕入債務	売上高
2005 年	悪玉資産＞善玉負債	売上債権＞仕入債務	⤴
2006 年	悪玉資産＞善玉負債	売上債権＞仕入債務	⤴
2007 年	悪玉資産＞善玉負債	売上債権＞仕入債務	⤴
2008 年	悪玉資産＞善玉負債	売上債権＞仕入債務	⤴
2009 年	悪玉資産＞善玉負債	売上債権＞仕入債務	⤵
2010 年	悪玉資産＞善玉負債	売上債権＞仕入債務	⤵

2011年	悪玉資産＞善玉負債	売上債権＞仕入債務	↘
2012年	悪玉資産＞善玉負債	売上債権＞仕入債務	↘

⑴　ストックの安全性

2006年・2007年では、現金等＜有利子負債と、第1フェーズでは、ストックの安全性の確保はされていない。第2フェーズでも、キャッシュ・プアなので、ストックの安全性は確保されていない。この状態で、2012年まで同じであった。

倒産の3年前である2010年には、度重なる営業損失の計上のため資本の欠損状態となり、倒産1年前である2012年もこの状態から抜け出せないままであった。現金等の実数は、年々減少し、体力は減退している。トレンドでみてもストックの安全性の確保はされていなかった。

⑵　フローの安全性

2005年は、フローの安全性は確保されていた。

2006年は、フローの安全性は確保されていなかった。この年度は、営業利益が前期の約半分になった。いきなりの転落だ。

2007年も、フローの安全性は確保されていなかった。この年度は、前年度よりも「おおむね留保経常収支額」の金額は多くなったが、長期借入金等の返済額のうち、社債の返還支出が大きく圧し掛かったのである。過去に調達した社債の償還時期の始まりだ。東京カソード研究所は正念場を迎えている。

2008年は、フローの安全性は不安定ながらの確保となる。この年度は、「運転資金のプラス」となったことが怪しい。これは、これまでの財務状態をみると、資金繰りが苦しくて、売上債権の回収は早く、仕入債務の支払いは遅くせざるを得なかったと推測もできる。そうなると、フローの安全性の不安定ながらの確保は怪しいものとなる。

2009年から2012年は、「正常な収益力」をベースとした「おおむね留保経常収支額」がマイナスとなったので、フローの安全性は確保されていなかった。

❷ 主要な経営指標等

東京カソード研究所の売上高は2004年の売上高8,585,440千円を起点とすれば、前年対比で2005年から2008年まで増加し、倒産した年の4年前の2009年から2012年まで減少していた。前記**I**のワールド・ロジと似た業績の推移である。

当期純利益は2005年から2008年まで計上していたが、2009年から2012年までは当期純損失の計上となった。

「営業CFの結果」をみると、2005年から2009年までプラスの計上となっていた。2011年は、「営業CFの結果」はプラスとなった。2010年と2012年はマイナスとなっていた。

❸ 安全性の分析

(1) フローの安全性①

図表V－1～V－7により、フローの安全性をみることにする。

> **(2005年)**
> **「おおむね留保経常収支額」1,146,855千円>「有利子負債の約定返済額」▲778,570千円（予定長期借入金等の返済額▲150,800千円＋予定短期借入金の返済額▲627,770千円）の絶対値である。実際長期借入金等の返済額▲140,143千円・実際短期借入金の返済額▲499,106千円であった。**

フローの安全性は確保されていた。営業CFの「その他」収入18,809千円（内容不明）は「臨時的なもの等」とする。

次に、**図表V－4**により、全体的なCFの動きを確認する。

■図表V－1　概略営業CF【「おおむね留保経常収支額」と返済額】

（単位：千円）

	営業CF	351,302	292,040	239,332	1,124,287	720,859	-593,716	313,455	-209,534
		2005	2006	2007	2008	2009	2010	2011	2012
①	（営業利益）	883,146	427,836	968,010	804,091	-1,481,923	-1,202,947	-218,212	-574,879
②	減価償却費	478,458	550,878	585,746	530,689	577,059	335,470	166,926	167,718
③＝①＋②	合計	1,361,604	978,714	1,553,756	1,334,780	-904,864	-867,477	-51,286	-407,161
④	売上債権	-911,359	-1,149,472	-1,295,318	338,721	4,007,488	936,958	361,370	349,056
⑤	仕入債務	912,688	228,146	623,372	481,075	-1,818,292	-1,115,653	-53,364	-307,605
⑥＝④＋⑤	合計	1,329	-921,326	-671,946	819,796	2,189,196	-178,695	308,006	41,451
⑦	棚卸資産	-867,932	207,815	-532,642	-338,536	-2,874	885,774	95,549	31,735
⑧＝⑥＋⑦	合計	-866,603	-713,511	-1,204,588	481,260	2,186,322	707,079	403,555	73,186
⑨	受取利息・配当額	26,977	15,965	18,599	10,734	13,281	9,852	2,360	1,869
⑩	支払利息額	-53,351	-81,603	-94,841	-55,142	-52,645	-89,863	-78,699	-62,274
⑪	法人税等支払額	-136,134	-389,896	-270,806	-481,073	-361,839	-22,697	-109,909	-23,977
⑫＝⑨＋⑩＋⑪	合計	-162,508	-455,534	-347,048	-525,481	-401,203	-102,708	-186,248	-84,382
⑬＝⑭－（③＋⑧＋⑫）	「その他」合計	18,809	482,371	237,212	-166,272	-159,396	-330,610	147,434	208,823
⑭	営業CF	351,302	292,040	239,332	1,124,287	720,859	-593,716	313,455	-209,534
⑮＝③	営業利益・減価償却費	1,361,604	978,714	1,553,756	1,334,780	-904,864	-867,477	-51,286	-407,161
⑯＝⑫	利息・配当・法人税等	-162,508	-455,534	-347,048	-525,481	-401,203	-102,708	-186,248	-84,382
⑰	支払配当金	-52,241	-105,253	-80,954	-142,586	-114,069	0	0	0
⑱＝⑮＋⑯＋⑰	「おおむね留保経常収支額」	1,146,855	417,927	1,125,754	666,713	-1,420,136	-970,185	-237,534	-491,543
⑲	実際長期借入金等の返済額	140,143	645,363	1,766,294	793,566	1,060,740	783,080	1,111,780	367,710
⑳	予定長期借入金等の返済額	150,800	578,800	1,720,300	649,120	932,580	640,984	634,206	408,979
	実際長期借入金等の返済額								
	1年以内長期借入金	140,143	645,363	666,294	642,566	532,740	783,080	1,111,780	367,710
	1年以内社債	0	0	1,100,000	151,000	528,000	0	0	0
	1年以内リース								
	1年以内未払金								
	合計	140,143	645,363	1,766,294	793,566	1,060,740	783,080	1,111,780	367,710
	実際短期借入金の返済額								
	短期借入金	499,106	0	639,189	0	0	179,253	298,975	41,987
	合計	639,249	645,363	2,405,483	793,566	1,060,740	962,333	1,410,755	409,697
	予定長期借入金等の返済額								
	1年以内長期借入金	150,800	578,800	620,300	649,120	404,580	617,040	604,980	377,100
	1年以内社債	0	0	1,100,000	0	528,000	0	0	0
	1年以内リース	0	0	0	0	0	23,944	29,226	31,879
	1年以内未払金								
	合計	150,800	578,800	1,720,300	649,120	932,580	640,984	634,206	408,979
	予定短期借入金の返済額								
	短期借入金	627,770	129,098	1,839,518	1,210,000	2,240,000	2,430,000	2,250,747	1,949,497
	合計	778,570	707,898	3,559,818	1,859,120	3,172,580	3,070,984	2,884,953	2,358,476

■図表V－2　投資CFの収入・支出

（単位：千円）

【同種項目対応金額】	2005	2006	2007	2008	2009	2010	2011	2012
①定期預金　戻入	1,183,002	1,130,000	40,000	104,867	12,013	6,316	211,956	0
②定期預金　預入	2,294,011	12,013	12,807	53,064	24,054	224,020	31,128	6,034
差額①－②	-1,111,009	1,117,987	27,193	51,803	-12,041	-217,704	180,828	-6,034
①有形固定　売却	32,488	29,702	61,630	24,021	21,167	581,477	630	2,391
②有形固定　取得	690,558	1,109,804	521,702	430,922	233,693	68,090	64,760	50,164
差額①－②	-658,070	-1,080,102	-460,072	-406,901	-212,526	513,387	-64,130	-47,773
①無形固定　売却	0	0	0	0	0	0	0	0
②無形固定　取得	20,453	247,778	38,303	304	418	0	0	0
差額①－②	-20,453	-247,778	-38,303	-304	-418	0	0	0
①投資有価証券　売却	0	99,853	33,107	0	4,303	67,800	193	0
②投資有価証券　取得	229,485	115,563	12,195	21,716	45,352	1,200	0	0
差額①－②	-229,485	-15,710	20,912	-21,716	-41,049	66,600	193	0
①短期貸付金　回収	76,668	2,179	53,500	0	0	0	0	0
②短期貸付金　支出	200,000	52,290	0	66,000	0	0	0	0
差額①－②	-123,332	-50,111	53,500	-66,000	0	0	0	0
①子会社株式　売却	0	0	0	0	0	0	41,533	0
②子会社株式　取得	0	0	0	0	0	0	0	0
差額①－②	0	0	0	0	0	0	41,533	0
①親会社株式　売却	0	0	0	0	0	313,779	173,592	0
②親会社株式　取得	0	0	0	0	0	0	0	0
差額①－②	0	0	0	0	0	313,779	173,592	0
①差入保証金　回収	0	0	0	0	0	441,955	47,149	0
②差入保証金　支出	0	0	0	0	0	0	0	0
差額①－②	0	0	0	0	0	441,955	47,149	0
①その他　収入	0	0	0	0	0	0	0	0
②その他　支出	105,934	75,232	0	0	30,026	0	0	0
差額①－②	-105,934	-75,232	0	0	-30,026	0	0	0
①その他　収入	0	0	0	0	0	86,773	16,346	15,032
②その他　支出	0	0	129,848	123,611	0	0	0	0
差額①－②	0	0	-129,848	-123,611	0	86,773	16,346	15,032
差額合計	-2,248,283	-350,946	-526,618	-566,729	-296,060	1,204,790	395,511	-38,775

■図表Ⅴ－3　財務CFの収入・支出

（単位：千円）

【同種項目対応金額】	2005	2006	2007	2008	2009	2010	2011	2012
①短期借入金　収入	0	1,699,368	0	1,098,580	190,000	0	0	0
②短期借入金　支出	**499,106**	**0**	**639,189**	**0**	**0**	**179,253**	**298,975**	**41,987**
差額①－②	-499,106	1,699,368	-639,189	1,098,580	190,000	-179,253	-298,975	-41,987
①長期借入金　収入	1,000,000	424,225	1,150,000	0	750,000	650,000	755,100	0
②長期借入金　支出	**140,143**	645,363	666,294	642,566	532,740	783,080	1,111,780	367,710
差額①－②	859,857	-221,138	483,706	-642,566	217,260	-133,080	-356,680	-367,710
①社債　収入	1,462,781	0	0	0	0	0	0	0
②社債　支出	**0**	0	1,100,000	151,000	528,000	0	0	0
差額①－②	1,462,781	0	-1,100,000	-151,000	-528,000	0	0	0
①配当　収入	0	0	0	0	0	0	0	0
②配当　支出	51,766	105,253	80,954	142,586	114,069	0	0	0
差額①－②	-51,766	-105,253	-80,954	-142,586	-114,069	0	0	0
①その他配当　収入	0	0	0	0	0	0	0	0
②その他配当　支出	475	0	0	0	0	0	0	0
差額①－②	-475	0	0	0	0	0	0	0
①自己株式　収入	0	0	0	0	0	0	0	0
②自己株式　支出	315	673	278	0	0	0	0	0
差額①－②	-315	-673	-278	0	0	0	0	0
差額合計	1,770,976	1,372,304	-1,336,715	162,428	-234,809	-312,333	-655,670	-409,697
【換算前】現金及び現金同等物の増減額	-126,005	1,313,397	-1,624,002	719,984	189,987	298,743	53,299	-658,007
現金及び現金同等物に係る換算差額	6,591	52,875	16,902	-1,463	-84,811	10,409	-14,074	-12,984
現金及び現金同等物の増減額	-119,414	1,366,272	-1,607,100	718,521	105,176	309,152	39,225	-670,991
現金及び現金同等物の期首残高	1,254,103	1,134,689	2,569,513	962,412	1,590,084	1,695,260	2,004,413	2,043,638
連結関係の現金及び現金同等物の増減額	0	68,550	0	-90,849	0	0	0	0
現金及び現金同等物の期末残高	1,134,689	2,569,513	962,412	1,590,084	1,695,260	2,004,413	2,043,638	1,372,646

太字は実際長期借入金等の返済額・実際短期借入金の返済額

網かけ は支払配当金

■図表V−4　キャッシュ運用表(2005年)

(単位:千円)

キャッシュの運用			キャッシュの調達		
1	【利息・配当・法人税等の合計】	162,508	1	【営業利益+減価償却費】	1,361,604
2	財務CF(支払配当金)	52,241		—	
3	「おおむね留保経常収支額」	1,146,855	2	「▲おおむね留保経常収支額」	0
	1~3 TOTAL	1,361,604		1+2 TOTAL	1,361,604
4	「▲おおむね留保経常収支額」	0	3	「おおむね留保経常収支額」	1,146,855
5	実際長期借入金等の返済額	140,143	4	「運転資金のプラス」	0
6	実際短期借入金の返済額	499,106		—	
7	営業CFマイナス「その他」	0	5	営業CFプラス「その他」	18,809
8	調達超過額	526,415	6	調達不足額	0
	4~8 TOTAL	1,165,664		3~6 TOTAL	1,165,664
9	調達不足額	0	7	調達超過額	526,415
10	「運転資金のマイナス」	866,603	8	財務CF(短期借入金)	0
	—		9	財務CF(長期借入金)	1,000,000
	—		10	財務CF(社債)	1,462,781
	—		11	財務CF(増資)	0
11	財務CF(その他)	315	12	財務CF(その他)+端数調整額	0
12	投資CFの支出額(純額)	2,248,283	13	投資CF(固定資産売却等)(純額)	0
13	「現金及び現金同等物」増加額	0	14	「現金及び現金同等物」減少額	126,005
	9~13 TOTAL	3,115,201		7~14 TOTAL	3,115,201

※有価証券報告書では、各科目金額を足した計算金額と記載合計額とに差がある。このため、端数調整を行っている。

■図表V−5　キャッシュ運用表(2006年)

(単位:千円)

キャッシュの運用			キャッシュの調達		
1	【利息・配当・法人税等の合計】	455,534	1	【営業利益+減価償却費】	978,714
2	財務CF(支払配当金)	105,253		—	
3	「おおむね留保経常収支額」	417,927	2	「▲おおむね留保経常収支額」	0
	1~3 TOTAL	978,714		1+2 TOTAL	978,714
4	「▲おおむね留保経常収支額」	0	3	「おおむね留保経常収支額」	417,927
5	実際長期借入金等の返済額	645,363	4	「運転資金のプラス」	0
6	実際短期借入金の返済額	0		—	
7	営業CFマイナス「その他」	0	5	営業CFプラス「その他」	482,371
8	調達超過額	254,935	6	調達不足額	0
	4~8 TOTAL	900,298		3~6 TOTAL	900,298
9	調達不足額	0	7	調達超過額	254,935
10	「運転資金のマイナス」	713,511	8	財務CF(短期借入金)	1,699,368
	—		9	財務CF(長期借入金)	424,225
	—		10	財務CF(社債)	0
	—		11	財務CF(増資)	0
11	財務CF(その他)	673	12	財務CF(その他)+端数調整額	−1
12	投資CFの支出額(純額)	350,946	13	投資CF(固定資産売却等)(純額)	0
13	「現金及び現金同等物」増加額	1,313,397	14	「現金及び現金同等物」減少額	0
	9~13 TOTAL	2,378,527		7~14 TOTAL	2,378,527

※有価証券報告書では、各科目金額を足した計算金額と記載合計額とに差がある。このため、端数調整を行っている。

■図表V−6　キャッシュ運用表（2007年）

（単位:千円）

	キャッシュの運用			キャッシュの調達	
1	【利息・配当・法人税等の合計】	347,048	1	【営業利益＋減価償却費】	1,553,756
2	財務CF（支払配当金）	80,954		—	
3	「おおむね留保経常収支額」	1,125,754	2	「▲おおむね留保経常収支額」	0
	1~3 TOTAL	1,553,756		1+2 TOTAL	1,553,756
4	「▲おおむね留保経常収支額」	0	3	「おおむね留保経常収支額」	1,125,754
5	実際長期借入金等の返済額	1,766,294	4	「運転資金のプラス」	0
6	実際短期借入金の返済額	639,189		—	
7	営業CFマイナス「その他」	0	5	営業CFプラス「その他」	237,212
8	調達超過額	0	6	調達不足額	1,042,517
	4~8 TOTAL	2,405,483		3~6 TOTAL	2,405,483
9	調達不足額	1,042,517	7	調達超過額	0
10	「運転資金のマイナス」	1,204,588	8	財務CF（短期借入金）	0
	—		9	財務CF（長期借入金）	1,150,000
	—		10	財務CF（社債）	0
	—		11	財務CF（増資）	0
11	財務CF（その他）	278	12	財務CF（その他）＋端数調整額	−1
12	投資CFの支出額（純額）	526,618	13	投資CF（固定資産売却等）（純額）	0
13	「現金及び現金同等物」増加額	0	14	「現金及び現金同等物」減少額	1,624,002
	9~13 TOTAL	2,774,001		7~14 TOTAL	2,774,001

※有価証券報告書では、各科目金額を足した計算金額と記載合計額とに差がある。このため、端数調整を行っている。

■図表V−7　キャッシュ運用表（2008年）

（単位:千円）

	キャッシュの運用			キャッシュの調達	
1	【利息・配当・法人税等の合計】	525,481	1	【営業利益＋減価償却費】	1,334,780
2	財務CF（支払配当金）	142,586		—	
3	「おおむね留保経常収支額」	666,713	2	「▲おおむね留保経常収支額」	0
	1~3 TOTAL	1,334,780		1+2 TOTAL	1,334,780
4	「▲おおむね留保経常収支額」	0	3	「おおむね留保経常収支額」	666,713
5	実際長期借入金等の返済額	793,566	4	「運転資金のプラス」	481,260
6	実際短期借入金の返済額	0		—	
7	営業CFマイナス「その他」	166,272	5	営業CFプラス「その他」	0
8	調達超過額	188,135	6	調達不足額	0
	4~8 TOTAL	1,147,973		3~6 TOTAL	1,147,973
9	調達不足額	0	7	調達超過額	188,135
10	「運転資金のマイナス」	0	8	財務CF（短期借入金）	1,098,580
	—		9	財務CF（長期借入金）	0
	—		10	財務CF（社債）	0
	—		11	財務CF（増資）	0
11	財務CF（その他）	0	12	財務CF（その他）＋端数調整額	−2
12	投資CFの支出額（純額）	566,729	13	投資CF（固定資産売却等）（純額）	0
13	「現金及び現金同等物」増加額	719,984	14	「現金及び現金同等物」減少額	0
	9~13 TOTAL	1,286,713		7~14 TOTAL	1,286,713

※有価証券報告書では、各科目金額を足した計算金額と記載合計額とに差がある。このため、端数調整を行っている。

「おおむね留保経常収支額」1,146,855千円は、運用欄の5・6の支出を賄えた。この超過分と営業CFの「その他」収入18,809千円を加えると調達超過額526,415千円となった。この金額と財務CFと「現金及び現金同等物」は、「運転資金のマイナス」▲866,603千円と運用欄の財務CF（その他）▲315千円と投資CFの▲2,248,283千円の合計▲3,115,201千円の調達原資となった。このため、「現金及び現金同等物」は▲126,005千円となり、換算差額6,591千円を加えると最終的な「現金及び現金同等物」は▲119,414千円となった。

この年度は、「営業利益＋減価償却費」1,361,604千円が「運転資金のマイナス」▲866,603千円に喰われている。「運転資金のマイナス」が財務CFのどれかで調達されたことで、「営業利益＋減価償却費」は損益レベルから収支レベルとなった。このため、調達超過額526,415千円は収支レベルとなったのである。

しかし、この背景では、大半の支出が有利子負債で調達されたことが気になるところだ。

(2) ストックの安全性①

図表Ⅴ－8、Ⅴ－9からストックの安全性を確認する。

(2006年)

・悪玉資産48.3%＞善玉負債20.9%なので、流動資金が不足していて、有利子負債で調達されている。

・脂肪資産36.6%＜エネルギー資本48.5%なので、固定資金は余剰している。その余剰は現金等となっている。残りの現金等は有利子負債で調達されている。

・現金等15.2%＜有利子負債30.7%と、両者の差は15.5%になった。

■図表V−8　キャッシュ体質図(2006年)

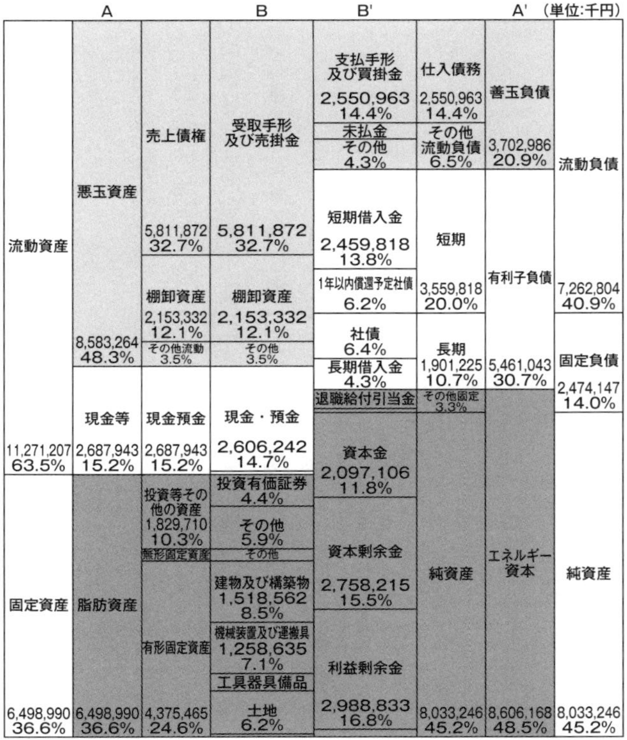

■図表V−9　キャッシュ体質図(2007年)

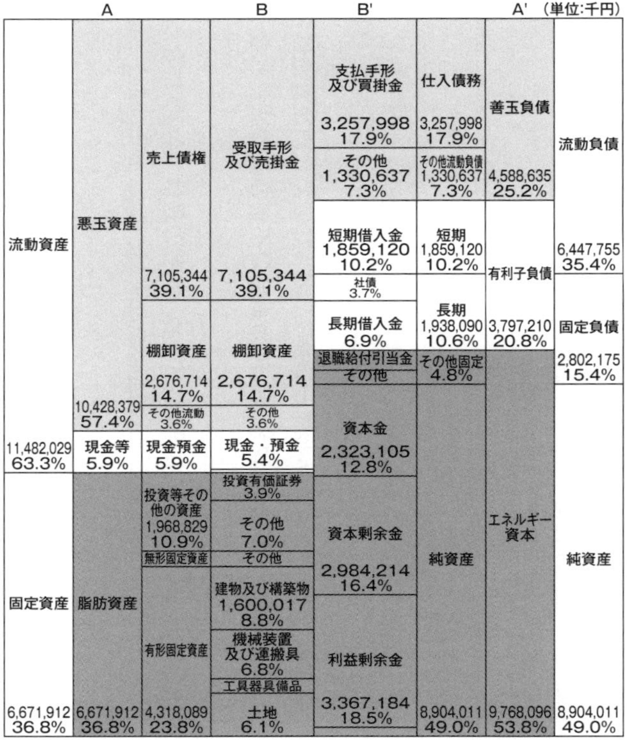

このため、キャッシュ・プアなので、第1フェーズでは、ストックの安全性が確保されていない。なお、2005年も現金等＜有利子負債（後掲図表V－10、V－11）であった。

（2007年）
- 悪玉資産57.4%＞善玉負債25.2%なので、流動資金が不足していて、有利子負債と固定資金の余剰で調達されている。
- 脂肪資産36.8%＜エネルギー資本53.8%なので、固定資金は余剰している。その余剰は現金等と流動資金の不足の調達原資となっている。
- 現金等5.9%＜有利子負債20.8%と、両者の差は14.9%になった。

固定資金の余剰が流動資金に回ったのは、転換社債の行使と営業利益の計上による利益剰余金の増大が要因だ。第1フェーズではキャッシュ・プアなので、ストックの安全性は確保されていない。ここまでの第2フェーズでもキャッシュ・プアなので、ストックの安全性は確保・維持されていない。

(3) フローの安全性②

再度、前掲図表V－1、V－2、V－5～V－7をご覧いただきたい。

（2006年）
- 「おおむね留保経常収支額」417,927千円＜「有利子負債の約定返済額」▲707,898千円（予定長期借入金等の返済額▲578,800千円＋予定短期借入金の返済額▲129,098千円）の絶対値。
- 実際長期借入金等の返済額▲645,363千円・実際短期借入金の返済額はゼロであった。

「おおむね留保経常収支額」417,927千円＜予定長期借入金等の返済

■図表V－10　キャッシュ体質推移A

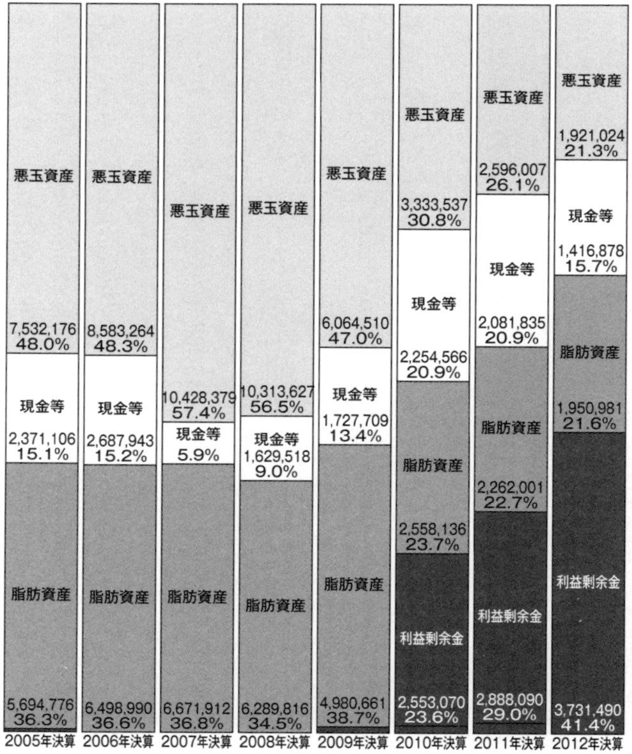

■図表V－11　キャッシュ体質推移A’

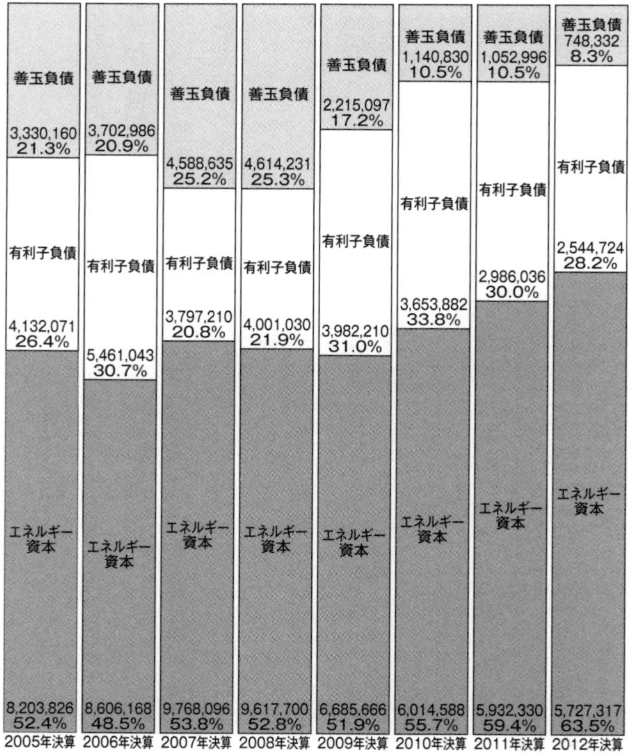

額▲578,800千円の絶対値なので、フローの安全性は確保されていなかった。営業CFの「その他」収入482,371千円（大半が内容不明）は「臨時的なもの等」とする。

図表Ⅴ－5により、全体的なCFの動きをみてみよう。

> **「おおむね留保経常収支額」417,927千円は、運用欄の5の支出を賄えなかった。この不足分に営業CFの「その他」収入482,371千円を加えると、調達超過額は254,935千円となった。この金額と財務CFとの合計2,378,527千円が、「運転資金のマイナス」▲713,511千円と運用欄の財務CF（その他）▲673千円と投資CFの▲350,946千円の合計▲1,065,130千円の調達原資となった。このため、「現金及び現金同等物」は1,313,397千円の増加となった。これに換算差額52,875千円を加えると最終的な「現金及び現金同等物」1,366,272千円の増加額となった。**

この年度は、「営業利益＋減価償却費」978,714千円が「運転資金のマイナス」▲713,511千円に喰われている。「運転資金のマイナス」が財務CFのどれかで調達されたことで、「営業利益＋減価償却費」は損益レベルから収支レベルとなった。このため、調達超過額254,935千円は収支レベルとなったのである。

このような見方をすれば、大半の支出は有利子負債で調達されたことや「現金及び現金同等物」の増加額が、自力で稼いだCFでは構成されていないことが分かる。

この年度は、営業利益が前期の約半分になった。いきなりの転落だ。このために、「おおむね留保経常収支額」の金額が417,927千円となり、実際長期借入金等の返済額▲645,363千円を満額返済できなかった。営業CFの「その他」収入482,371千円を加えれば、満額返済が可能であっただろう。この「その他」収入の内容は不明である。これが毎回発生するのであれば、「おおむね留保経常収支額」の金額に加えることができるのか、何とも言えない。保守的に解釈すれば、一過性と考えることになる。

「おおむね留保経常収支額」の金額の増大を期待するばかりである。

（2007年）

・「おおむね留保経常収支額」1,125,754千円＜「有利子負債の約定返済額」▲3,559,818千円（予定長期借入金等の返済額▲1,720,300千円＋予定短期借入金の返済額▲1,839,518千円）の絶対値。

・実際長期借入金等の返済額▲1,766,294千円・実際短期借入金の返済額▲639,189千円だった。

「おおむね留保経常収支額」1,125,754千円＜予定長期借入金等の返済額▲1,720,300千円の絶対値なので、フローの安全性は確保されていなかった。営業CFの「その他」収入237,212千円（大半の内容が不明）は「臨時的なもの等」とする。

次に、図表Ⅴ−6を確認しよう。

「おおむね留保経常収支額」1,125,754千円は、運用欄の5・6の支出を賄えなかった。営業CFの「その他」収入237,212千円を調達原資としても、▲1,042,517千円の調達不足となった。この金額と「運転資金のマイナス」▲1,204,588千円と運用欄の財務CF（その他）▲278千円と投資CFの▲526,618千円の合計▲2,774,001千円は、財務CFと「現金及び現金同等物」で調達された。このため、「現金及び現金同等物」は▲1,624,002千円となった。この金額に換算差額16,902千円を加えると最終的な「現金及び現金同等物」▲1,607,100千円の減少額となった。前期で調達した「現金及び現金同等物」増加額が、当期で使われたことになる。

この年度は、「営業利益＋減価償却費」1,553,756千円が「運転資金のマイナス」▲1,204,588千円に喰われている。「運転資金のマイナス」

が財務CFあるいは手持ちの「現金及び現金同等物」で調達されたことで、「営業利益＋減価償却費」は損益レベルから収支レベルとなった。このため、調達不足額▲1,042,517千円は収支レベルとなったのである。

前年度よりも「おおむね留保経常収支額」の金額は多くなったが、実際長期借入金等の返済額のうち、社債の返還支出が1,100,000千円と大きく圧し掛かったのである。過去に調達した社債の償還時期の始まりなのだ。東京カソード研究所は正念場を迎えている。

2008年の運転資金はプラスとなっているので、フローの安全性は【「おおむね留保経常収支額」＋「運転資金のプラス」】でみることになる。

（2008年）

・【「おおむね留保経常収支額」666,713千円＋「運転資金のプラス」481,260千円】＝1,147,973千円＜「有利子負債の約定返済額」▲1,859,120千円（予定長期借入金等の返済額▲649,120千円＋予定短期借入金の返済額▲1,210,000千円）の絶対値。

・実際長期借入金等の返済額▲793,566千円・実際短期借入金の返済額はゼロであった。

【「おおむね留保経常収支額」＋「運転資金のプラス」】＝1,147,973千円＞予定長期借入金等の返済額▲649,120千円の絶対値なので、この差額で予定短期借入金の返済額の一部を返済することが可能であった。このためフローの安全性は不安定ながらの確保となる。営業CFの「その他」支出▲166,272千円（大半の内容が不明）は「臨時的なもの等」とする。

さらに、図表Ｖ－７をみてみよう。

【「おおむね留保経常収支額」666,713千円＋「運転資金のプラス」481,260千円】＝1,147,973千円は、運用欄の５・７の支出を賄えた。この調達超過額188,135千円と財務CFとの合計1,286,713千円が、投資CFの▲566,729千円の調達原資となった。このため、「現金及び現金同等物」は719,984千円の増加となり、換算差額▲1,463千円を加えると「現金及び現金同等物」718,521千円の増加となった。

この年度は、【「おおむね留保経常収支額」＋「運転資金のプラス」】＝1,147,973千円となった。そもそも、「運転資金のプラス」481,260千円が怪しい。前掲（参照P58のA）したように、売上債権＞仕入債務の体質で、売上高が増加すれば、通常、売上債権増加額はマイナス表示・仕入債務増加額はプラス表示。売上債権増加額と仕入債務増加額の差はマイナス表示となるのが原理である。

この年度の東京カソード研究所は、売上債権はマイナス表示ではなく、＋338,721千円となっている。両者の差もマイナス表示ではなく、＋819,796千円となっている。

この原因は何だろうか。実態は分からないが、推測できる原因を下記のような手法で検討することが大切である。

売上債権については当期決算期の回転期間は17日短く（前期決算期178日、当期決算期161日）なった。図表はないが、当期の1日平均売上高は41,522千円であるので、これに17日を掛けると、17日分の売上債権減少額となる705,874千円が算出される。この金額は、当期の回転期間を前期の回転期間である178日に引き戻すための金額である。そうなると、この金額は回収にはならないので、図表の売上債権＋338,721千円に705,874千円をマイナスすることになる。つまり、換算後の売上債権増減額は、▲367,153千円となるのである。

仕入債務については当期決算期の回転期間は4日長く（前期決算期81日、当期決算期85日）なった。当期1日平均売上高は41,522千円であるので、これに4日を掛けると、4日分の仕入債務増加額となる166,088千円が算出される。この金額は、当期の回転期間を前期の回転期間である81日に引き戻すための金額である。

そうなると、この金額は支払いをすることになるので、図表の仕入債務＋481,075千円に166,088千円をマイナスすることになる。つまり、換算後の仕入債務増減額は、＋314,987千円となるのである。

そうなれば、上記の動きは以下のとおりとなり、売上債権増加額と仕入債務増加額の差はマイナス表示となる。

・2008年（売上債権は178日・仕入債務は81日換算後の動き）
売上債権は▲367,153千円
仕入債務は＋314,987千円
合計差額は ▲52,166千円

これは、これまでの財務状態をみると、資金繰りが苦しくて、売上債権の回収は早く、仕入債務の支払いは遅くせざるを得なかったと推測もできる。そうなると、「運転資金のプラス」は「運転資金のマイナス」となるので、フローの安全性の不安定ながらの確保は怪しいものとなる。

中小企業では、このような取引条件の変更をしたとすれば、信用が失墜する可能性が出てくる。慎重に対処しなければ、風評倒産になることを案じなければならない。

次に、売上高が減少した2009年から2012年をみることにするが、実は深く検討するまでもなく、フローの安全性は確保されていなかった。これらの年度では、「正常な収益力」をベースとした「おおむね留保経常収支額」がマイナスとなったからだ。

以下に示しておいたので確認してほしい。

2009年・2010年・2011年・2012年の運転資金はプラスとなっているので、フローの安全性は【「おおむね留保経常収支額」＋「運転資金のプラス」】でみることになる。どの年度も「おおむね留保経常収支額」がマイナスとなったので、フローの安全性は確保されていなかった。

・2009年の【「おおむね留保経常収支額」▲1,420,136千円＋「運転資金のプラス」2,186,322千円】＝766,186千円は、予定長期借入金等の返済額▲932,580千円の絶対値を下回っている。
・2010年の【「おおむね留保経常収支額」▲970,185千円＋「運転資金のプラス」707,079千円】＝▲263,106千円であった。
・2011年の【「おおむね留保経常収支額」▲237,534千円＋「運転資金のプラス」403,555千円】＝166,021千円は、予定長期借入金等の返済額▲634,206千円の絶対値を下回っている。
・2012年の【「おおむね留保経常収支額」▲491,543千円＋「運転資金のプラス」73,186千円】＝▲418,357千円であった。

⑷ ストックの安全性②

次に、図表Ⅴ－10、Ⅴ－11により、ストックの安全性を確認する。

東京カソード研究所は、2008年・2009年も現金等＜有利子負債であった。倒産の3年前である2010年には、度重なる営業損失の計上のため資本の欠損状態となり、倒産1年前である2012年もこの状態から抜け出せないままであった。

・有利子負債の実数は、2010年3,653,882千円、2011年2,986,036千円、2012年2,544,724千円と小さくなっている。
・現金等の実数は、2010年2,254,566千円、2011年2,081,835千円、2012年1,416,878千円と年々減少しており、体力は減退している。

トレンドでみてもストックの安全性の確保・維持はされていなかったのだ。

❹ 総　括

東京カソード研究所は、これらの年度のキャッシュ体質図では、悪玉資産と善玉負債の差は、短期借入金で調達されている。これは、どこかの年度で運転資金がショートすることがあって、それを短期借入金で調達したが、返済できずに残っていたと考えられる。

なお、前述のとおり、売上高が減少した2009年・2010年・2011年・2012年は、「運転資金のプラス」となった。売上債権＞仕入債務の体質で、売上高減少の場合には両者の差はプラスとなり、営業損失の調達原資として活用されることがある。この現象は東京カソード研究所の特有の手法であったのか。いや、そうではない。

以下の原理を思い出していただきたい。これは当然の現象なのだ（参照P58）。

> **原　理**
>
> **売上債権＞仕入債務の体質で売上高が減少すれば、通常、売上債権減少額はプラス表示・仕入債務減少額はマイナス表示、売上債権減少額と仕入債務減少額の差はプラス表示となる。**

しかし、さらに売上高が減少すれば、売上債権減少額と仕入債務減少額の差のプラスは徐々に小さくなってしまうことが厄介なことである。東京カソード研究所の2009年の「売上債権減少額と仕入債務減少額の差のプラス」は2,189,196千円であったが、2011年は308,006千円、2012年は41,451千円となっていることからも分かるであろう。

> 東京カソード研究所は、2008年のリーマンショック以降の世界的不況や東日本大震災等の影響を受け、業績が急激に落ち込んだようだ。倒産の3年前である2010年には、度重なる営業損失の計上のため資本の欠損状態となり、倒産1年前である2012

年もこの状態から抜け出せないままであった。資本の欠損の増幅が倒産要因であることは間違いないが、2006年・2007年には、すでにフローの安全性は確保されていなかった。予定長期借入金等の返済すらできていなかったのだ。2007年には有利子負債の調達金額だけでは足りず、手持ちの「現金及び現金同等物」の多くを流出してしまって、体力はかなり減退していたのだ。

中小企業への教訓

☞「おおむね留保経常収支額」あるいは【「おおむね留保経常収支額」＋「運転資金のプラス」】が予定長期借入金等の返済額を上回り、その上回った金額で予定短期借入金の返済額ができれば、フローの安全性は確保できる。このまま行けば、いずれ既存の短期借入金の残は消えていく。

☞売上債権＞仕入債務の体質で、売上高減少の場合には両者の増減差はプラスとなり、営業損失の調達原資として活用される。しかし、このプラスは、売上高が減少し続ければ、いずれ小さくなり、営業損失の調達原資となり得なくなる。

Ⅵ 江守商事株式会社
～金融機関に頼り過ぎた経営で民事再生

江守商事㈱は1958年5月設立の化学薬品商社。染料や工業薬品、電子部品等の取引で拡大し、1994年2月に株式を店頭公開（現・ジャスダック）、2005年4月に東京証券取引所第2部に上場、2006年3月に同第1部に指定替えと、順調に成長。

2005年ごろから中国に進出し、2010年代前半には売上げの大半が中国向けとなったが、2014年以降中国経済の減速により中国子会社の取引先の信用リスク増加から貸倒引当金を計上し、大幅な債務超過に陥った。2015年5月、民事再生手続開始決定（負債総額711億円）。

❶ 概　　要

分析年度　2005年～2015年

運転資金の特徴

	悪玉資産・善玉負債	売上債権・仕入債務	売上高
2005年	悪玉資産＞善玉負債	売上債権＞仕入債務	⤴
2006年	悪玉資産＞善玉負債	売上債権＞仕入債務	⤴
2007年	悪玉資産＞善玉負債	売上債権＞仕入債務	⤴

2008年	悪玉資産＞善玉負債	売上債権＞仕入債務	⤴
2009年	悪玉資産＞善玉負債	売上債権＞仕入債務	⤵
2010年	悪玉資産＞善玉負債	売上債権＞仕入債務	⤵
2011年	悪玉資産＞善玉負債	売上債権＞仕入債務	⤴
2012年	悪玉資産＞善玉負債	売上債権＞仕入債務	⤴
2013年	悪玉資産＞善玉負債	売上債権＞仕入債務	⤴
2014年	悪玉資産＞善玉負債	売上債権＞仕入債務	⤴
2015年	悪玉資産＞善玉負債	売上債権＞仕入債務	⤴

⑴　ストックの安全性

2005年では、現金等＜有利子負債で、キャッシュ・プアの形となっている。第1フェーズでは、ストックの安全性は確保されていない。2005年から2015年まで、現金等＜有利子負債で、キャッシュ・プアの形となっている。両者の差は広がるばかりであった。2015年では、債務超過となってしまった。第2フェーズでは、ストックの安全性は確保・維持されていない。

⑵　フローの安全性

2005年は、フローの安全性は不安定ながらの確保となる。この年度では、「営業利益＋減価償却費」が「運転資金のマイナス」の絶対値に満たないことで、「運転資金のマイナス」は有利子負債で調達されている。大半の支出は、有利子負債で調達されている。金融機関との信頼関係によるものか。いずれにしても、資金繰りは厳しい状態であったのだろう。

2006年・2007年は、フローの安全性は確保されていなかった。2008年は、フローの安全性は不安定ながらの確保となる。この年度も、「営業利益＋減価償却費」は「運転資金のマイナス」の絶対値に満たないことで、「運転資金のマイナス」の大半は有利子負債で調達されている。大半の支出は、有利子負債で調達されている。資金繰りは厳しい状態であることには変わりはない。金融機関頼りの経営といわれても致し方ない状況だ。

2009年は、フローの安全性は確保されていなかった。2010年は、フローの安全性は不安定ながらの確保となる。

この年度は、「営業利益＋減価償却費」は「運転資金のマイナス」の絶対値をわずかに超えているだけである。「運転資金のマイナス」の全額は有利子負債で調達されている。有利子負債の返済を有利子負債で行っている。

2011年から2014年は、フローの安全性は不安定ながらの確保となるが、大半の年度で、「営業利益＋減価償却費」が「運転資金のマイナス」の絶対値に満たない。「運転資金のマイナス」の大半は有利子負債で調達されている。有利子負債の返済を有利子負債で行っている。

2015年は、フローの安全性は確保されていなかった。この年度も、「営業利益＋減価償却費」は「運転資金のマイナス」の絶対値に満たない。「運転資金のマイナス」の大半は有利子負債で調達されている。この年度も、有利子負債の返済を有利子負債で行っている。資金繰りは厳しい状態であることには変わりはない。相変わらず金融機関頼みの経営だ。

❷ 主要な経営指標等

江守商事の売上高は、2004年の売上高43,138,490千円を起点とすれば、前年対比で2005年から2008年まで増加していた。2009年と2010年は減少した。倒産した年の4年前の2011年から2015年まで再び増加した。

2015年以外、すべての年度で当期純利益は計上されていた。

「営業CFの結果」をみると、2007年と2009年以外は、すべての年度でマイナスが計上されていた。よくも11年間、ほとんどの年度で「営業CFの結果」がマイナスになったものだ。相当の体力があったのか。金融機関の信用を勝ち取っていたのか。不思議でたまらない。

❸ 安全性の分析

⑴ ストックの安全性①

まず、図表Ⅵ－1をみてみよう。

(2005年)

- 悪玉資産63.5%＞善玉負債42.1%なので、流動資金が不足していて、短期借入金・1年以内返済予定の長期借入金で調達されている。
- 脂肪資産29%＋「▲その他包括利益累計額」0.3%＜エネルギー資本30.1%なので、固定資金は余剰している。その余剰は現金等の一部の調達原資となっている。他の現金等は長期借入金で調達されている。
- 現金等7.4%＜有利子負債27.8%。
- 左側の最下位にあるものは「▲その他包括利益累計額」(0.3%)である。

この状態はキャッシュ・プアなので、第1フェーズではストックの安全性は確保されていない。

次に、図表Ⅵ－2、Ⅵ－3をご覧いただきたい。キャッシュ体質図の推移グラフだ。

2005年から2015年まで、現金等＜有利子負債で、キャッシュ・プアの形となっている。両者の差は広がるばかりであった。2015年では、債務超過となってしまった。ここまでで判断すると、第2フェーズではストックの安全性は確保・維持されていない。なお、2009年から2011年にも、左側の最下位にあるものは「▲その他包括利益累計額」である。

■図表Ⅵ－1　キャッシュ体質図(2005年)

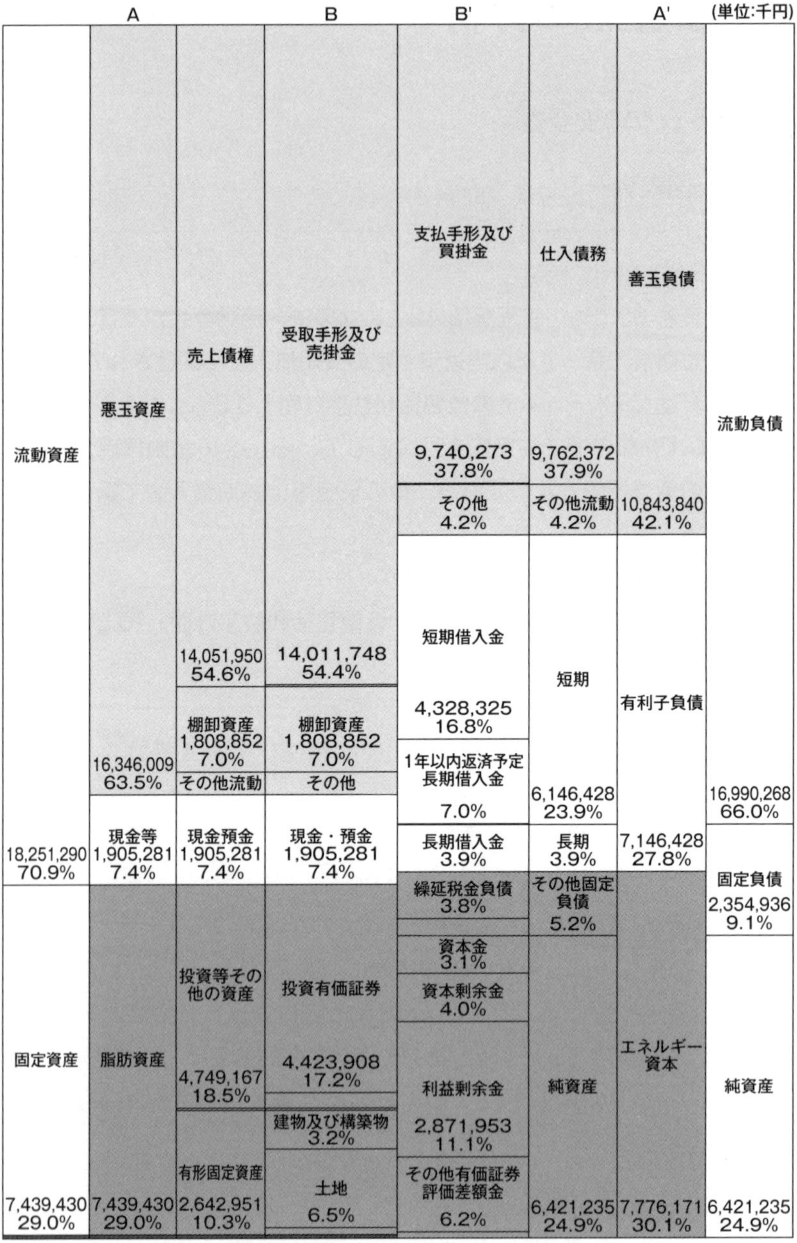

■図表Ⅵ−2　キャッシュ体質推移B

（単位:千円）

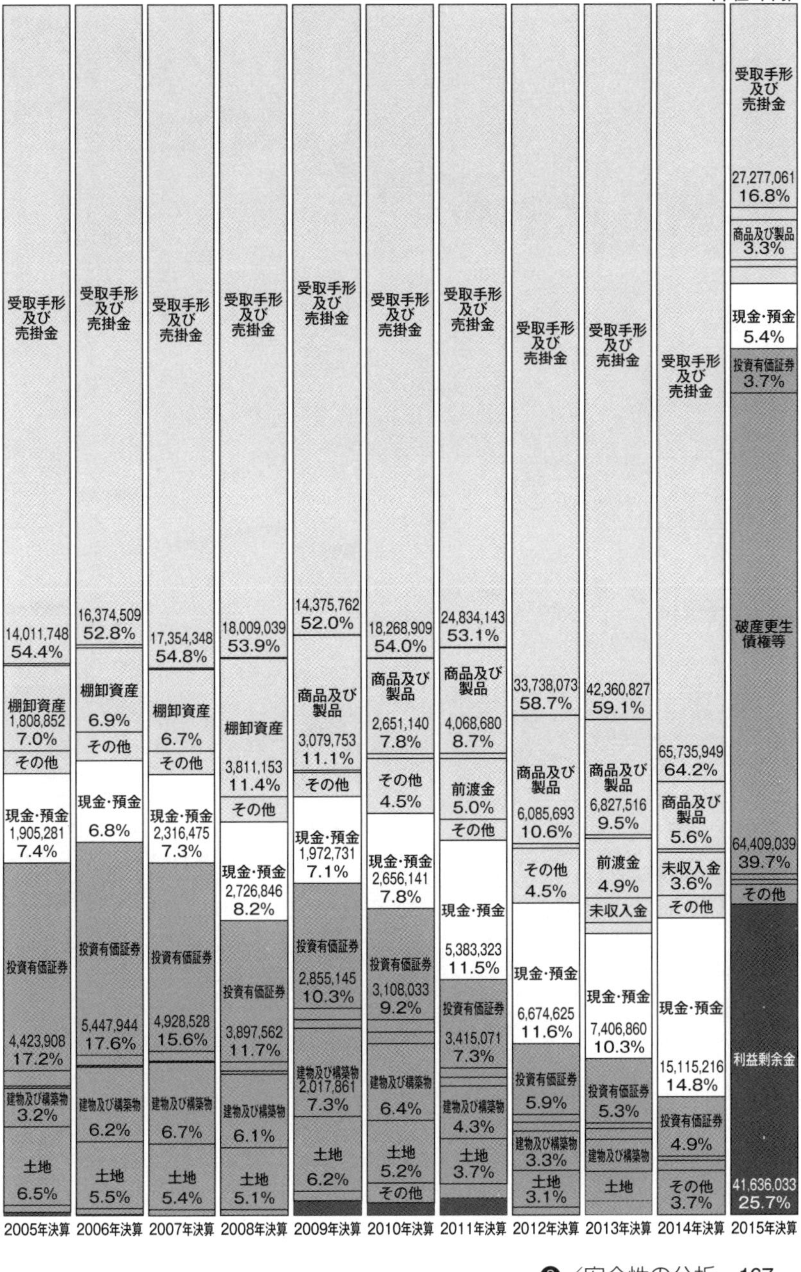

■図表Ⅵ−3　キャッシュ体質推移B'

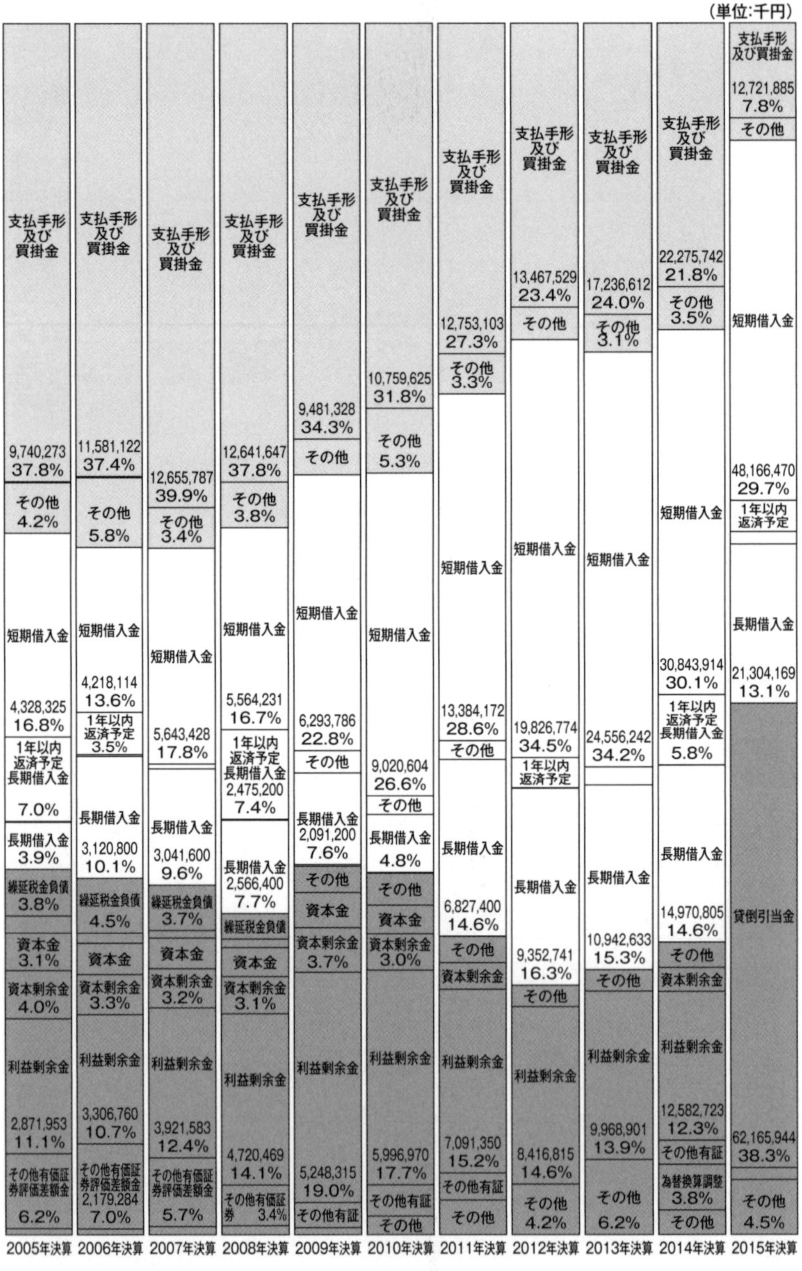

(2) フローの安全性①

図表Ⅵ－４～Ⅵ－８をみてみよう。

「運転資金のマイナス」は、短期借入金や当座借越などの有利子負債で調達されるのが一般的であるとはすでに述べたところである。

まずは、2008年までを確認する。江守商事は2005年・2006年・2008年の「運転資金のマイナス」を何で調達したのであろうか。2007年は「運転資金のプラス」となったが、それはどうしてだろうか。

（2005年）

・「おおむね留保経常収支額」638,339千円＜「有利子負債の約定返済額」▲3,817,385千円（予定長期借入金等の返済額▲49,500千円＋予定短期借入金の返済額▲3,767,885千円）の絶対値。

・実際長期借入金等の返済額▲49,500千円・実際短期借入金の返済額はゼロであった。

「おおむね留保経常収支額」638,339千円＞予定長期借入金等の返済額▲49,500千円の絶対値となるので、この差額で予定短期借入金の返済額の一部を返済することが可能であった。このためフローの安全性は不安定ながらの確保となる。営業CFの「その他」収入3,479千円（大半が内容不明）は「臨時的なもの等」とする。

図表Ⅵ－７により全体的なCFの動きをみてみよう。

「おおむね留保経常収支額」638,339千円は、運用欄の５の支出を賄えた。この超過分に営業CFの「その他」収入3,479千円を加えたものが、調達超過額592,318千円となった。この金額と財務CFの合計2,152,755千円は、「運転資金のマイナス」▲1,781,077千円・運用欄の財務CF（その他）▲144千円・投資CFの▲148,531千円の合計▲1,929,752千円の調達原資となった。このため、「現金及び現金同等物」は223,003千円の増加となった。こ

■図表Ⅵ−4　概略営業CF【「おおむね留保経常収支額」と返済額】

	営業CF	−1,029,091	−184,888	1,115,642	−991,181
		2005	2006	2007	2008
①	(営業利益)	1,265,130	1,304,477	1,273,866	1,634,459
②	減価償却費	108,588	99,873	174,711	192,714
③=①+②	合計	1,373,718	1,404,350	1,448,577	1,827,173
④	売上債権	−1,549,636	−2,066,864	−809,974	−526,650
⑤	仕入債務	374,282	1,476,720	846,983	−171,658
⑥=④+⑤	合計	−1,175,354	−590,144	37,009	−698,308
⑦	棚卸資産	−605,723	−280,826	126,894	−1,630,216
⑧=⑥+⑦	合計	−1,781,077	−870,970	163,903	−2,328,524
⑨	受取利息·配当額	81,486	92,412	110,927	89,946
⑩	支払利息額	−50,614	−60,160	−71,417	−114,917
⑪	法人税等支払額	−656,083	−474,661	−603,694	−450,376
⑫=⑨+⑩+⑪	合計	−625,211	−442,409	−564,184	−475,347
⑬=⑭−(③+⑧+⑫)	「その他」合計	3,479	−275,859	67,346	−14,483
⑭	営業CF	−1,029,091	−184,888	1,115,642	−991,181
⑮=③	営業利益·減価償却費	1,373,718	1,404,350	1,448,577	1,827,173
⑯=⑫	利息·配当·法人税等	−625,211	−442,409	−564,184	−475,347
⑰	支払配当金	−110,168	−225,579	−241,314	−230,821
⑱=⑮+⑯+⑰	「おおむね留保経常収支額」	638,339	736,362	643,079	1,121,005
⑲	実際長期借入金等の返済額	49,500	800,000	1,072,600	85,800
⑳	予定長期借入金等の返済額	49,500	1,800,000	1,079,200	85,800
	実際長期借入金等の返済額				
	1年以内長期借入金	49,500	800,000	1,072,600	85,800
	1年以内社債				
	1年以内リース	0	0	0	0
	1年以内未払金				
	合計	49,500	800,000	1,072,600	85,800
	実際短期借入金の返済額				
	短期借入金	0	110,211	0	116,389
	合計	49,500	910,211	1,072,600	202,189
	予定長期借入金等の返済額				
	1年以内長期借入金	49,500	1,800,000	1,079,200	85,800
	1年以内社債				
	1年以内リース	0	0	0	0
	1年以内未払金				
	合計	49,500	1,800,000	1,079,200	85,800
	予定短期借入金の返済額				
	短期借入金	3,767,885	4,328,325	4,218,114	5,643,428
	合計	3,817,385	6,128,325	5,297,314	5,729,228

（単位:千円）

1,592,135	−717,625	−6,678,987	−6,915,518	−2,670,673	−5,197,677	−21,624,379
2009	2010	2011	2012	2013	2014	2015
1,447,204	1,861,792	2,450,594	2,704,999	3,139,799	5,577,786	4,383,909
246,895	369,209	361,529	348,510	321,933	252,120	392,413
1,694,099	2,231,001	2,812,123	3,053,509	3,461,732	5,829,906	4,776,322
2,725,427	−3,580,187	−7,298,317	−9,021,808	−5,322,960	−14,115,425	−13,592,974
−2,114,285	1,008,673	2,288,600	930,958	2,461,628	1,554,274	−11,986,837
611,142	−2,571,514	−5,009,717	−8,090,850	−2,861,332	−12,561,151	−25,579,811
226,507	522,821	−1,554,665	−2,178,619	−299,540	1,610,926	−62,695
837,649	−2,048,693	−6,564,382	−10,269,469	−3,160,872	−10,950,225	−25,642,506
111,975	50,061	98,716	84,279	154,120	270,596	289,424
−119,209	−133,182	−259,994	−354,496	−403,318	−843,463	−1,136,746
−896,870	−494,136	−903,216	−899,795	−946,594	−1,243,961	−1,861,318
−904,104	−577,257	−1,064,494	−1,170,012	−1,195,792	−1,816,828	−2,708,640
−35,509	−322,676	−1,862,234	1,470,454	−1,775,741	1,739,470	1,950,445
1,592,135	−717,625	−6,678,987	−6,915,518	−2,670,673	−5,197,677	−21,624,379
1,694,099	2,231,001	2,812,123	3,053,509	3,461,732	5,829,906	4,776,322
−904,104	−577,257	−1,064,494	−1,170,012	−1,195,792	−1,816,828	−2,708,640
−293,773	−297,118	−292,488	−375,356	−369,165	−695,067	−778,847
496,222	1,356,626	1,455,141	1,508,141	1,896,775	3,318,011	1,288,835
2,510,521	542,604	609,274	347,844	1,613,865	1,234,380	6,237,697
2,475,200	500,196	509,169	700,709	1,432,716	1,053,822	5,931,416
2,475,200	516,150	589,050	335,508	1,606,715	1,215,496	6,232,542
35,321	26,454	20,224	12,336	7,150	18,884	5,155
2,510,521	542,604	609,274	347,844	1,613,865	1,234,380	6,237,697
0	0	0	0	0	0	0
2,510,521	542,604	609,274	347,844	1,613,865	1,234,380	6,237,697
2,475,200	475,200	489,000	688,600	1,425,609	1,051,038	5,926,689
0	24,996	20,169	12,109	7,107	2,784	4,727
2,475,200	500,196	509,169	700,709	1,432,716	1,053,822	5,931,416
5,564,231	6,293,786	9,020,604	13,384,172	19,826,774	24,556,242	30,843,914
8,039,431	6,793,982	9,529,773	14,084,881	21,259,490	25,610,064	36,775,330

■図表Ⅵ−5　投資CFの収入・支出

【同種項目対応金額】	2005	2006	2007	2008	2009
①有形固定　売却	20,516	1,415	1,033	1,954	7,891
②有形固定　取得	150,131	833,789	1,010,010	153,319	305,962
差額①−②	−129,615	−832,374	−1,008,977	−151,365	−298,071
①投資有価証券　売却	518	130,298	117,754	35,043	1,869
②投資有価証券　取得	27,741	112,736	62,258	51,919	34,139
差額①−②	−27,223	17,562	55,496	−16,876	−32,270
①短期貸付金　回収	18,455	0	0	0	0
②短期貸付金　支出	0	0	0	0	0
差額①−②	18,455	0	0	0	0
①子会社株式　売却	0	0	0	0	0
②子会社株式　取得	24,179	0	18,386	18,543	8,652
差額①−②	−24,179	0	−18,386	−18,543	−8,652
①その他　収入	14,031	12,899	3,867	18,783	2,671
②その他　支出	0	0	0	0	0
差額①−②	14,031	12,899	3,867	18,783	2,671
差額合計	−148,531	−801,913	−968,000	−168,001	−336,322

（単位:千円）

2010	2011	2012	2013	2014	2015
12,086	30,329	6,367	1,434	78,173	5,782
177,230	370,476	596,696	915,078	800,118	418,853
−165,144	−340,147	−590,329	−913,644	−721,945	−413,071
0	4,739	8,549	1,625	74	98,529
30,119	31,559	32,732	84,148	40,780	55,258
−30,119	−26,820	−24,183	−82,523	−40,706	43,271
0	0	0	0	0	0
0	0	0	0	0	0
0	0	0	0	0	0
0	0	0	0	471,993	0
237,227	0	0	0	0	0
−237,227	0	0	0	471,993	0
0	0	0	20,233	0	0
16,942	30,657	17,177	0	39,996	202,332
−16,942	−30,657	−17,177	20,233	−39,996	−202,332
−449,432	−397,624	−631,689	−975,934	−330,654	−572,132

■図表Ⅵ−6　財務CFの収入・支出

【同種項目対応金額】	2005	2006	2007	2008
①短期借入金　収入	560,440	0	1,359,497	0
②短期借入金　支出	**0**	**110,211**	**0**	**116,389**
差額①−②	560,440	−110,211	1,359,497	−116,389
①長期借入金　収入	1,000,000	2,200,000	0	2,000,000
②長期借入金　支出	**49,500**	**800,000**	**1,072,600**	**85,800**
差額①−②	950,500	1,400,000	−1,072,600	1,914,200
①株式発行　収入	0	0	0	0
②株式　支出	0	0	0	0
差額①−②	0	0	0	0
①配当　収入	0	0	0	0
②配当　支出	110,168	225,579	241,314	230,821
差額①−②	−110,168	−225,579	−241,314	−230,821
①リース債務　収入	0	0	0	0
②リース債務　支出	**0**	**0**	**0**	**0**
差額①−②	0	0	0	0
①自己株式　収入	0	0	0	0
②自己株式　支出	0	0	0	0
差額①−②	0	0	0	0
①その他　収入	0	0	0	0
②その他　支出(赤は配当)	144	153	2,952	6,852
差額①−②	−144	−153	−2,952	−6,852
差額合計	1,400,628	1,064,057	42,631	1,560,138
【換算前】現金及び現金同等物の増減額	223,003	77,253	190,273	400,954
現金及び現金同等物に係る換算差額	−12,854	74,294	33,756	9,417
現金及び現金同等物の増減額	210,149	151,547	224,029	410,371
現金及び現金同等物の期首残高	1,695,131	1,905,281	2,092,446	2,316,475
連結関係の現金及び現金同等物の増減額	0	35,617	0	0
現金及び現金同等物の期末残高	1,905,281	2,092,446	2,316,475	2,726,846

太字は実際長期借入金等の返済額・実際短期借入金の返済額
網かけ は支払配当金

（単位：千円）

2009	2010	2011	2012	2013	2014	2015
894,935	2,742,293	4,881,322	6,137,623	3,187,628	2,041,284	12,156,591
0	**0**	**0**	**0**	**0**	**0**	**0**
894,935	2,742,293	4,881,322	6,137,623	3,187,628	2,041,284	12,156,591
0	0	6,000,000	3,461,222	2,306,882	9,954,600	10,086,252
2,475,200	**516,150**	**589,050**	**335,508**	**1,606,715**	**1,215,496**	**6,232,542**
−2,475,200	−516,150	5,410,950	3,125,714	700,167	8,739,104	3,853,710
0	0	0	0	0	1,971,879	0
0	0	0	0	0	0	0
0	0	0	0	0	1,971,879	0
0	0	0	0	0	0	0
293,773	272,789	272,789	356,724	367,215	466,963	776,897
−293,773	−272,789	−272,789	−356,724	−367,215	−466,963	−776,897
0	0	0	0	0	0	0
35,321	**26,454**	**20,224**	**12,336**	**7,150**	**18,884**	**5,155**
−35,321	−26,454	−20,224	−12,336	−7,150	−18,884	−5,155
0	0	0	0	0	0	0
0	0	0	33	39	231	40
0	0	0	−33	−39	−231	−40
0	0	0	0	0	0	0
0	24,329	19,699	18,632	1,950	228,104	1,950
0	−24,329	−19,699	−18,632	−1,950	−228,104	−1,950
−1,909,359	1,902,571	9,979,560	8,875,612	3,511,441	12,038,085	15,226,259
−653,546	735,511	2,902,945	1,328,402	−135,167	6,509,751	−6,970,252
−100,569	−52,101	−175,764	−37,100	867,402	1,198,604	564,369
−754,115	683,410	2,727,181	1,291,302	732,235	7,708,355	−6,405,883
2,726,846	1,972,731	2,656,141	5,383,323	6,674,625	7,406,860	15,115,216
0	0	0	0	0	0	0
1,972,731	2,656,141	5,383,323	6,674,625	7,406,860	15,115,216	8,709,332

■図表Ⅵ−7　キャッシュ運用表(2005年)

(単位:千円)

キャッシュの運用		キャッシュの調達	
1【利息・配当・法人税等の合計】	625,211	1【営業利益+減価償却費】	1,373,718
2 財務CF(支払配当金)	110,168	—	
3「おおむね留保経常収支額」	638,339	2「▲おおむね留保経常収支額」	0
1~3 TOTAL	1,373,718	1+2 TOTAL	1,373,718
4「▲おおむね留保経常収支額」	0	3「おおむね留保経常収支額」	638,339
5 実際長期借入金等の返済額	49,500	4「運転資金のプラス」	0
6 実際短期借入金の返済額	0	—	
7 営業CFマイナス「その他」	0	5 営業CFプラス「その他」	3,479
8 調達超過額	592,318	6 調達不足額	0
4~8 TOTAL	641,818	3~6 TOTAL	641,818
9 調達不足額	0	7 調達超過額	592,318
10「運転資金のマイナス」	1,781,077	8 財務CF(短期借入金)	560,440
—		9 財務CF(長期借入金)	1,000,000
—		10 財務CF(社債)	0
—		11 財務CF(増資)	0
11 財務CF(その他)	144	12 財務CF(その他)+端数調整額	−3
12 投資CFの支出額(純額)	148,531	13 投資CF(固定資産売却等)(純額)	0
13「現金及び現金同等物」増加額	223,003	14「現金及び現金同等物」減少額	0
9~13 TOTAL	2,152,755	7~14 TOTAL	2,152,755

※有価証券報告書では、各科目金額を足した計算金額と記載合計額とに差がある。このため、端数調整を行っている。

■図表Ⅵ−8　キャッシュ運用表(2008年)

(単位:千円)

キャッシュの運用		キャッシュの調達	
1【利息・配当・法人税等の合計】	475,347	1【営業利益+減価償却費】	1,827,173
2 財務CF(支払配当金)	230,821	—	
3「おおむね留保経常収支額」	1,121,005	2「▲おおむね留保経常収支額」	0
1~3 TOTAL	1,827,173	1+2 TOTAL	1,827,173
4「▲おおむね留保経常収支額」	0	3「おおむね留保経常収支額」	1,121,005
5 実際長期借入金等の返済額	85,800	4「運転資金のプラス」	0
6 実際短期借入金の返済額	116,389	—	
7 営業CFマイナス「その他」	14,483	5 営業CFプラス「その他」	0
8 調達超過額	904,333	6 調達不足額	0
4~8 TOTAL	1,121,005	3~6 TOTAL	1,121,005
9 調達不足額	0	7 調達超過額	904,333
10「運転資金のマイナス」	2,328,524	8 財務CF(短期借入金)	0
—		9 財務CF(長期借入金)	2,000,000
—		10 財務CF(社債)	0
—		11 財務CF(増資)	0
11 財務CF(その他)	6,852	12 財務CF(その他)+端数調整額	−2
12 投資CFの支出額(純額)	168,001	13 投資CF(固定資産売却等)(純額)	0
13「現金及び現金同等物」増加額	400,954	14「現金及び現金同等物」減少額	0
9~13 TOTAL	2,904,331	7~14 TOTAL	2,904,331

※有価証券報告書では、各科目金額を足した計算金額と記載合計額とに差がある。このため、端数調整を行っている。

■図表Ⅵ−9　キャッシュ運用表（2010年）

（単位:千円）

キャッシュの運用			キャッシュの調達		
1	【利息・配当・法人税等の合計】	577,257	1	【営業利益+減価償却費】	2,231,001
2	財務CF（支払配当金）	297,118		—	
3	「おおむね留保経常収支額」	1,356,626	2	「▲おおむね留保経常収支額」	0
	1~3 TOTAL	2,231,001		1+2 TOTAL	2,231,001
4	「▲おおむね留保経常収支額」	0	3	「おおむね留保経常収支額」	1,356,626
5	実際長期借入金等の返済額	542,604	4	「運転資金のプラス」	0
6	実際短期借入金の返済額	0		—	
7	営業CFマイナス「その他」	322,676	5	営業CFプラス「その他」	0
8	調達超過額	491,346	6	調達不足額	0
	4~8 TOTAL	1,356,626		3~6 TOTAL	1,356,626
9	調達不足額	0	7	調達超過額	491,346
10	「運転資金のマイナス」	2,048,693	8	財務CF（短期借入金）	2,742,293
	—		9	財務CF（長期借入金）	0
	—		10	財務CF（社債）	0
	—		11	財務CF（増資）	0
11	財務CF（その他）	0	12	財務CF（その他）+端数調整額	−3
12	投資CFの支出額（純額）	449,432	13	投資CF（固定資産売却等）（純額）	0
13	「現金及び現金同等物」増加額	735,511	14	「現金及び現金同等物」減少額	0
	9~13 TOTAL	3,233,636		7~14 TOTAL	3,233,636

※有価証券報告書では、各科目金額を足した計算金額と記載合計額とに差がある。このため、端数調整を行っている。

の金額に換算差額▲12,854千円を加えると、「現金及び現金同等物」は210,149千円の増加となった。

「営業利益＋減価償却費」と「運転資金のマイナス」の絶対値をみると、「営業利益＋減価償却費」1,373,718千円＜「運転資金のマイナス」▲1,781,077千円の絶対値となっている。こうなると、「運転資金のマイナス」が何かで調達されなければ、万事休す、となる。この年度の調達原資は財務CF以外には考えられない。「運転資金のマイナス」のうち▲1,373,718千円が、財務CFの1,560,437千円で調達されることによって「営業利益＋減価償却費」1,373,718千円は、大半が損益レベルから収支レベルとなり、大半が有利子負債で調達されたことになる。

「運転資金のマイナス」総額▲1,781,077千円の調達不足である▲220,640千円（1,560,437千円－1,781,077千円）の絶対値は、「営業利益

＋減価償却費」1,373,718千円に対して約16％となる。このため、この年度では、残りの約84％である1,153,078千円（1,373,718千円－220,640千円）で支出を賄えたことになる。

金融機関との信頼関係によるものか。いずれにしても、資金繰りは厳しい状態であったようだ。

（2006年）
・「おおむね留保経常収支額」736,362千円＜「有利子負債の約定返済額」▲6,128,325千円（予定長期借入金等の返済額▲1,800,000千円＋予定短期借入金の返済額▲4,328,325千円）の絶対値。
・実際長期借入金等の返済額▲800,000千円・実際短期借入金の返済額▲110,211千円であった。

「おおむね留保経常収支額」736,362千円＜予定長期借入金等の返済額▲1,800,000千円の絶対値となるので、フローの安全性は確保されていなかった。

2007年の運転資金はプラスとなっているので、フローの安全性は【「おおむね留保経常収支額」＋「運転資金のプラス」】でみることになる。

（2007年）
・【「おおむね留保経常収支額」643,079千円＋「運転資金のプラス」163,903千円】＝806,982千円＜「有利子負債の約定返済額」▲5,297,314千円（予定長期借入金等の返済額▲1,079,200千円＋予定短期借入金の返済額は▲4,218,114千円）の絶対値。
・実際長期借入金等の返済額▲1,072,600千円・実際短期借入金の返済額はゼロであった。

【「おおむね留保経常収支額」＋「運転資金のプラス」】＝806,982千円＜予定長期借入金等の返済額▲1,079,200千円の絶対値となるので、フローの安全性は確保されていなかった。

（2008年）
- 「おおむね留保経常収支額」1,121,005千円＜「有利子負債の約定返済額」▲5,729,228千円（予定長期借入金等の返済額▲85,800千円＋予定短期借入金の返済額▲5,643,428千円）の絶対値。
- 実際長期借入金等の返済額▲85,800千円、実際短期借入金の返済額▲116,389千円であった。

「おおむね留保経常収支額」1,121,005千円＞予定長期借入金等の返済額▲85,800千円の絶対値となるので、この差額で予定短期借入金の返済額の一部を返済することが可能であった。このためフローの安全性は不安定ながらの確保となる。営業CFの「その他」支出▲14,483千円（大半が内容不明）は「臨時的なもの等」とする。

次に、**図表Ⅵ－8**をみてみよう。

「おおむね留保経常収支額」1,121,005千円は、運用欄の5・6・7の支出を賄えた。調達超過額904,333千円と財務CFの合計2,904,331千円は、「運転資金のマイナス」▲2,328,524千円と運用欄の財務CF（その他）▲6,852千円と投資CFの▲168,001千円の合計▲2,503,377千円の調達原資となった。このため、「現金及び現金同等物」は400,954千円の増加となった。この金額に換算差額9,417千円を加えると、「現金及び現金同等物」は410,371千円の増加となった。

この背景では「営業利益＋減価償却費」1,827,173千円は「運転資金のマイナス」▲2,328,524千円の絶対値に満たなかった。この「運転資金のマイナス」の大半は有利子負債1,999,998千円で調達されている。そうなると、この年度も、大半の支出は、有利子負債で調達されたことになる。「運転資金のマイナス」総額▲2,328,524千円の調達不足である▲328,526千円（1,999,998千円－2,328,524千円）の絶対値は、「営業利益＋減価償却費」1,827,173千円に対して約18％となる。この年度では、残りの約82％である1,498,647千円（1,827,173千円－328,526千円）で支出を賄えたことになる。

資金繰りは厳しい状態であることには変わりはない。金融機関頼りの経営といわれても致し方ない状況だ。

⑶ ストックの安全性②

さて次に、**図表Ⅵ－10**を確認したい。

> **（2008年）**
> **・悪玉資産67.5％＞善玉負債41.6％なので、流動資金が不足していて、短期借入金と長期借入金で調達されている。**
> **・脂肪資産24.5％＜エネルギー資本26.5％なので、固定資金は余剰している。その余剰は現金等となっていて、残りの現金等は長期借入金で調達されている。**
> **・現金等8.2％＜有利子負債31.9％。**

江守商事はご多分に漏れず「運転資金のマイナス」を短期借入金・長期借入金で調達していた。「運転資金のマイナス」の要因が棚卸資産だ。2005年7％であったが、2008年では11.4％となった。かなりキャッシュが寝てしまっていた。これだけが原因ではないが、キャッシュ・プアの形となっているので、第1フェーズではストックの安全性は確保されていない。

⑷ フローの安全性②

ここで再度、前掲**図表Ⅵ－4～Ⅵ－6**と**Ⅵ－9**により、売上高が減少した2009年・2010年を確認する。当期純利益も計上され、「営業CFの結果」は2009年がプラスで、2010年がマイナスであった。江

■図表Ⅵ−10　キャッシュ体質図(2008年)

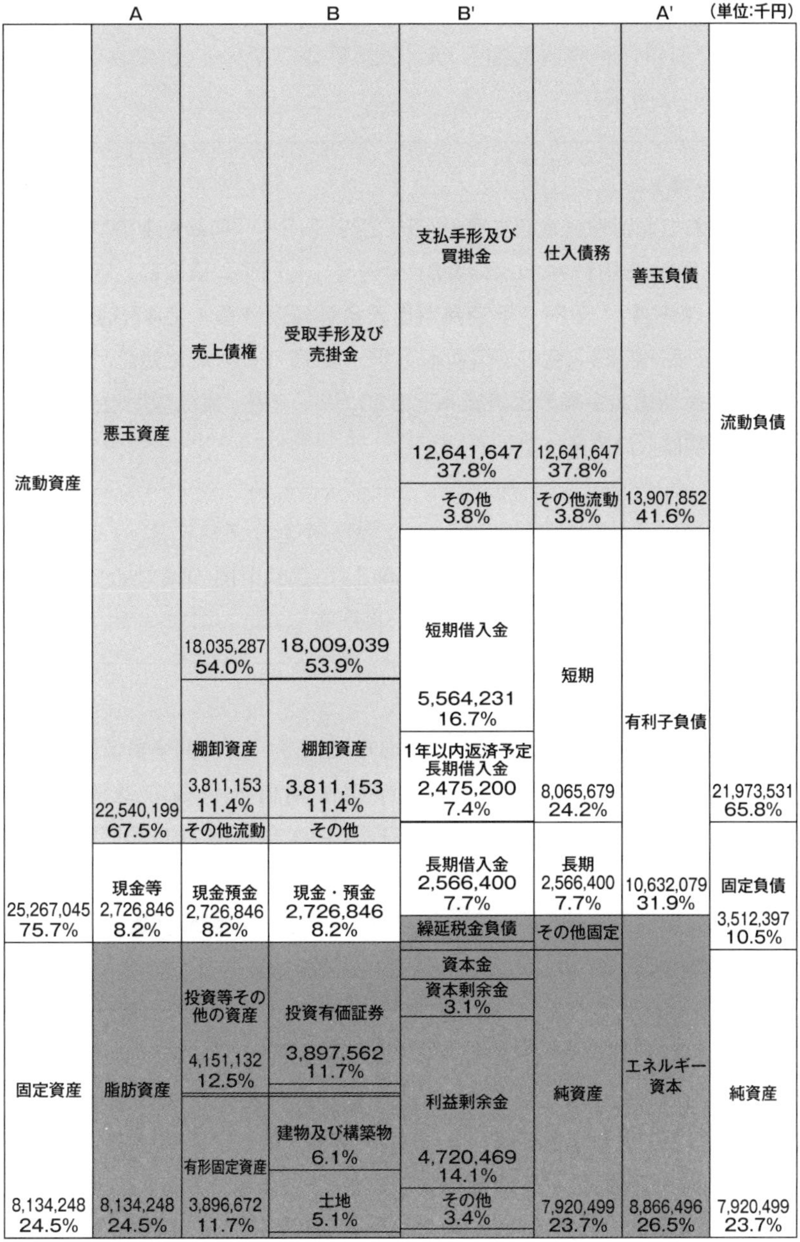

守商事は果たして返済はできていたのであろうか。

2009年の運転資金はプラスとなっているので、フローの安全性は【「おおむね留保経常収支額」＋「運転資金のプラス」】でみることになる。

（2009年）
- 【「おおむね留保経常収支額」496,222千円＋「運転資金のプラス」837,649千円】＝1,333,871千円＜「有利子負債の約定返済額」▲8,039,431千円（予定長期借入金等の返済額▲2,475,200千円＋予定短期借入金の返済額▲5,564,231千円）の絶対値。
- 実際長期借入金等の返済額▲2,510,521千円・実際短期借入金の返済額はゼロであった。

【「おおむね留保経常収支額」＋「運転資金のプラス」】＝1,333,871千円＜予定長期借入金等の返済額▲2,475,200千円の絶対値となるので、フローの安全性は確保されていなかった。

（2010年）
- 「おおむね留保経常収支額」1,356,626千円＜「有利子負債の約定返済額」▲6,793,982千円（予定長期借入金等の返済額▲500,196千円＋予定短期借入金の返済額▲6,293,786千円）の絶対値。
- 実際長期借入金等の返済額▲542,604千円・実際短期借入金の返済額はゼロであった。

「おおむね留保経常収支額」1,356,626千円＞予定長期借入金等の返済額▲500,196千円の絶対値となるので、この差額で予定短期借入金の返済額のわずかでも返済することが可能であった。このためフローの安全性は不安定ながらの確保となる。

営業CFの「その他」支出▲322,676千円（大半が内容不明）は「臨時的なもの等」とする。

さらに、**図表Ⅳ－9**により、全体的なCFの動きをみてみよう。

> 「おおむね留保経常収支額」1,356,626千円は、運用欄の5・7の支出を賄えた。この調達超過額491,346千円と財務CFの合計3,233,636千円は、「運転資金のマイナス」▲2,048,693千円と投資CFの▲449,432千円の合計▲2,498,125千円の調達原資となった。このため、「現金及び現金同等物」は735,511千円の増加となった。この金額に換算差額▲52,101千円を加えると、「現金及び現金同等物」は683,410千円の増加となった。

この背景では「営業利益＋減価償却費」2,231,001千円は「運転資金のマイナス」▲2,048,693千円の絶対値をわずかに超えている。「運転資金のマイナス」の全額は有利子負債2,742,290千円で調達されている。そうなると、実際長期借入金等の返済額▲542,604千円も有利子負債で調達されたことになる。これは、有利子負債の返済を有利子負債で行っていることを意味する。資金繰りは厳しい状態であることには変わりはない。

中小企業では、このような状況のとき、今後、相当な業績が見込めなければ、思い切って現金等や換金できる資産をもとに解散を視野に入れるべきである。また、不測の事態に備えて、できるだけ多くの現金等や換金可能な資産を保有できれば経営に余裕が生まれることを再認識させられた事例である。

最後に、売上高が増加していた2011年から2015年をみることにする。2015年以外、すべての年度で当期純利益は計上されていた。「営業CFの結果」をみると、すべての年度でマイナスが計上されていた。

2011年は「営業利益＋減価償却費」が「運転資金のマイナス」の絶対値を大きく下回っている。この「運転資金のマイナス」が主な要因で、「営業CFの結果」はマイナスとなった。2012年から2015年も全く同じパターンで、「営業CFの結果」はマイナスとなった。

この間は、売上高は増加していて、2015年以外は、当期純利益が計上されていても、「営業CFの結果」はマイナスとなっている。この状態が5年間も続いているわけだ。これは粉飾のパターンと同じである。

前掲（P65参照）したように、CF計算書は、運転資金に関わる粉飾の影響を受けないので、粉飾前のCFが算出される。

粉飾に使われる会計科目は主に売上債権・棚卸資産・仕入債務である。これらは、一般的には売上高と相関関係があるので、売上高が増加すると、これらも増加する。CF計算書では、粉飾した分だけ、売上債権・棚卸資産の増加はマイナス表示となり、仕入債務の増加はプラス表示となる。前者のマイナス金額の絶対値が、後者のプラス金額より多いので、差額はマイナス金額となる。このため、粉飾した売上高が増加・粉飾した当期純利益が計上されていても、粉飾した金額だけ「営業CFの結果」はマイナスとなる。

このような状態のときは、キャッシュがないはずなので、一般的には有利子負債が増える構図となる。

前掲**図表Ⅵ－2、Ⅵ－3**から、江守商事の有利子負債が2011年から急増していることが分かる。有利子負債の返済額が増加することで、今後のフローの安全性の確保については不安が残る。

江守商事は、果たしてこの返済はできていたのであろうか。

もう一度、**図表Ⅵ－4～Ⅵ－6**をみてみよう。

（2011年）

・「おおむね留保経常収支額」1,455,141千円＜「有利子負債の約定返済額」▲9,529,773千円（予定長期借入金等の返済額▲509,169千円＋予定短期借入金の返済額▲9,020,604千円）の絶対値。

・実際長期借入金等の返済額▲ 609,274千円・実際短期借入金の返済額はゼロであった。

「おおむね留保経常収支額」1,455,141千円＞予定長期借入金等の返済額▲ 509,169 千円の絶対値となるので、この差額で予定短期借入金の返済額の一部を返済することが可能であった。このためフローの安全性は不安定ながらの確保となる。

しかし、この年度も、「営業利益＋減価償却費」2,812,123 千円は、「運転資金のマイナス」▲ 6,564,382 千円の絶対値に満たない。「運転資金のマイナス」の全額は有利子負債 10,881,322 千円（短期借入金 4,881,322 千円＋長期借入金 6,000,000 千円）で調達されている。この年度も、有利子負債の返済を有利子負債で行っていることを意味する。資金繰りは厳しい状態であることには変わりはない。相変わらず金融機関頼みの経営だ。

（2012 年）

・「おおむね留保経常収支額」1,508,141 千円＜「有利子負債の約定返済額」▲ 14,084,881 千円（予定長期借入金等の返済額▲ 700,709 千円＋予定短期借入金の返済額 13,384,172 千円）の絶対値。

・実際長期借入金等の返済額▲ 347,844 千円・実際短期借入金の返済額はゼロであった。

「おおむね留保経常収支額」1,508,141 千円＞予定長期借入金等の返済額▲ 700,709 千円の絶対値となるので、この差額で予定短期借入金の返済額のわずかでも返済することが可能であった。このためフローの安全性は不安定ながらの確保となる。

しかし、この年度も、「営業利益＋減価償却費」の合計 3,053,509 千円は、「運転資金のマイナス」▲ 10,269,469 千円の絶対値に満たない。「運転資金のマイナス」の大半は有利子負債 9,598,845 千円（短期借入金 6,137,623 千円＋長期借入金 3,461,222 千円）で調達されている。

この年度も、有利子負債の返済を有利子負債で行っていることを意味する。資金繰りは厳しい状態であることには変わりはない。相変わらず金融機関頼みの経営だ。

（2013 年）

・「おおむね留保経常収支額」1,896,775 千円＜「有利子負債の約定返済額」▲ 21,259,490 千円（予定長期借入金等の返済額▲ 1,432,716 千円＋予定短期借入金の返済額▲ 19,826,774 千円）の絶対値。
・実際長期借入金等の返済額▲ 1,613,865 千円・実際短期借入金の返済額はゼロであった。

「おおむね留保経常収支額」1,896,775 千円＞予定長期借入金等の返済額▲ 1,432,716 千円の絶対値となるので、この差額で予定短期借入金の返済額のわずかでも返済することが可能であった。このためフローの安全性は不安定ながらの確保となる。

しかし、この年度も、「営業利益＋減価償却費」3,461,732 千円は、「運転資金のマイナス」▲ 3,160,872 千円の絶対値に近い。「運転資金のマイナス」の全額は有利子負債 5,494,510 千円（短期借入金 3,187,628 千円＋長期借入金 2,306,882 千円）で調達されている。

この年度も、有利子負債の返済を有利子負債で行っていることを意味する。資金繰りは厳しい状態であることには変わりはない。相変わらず金融機関頼みの経営だ。

（2014 年）

・「おおむね留保経常収支額」3,318,011 千円＜「有利子負債の約定返済額」▲ 25,610,064 千円（予定長期借入金等の返済額▲ 1,053,822 千円＋予定短期借入金の返済額は▲ 24,556,242 千円）の絶対値。
・実際長期借入金等の返済額▲ 1,234,380 千円・実際短期借入金の返済額はゼロであった。

「おおむね留保経常収支額」3,318,011 千円＞予定長期借入金等の返済額▲ 1,053,822 千円の絶対値となるので、この差額で予定短期借入金の返済額のわずかでも返済することが可能であった。このためフローの安全性は不安定ながらの確保となる。

しかし、この年度も、「営業利益＋減価償却費」5,829,906 千円は、「運転資金のマイナス」▲ 10,950,225 千円の絶対値に満たない。「運転資金のマイナス」の全額は有利子負債 11,995,884 千円（短期借入金 2,041,284 千円＋長期借入金 9,954,600 千円）で調達されている。この年度も、有利子負債の返済を有利子負債で行っていることを意味する。資金繰りは厳しい状態であることには変わりはない。相変わらず金融機関頼みの経営だ。

（2015 年）
- ・「おおむね留保経常収支額」1,288,835 千円＜「有利子負債の約定返済額」▲ 36,775,330 千円（予定長期借入金等の返済額▲ 5,931,416 千円＋予定短期借入金の返済額▲ 30,843,914 千円）の絶対値。
- ・実際長期借入金等の返済額▲ 6,237,697 千円・実際短期借入金の返済額はゼロであった。

「おおむね留保経常収支額」1,288,835 千円＜予定長期借入金等の返済額▲ 5,931,416 千円の絶対値となるので、フローの安全性は確保されていなかった。

このように、江守商事には体力はなかったことが分かった。金融機関の信用を勝ち取っていたといってよいのか。金融機関はフローの安全性についてどのように考えていたのか、聞いてみたいところだ。

この年度も、「営業利益＋減価償却費」4,776,322 千円は、「運転資金のマイナス」▲ 25,642,506 千円の絶対値に満たない。「運転資金のマイナス」の大半は有利子負債 22,242,843 千円（短期借入金 12,156,591 千円＋長期借入金 10,086,252 千円）で調達されている。

この年度も、有利子負債の返済を有利子負債で行っていることを意味する。資金繰りは厳しい状態であることには変わりはない。相変わらず金融機関頼みの経営だ。

❹ 総　括

この後、江守商事は倒産した。当然といえば当然であろう。ここに至るまでに、改善を図ったこともあるだろうが、金融機関もよくお付き合いをしたものだ。

いずれにしても、「営業利益＋減価償却費」が、「運転資金のマイナス」の絶対値に満たない財務状態は、江守商事のような結末を迎えることを、しっかり理解しなければならない。営業利益の拡大と取引条件の大切さを感じ取っていただきたい。

2015年では、中国子会社の取引先の信用リスク増加等を受けて、多額の貸倒引当金を繰り入れたことにより、「債務超過」に陥った。また手元資金に比べて短期借入金及び1年以内返済予定の長期借入金残高の水準が高いこと等により、「継続企業の前提に重要な疑義を生じさせるような状況が存在している」と判断された。

このことが倒産要因となったことに間違いはないが、それは結果であって、根本的にはそれだけではない。

2011年から2015年は、大半の年度で、「営業利益＋減価償却費」が「運転資金のマイナス」の絶対値に大きく満たないことだ。「運転資金のマイナス」の大半は有利子負債で調達されていて、有利子負債の返済を有利子負債で行っている。資金繰りは厳しい状態であることには変わりはない。金融機関頼みの経営だった。

中小企業への教訓

☞短期借入金に依存し、返済が滞るようであれば、現金等や換金できる資産をもとに解散を視野に入れるべきである。また、不測の事態に備えて、できるだけ多くの現金等や換金可能な資産を保有できれば経営に余裕が生まれる。

☞粉飾していれば、CF 計算書では、その分だけ、売上債権・棚卸資産の増加はマイナス表示となり、仕入債務の増加はプラス表示となる。前者のマイナス金額が、後者のプラス金額より絶対値が多いので、差額はマイナス金額となる。このため、粉飾した売上高の増加・粉飾した当期純利益が計上されていても、粉飾した金額だけ「営業 CF の結果」はマイナス表示となる。

☞営業利益の拡大と取引条件の大切さを感じ取っていただきたい。

Ⅶ トスコ株式会社
～資産売却・増資するも長期の営業損失で会社更生

トスコ株式会社は1918年3月に設立された各種繊維・繊維製品の製造・加工・販売業者。1961年9月に東京証券取引所第2部に上場、積極的な海外展開で成長した。
近年、海外製品の低価格化や気候不順などから売上減少に転じ、2003年度まで14期連続で経常赤字を計上。財務体質の強化を図ったが、収益は回復せず、2008年5月に会社更生手続開始（負債総額32億7,390万円）。

❶ 概　　要

分析年度　2005年～2007年

運転資金の特徴

	悪玉資産・善玉負債	売上債権・仕入債務	売上高
2005年	悪玉資産＞善玉負債	売上債権＞仕入債務	↘
2006年	悪玉資産＞善玉負債	売上債権＞仕入債務	↘
2007年	悪玉資産＞善玉負債	売上債権＞仕入債務	↘

(1)　ストックの安全性

2005年では、現金等＜有利子負債で、キャッシュ・プアの形となっている。第1フェーズではストックの安全性は確保されていない。2006年・2007年もキャッシュ・プアの形となっていた。第2フェーズでは、トレンドをみると、ストックの安全性は全く確保・維持されていなかった。

(2) フローの安全性

2005年は、フローの安全性は不安定ながらの確保となる。主に実際短期借入金の返済を投資物件の売却金額や「現金及び現金同等物」で行っている。金融機関からの信用が欠落していて、やむなく投資物件を売却せざるを得なかったのか。

2006年・2007年では、「正常な収益力」をベースとした「おおむね留保経常収支額」がマイナスとなったので、フローの安全性は確保されていなかった。2006年では、大半の支出が、主に株式発行収入・有形固定資産の売却等で調達された。2007年は、いよいよ、末期症状から末期になったようだ。金融機関からの融資はわずかな金額であった。この3年間は、資本の欠損状態であった。

❷ 主要な経営指標等

トスコの売上高は2004年の売上高10,542,259千円を起点とすれば、前年対比で2005年はやや減少し、2006年は大きく減少し、2007年はやや減少した。

当期純利益は2005年だけが計上されていた。「営業CFの結果」をみると、2005年だけがプラスであった。

❸ 安全性の分析

(1) ストックの安全性

まず、**図表Ⅶ－1**（2005年のキャッシュ体質図）をみると、資本

■図表Ⅶ－1　キャッシュ体質図（2005年）

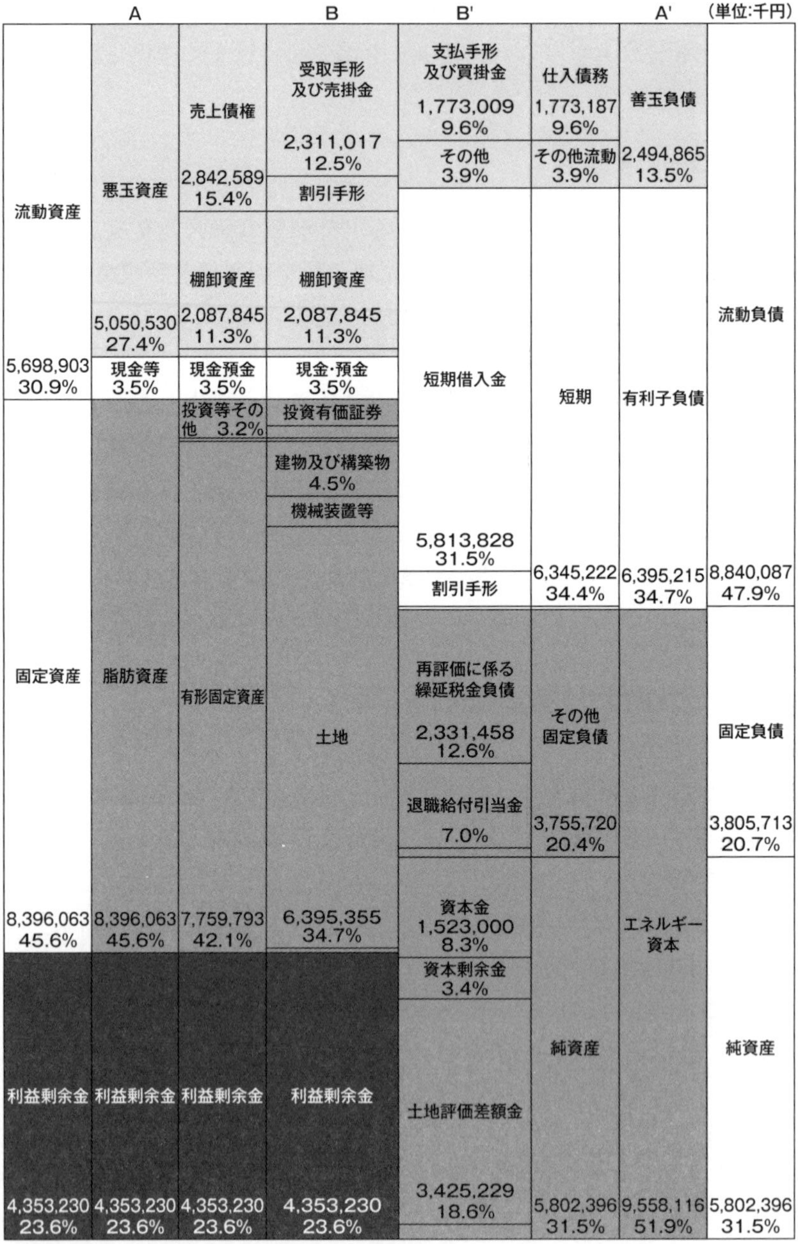

の欠損となっている。資金繰りは、かなり苦しい状況にあったと推測する。

> (2005年)
> ・悪玉資産27.4%>善玉負債13.5%なので、流動資金が不足していて、短期借入金で調達されている。
> ・脂肪資産45.6%と▲利益剰余金23.6%>エネルギー資本51.9%なので、固定資金も不足している。その不足は短期借入金と割引手形等で調達されている。現金等も短期借入金で調達されている。
> ・現金等3.5%<有利子負債34.7%。

この状態はキャッシュ・プアなので、ストックの安全性は全く確保されていない。

2005年では、有利子負債の返済を投資物件の売却金額で行っていた(後掲図表Ⅶ－7参照)が、2006年では、主に投資物件の売却金額・株式発行収入金額で行っている。苦肉の策であったと推察する。

次に、図表Ⅶ－2、Ⅶ－3をみてみよう。

> (2006年)
> 土地は当期4,712,515千円(28.4%)、前期6,395,355千円(34.7%)となっている。資本金は当期2,536,540千円(15.3%)、前期1,523,000千円(8.3%)となり、資本剰余金は当期1,635,893千円(9.9%)、前期627,773千円(3.4%)となっている。この結果、短期借入金は当期3,888,641千円(23.5%)、前期5,813,828千円(31.5%)とかなり小さくなった。しかし、まだ資本の欠損は消えていない。

金融機関からの信用が欠落していて、やむなく投資物件を売却せざるを得なかったのだろう。

2007年の段階で第2フェーズのトレンドをみると、現金等<有利

■図表Ⅶ−2　キャッシュ体質推移B

（単位:千円）

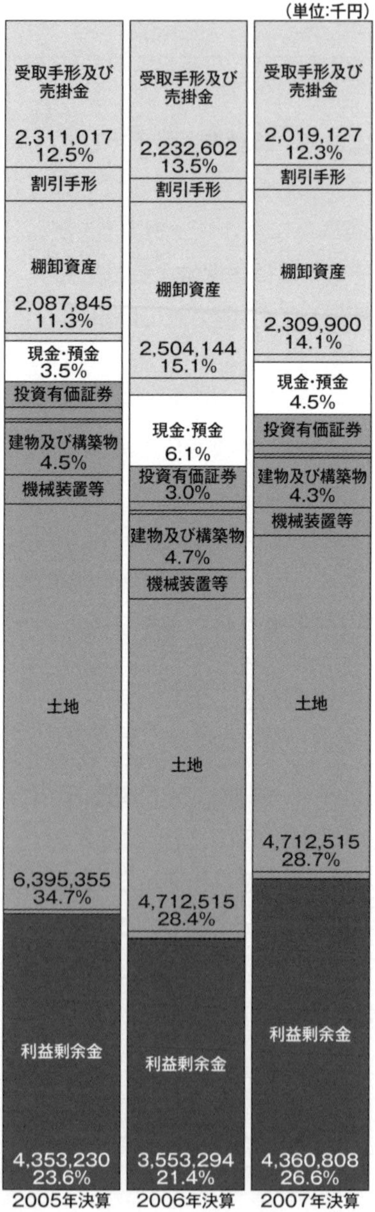

■図表Ⅶ−3　キャッシュ体質推移B'

（単位:千円）

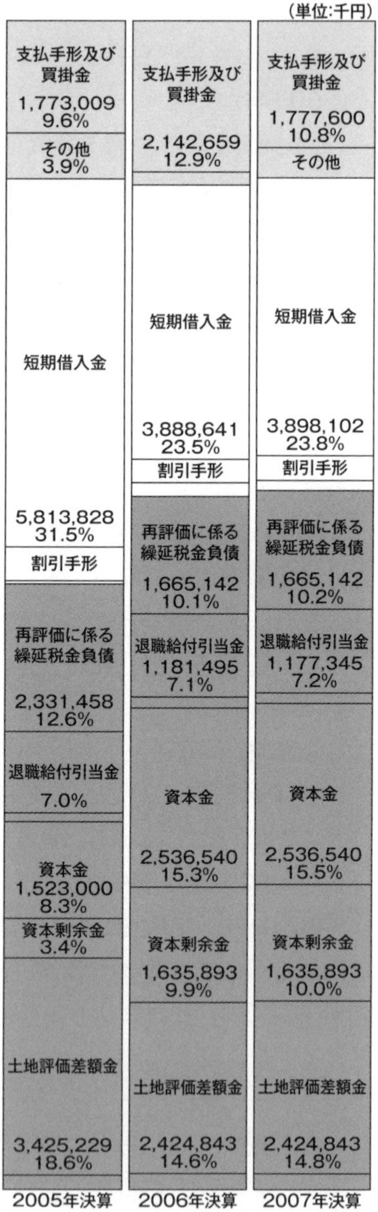

子負債で、キャッシュ・プアの形となっている。ストックの安全性は全く確保・維持されていない。

(2) フローの安全性

図表Ⅶ－４～Ⅶ－８をご覧いただきたい。

2005年・2006年・2007年の運転資金はプラスとなっているので、フローの安全性は【「おおむね留保経常収支額」+「運転資金のプラス」】でみることになる。

> (2005年)
> ・【「おおむね留保経常収支額」243,019千円＋「運転資金のプラス」202,514千円】＝445,533千円＜「有利子負債の約定返済額」▲8,227,409千円（予定長期借入金等の返済額▲106,955千円＋予定短期借入金の返済額▲8,120,454千円）の絶対値。
> ・実際長期借入金等の返済額▲156,264千円・実際短期借入金の返済額▲2,376,763千円であった。

【「おおむね留保経常収支額」243,019千円＋「運転資金のプラス」202,514千円】＝445,533千円＞予定長期借入金等の返済額▲106,955千円の絶対値となるので、この差額で予定短期借入金の返済額のわずかでも返済することが可能であった。このためフローの安全性は不安定ながらの確保となる。営業CFの「その他」支出▲360,243千円（主に割引手形の減少）は「臨時的なもの等」とする。

次に**図表Ⅶ－７**から、全体的なCFの動きをみてみよう。

> 【「おおむね留保経常収支額」243,019千円＋「運転資金のプラス」202,514千円】＝445,533千円は、運用欄の５・６・７の支出を賄えなかった。この調達不足額▲2,447,737千円と運用欄の財務CF（その他）▲3,755千円の合計▲2,451,492千円は、投資CFと「現金及び現金同等物」の合計で調達された。このため、「現金及び現金同

■図表Ⅶ−4　概略営業CF【「おおむね留保経常収支額」と返済額】

（単位：千円）

	営業CF	86,310	−496,771	−539,046
		2005	2006	2007
①	（営業利益）	238,969	−175,857	−518,095
②	減価償却費	143,036	157,779	136,687
③=①+②	合計	382,005	−18,078	−381,408
④	売上債権	336,496	296,653	201,234
⑤	仕入債務	−232,997	369,444	−365,101
⑥=④+⑤	合計	103,499	666,097	−163,867
⑦	棚卸資産	99,015	−388,725	205,252
⑧=⑥+⑦	合計	202,514	277,372	41,385
⑨	受取利息・配当額	7,184	6,142	6,758
⑩	支払利息額	−138,055	−104,961	−111,740
⑪	法人税等支払額	−7,095	−162,550	−6,178
⑫=⑨+⑩+⑪	合計	−137,966	−261,369	−111,160
⑬=⑭−（③+⑧+⑫）	「その他」合計	−360,243	−494,696	−87,863
⑭	営業CF	86,310	−496,771	−539,046
⑮=③	営業利益・減価償却費	382,005	−18,078	−381,408
⑯=⑫	利息・配当・法人税等	−137,966	−261,369	−111,160
⑰	支払配当金	−1,020	0	0
⑱=⑮+⑯+⑰	「おおむね留保経常収支額」	243,019	−279,447	−492,568
⑲	実際長期借入金等の返済額	156,264	103,645	52,826
⑳	予定長期借入金等の返済額	106,955	39,893	52,826
	実際長期借入金等の返済額			
	1年以内長期借入金	156,264	103,645	52,826
	1年以内社債			
	1年以内リース			
	1年以内未払金			
	合計	156,264	103,645	52,826
	実際短期借入金の返済額			
	短期借入金	2,376,763	1,946,021	0
	合計	2,533,027	2,049,666	52,826
	予定長期借入金等の返済額			
	1年以内長期借入金	106,955	39,893	52,826
	1年以内社債			
	1年以内リース			
	1年以内未払金			
	合計	106,955	39,893	52,826
	予定短期借入金の返済額			
	短期借入金	8,120,454	5,773,935	3,835,815
	合計	8,227,409	5,813,828	3,888,641

■図表Ⅶ−5　投資CFの収入・支出

（単位:千円）

【同種項目対応金額】	2005	2006	2007
①有形固定　売却	1,910,510	1,173,272	9,836
②有形固定　取得	339,217	150,963	73,883
差額①−②	1,571,293	1,022,309	-64,047
①投資有価証券　売却	3,015	10,930	10,306
②投資有価証券　取得	10,000	0	10,250
差額①−②	-6,985	10,930	56
①子会社株式　売却	0	0	0
②子会社株式　取得	0	179,860	8,105
差額①−②	0	-179,860	-8,105
①その他　収入	9,475	59,045	27,006
②その他　支出	243,408	112,147	55,242
差額①−②	-233,933	-53,102	-28,236
①その他　収入	974,744	0	387,500
②その他　支出	0	157,500	21,300
差額①−②	974,744	-157,500	366,200
差額合計	2,305,119	642,777	265,868

■図表Ⅶ−6　財務CFの収入・支出

（単位:千円）

【同種項目対応金額】	2005	2006	2007
①短期借入金　収入	0	0	7,129
②短期借入金　支出	**2,376,763**	**1,946,021**	**0**
差額①−②	-2,376,763	-1,946,021	7,129
①長期借入金　収入	0	270,000	0
②長期借入金　支出	**156,264**	**103,645**	**52,826**
差額①−②	-156,264	166,355	-52,826
①株式発行　収入	0	2,008,430	0
②株式　支出	0	0	0
差額①−②	0	2,008,430	0
①その他配当　収入	0	0	0
②その他配当　支出	1,020	0	0
差額①−②	-1,020	0	0
①その他　収入	0	0	0
②その他　支出	3,755	11,126	3,953
差額①−②	-3,755	-11,126	-3,953
差額合計	-2,537,802	217,638	-49,650
【換算前】現金及び現金同等物の増減額	-146,373	363,643	-322,828
現金及び現金同等物に係る換算差額	-3,600	16,436	5,220
現金及び現金同等物の増減額	-149,973	380,079	-317,608
現金及び現金同等物の期首残高	751,029	601,056	981,135
現金及び現金同等物の期末残高	601,056	981,135	663,527

太字は実際長期借入金等の返済額・実際短期借入金の返済額

網かけ は支払配当金

■図表Ⅶ−7　キャッシュ運用表（2005年）

（単位:千円）

キャッシュの運用			キャッシュの調達		
1	【利息・配当・法人税等の合計】	137,966	1	【営業利益＋減価償却費】	382,005
2	財務CF（支払配当金）	1,020		—	
3	「おおむね留保経常収支額」	243,019	2	「▲おおむね留保経常収支額」	0
	1~3 TOTAL	382,005		1+2 TOTAL	382,005
4	「▲おおむね留保経常収支額」	0	3	「おおむね留保経常収支額」	243,019
5	実際長期借入金等の返済額	156,264	4	「運転資金のプラス」	202,514
6	実際短期借入金の返済額	2,376,763		—	
7	営業CFマイナス「その他」	360,243	5	営業CFプラス「その他」	0
8	調達超過額	0	6	調達不足額	2,447,737
	4~8 TOTAL	2,893,270		3~6 TOTAL	2,893,270
9	調達不足額	2,447,737	7	調達超過額	0
10	「運転資金のマイナス」	0	8	財務CF（短期借入金）	0
	—		9	財務CF（長期借入金）	0
	—		10	財務CF（社債）	0
	—		11	財務CF（増資）	0
11	財務CF（その他）	3,755	12	財務CF（その他）＋端数調整額	0
12	投資CFの支出額（純額）	0	13	投資CF（固定資産売却等）（純額）	2,305,119
13	「現金及び現金同等物」増加額	0	14	「現金及び現金同等物」減少額	146,373
	9~13 TOTAL	2,451,492		7~14 TOTAL	2,451,492

※有価証券報告書では、各科目金額を足した計算金額と記載合計額とに差がある。このため、端数調整を行っている。

■図表Ⅶ−8　キャッシュ運用表（2006年）

（単位:千円）

キャッシュの運用			キャッシュの調達		
1	【利息・配当・法人税等の合計】	261,369	1	【営業利益＋減価償却費】	−18,078
2	財務CF（支払配当金）	0		—	
3	「おおむね留保経常収支額」	0	2	「▲おおむね留保経常収支額」	279,447
	1~3 TOTAL	261,369		1+2 TOTAL	261,369
4	「▲おおむね留保経常収支額」	279,447	3	「おおむね留保経常収支額」	0
5	実際長期借入金等の返済額	103,645	4	「運転資金のプラス」	277,372
6	実際短期借入金の返済額	1,946,021		—	
7	営業CFマイナス「その他」	494,696	5	営業CFプラス「その他」	0
8	調達超過額	0	6	調達不足額	2,546,437
	4~8 TOTAL	2,823,809		3~6 TOTAL	2,823,809
9	調達不足額	2,546,437	7	調達超過額	0
10	「運転資金のマイナス」	0	8	財務CF（短期借入金）	0
	—		9	財務CF（長期借入金）	270,000
	—		10	財務CF（社債）	0
	—		11	財務CF（増資）	2,008,430
11	財務CF（その他）	11,126	12	財務CF（その他）＋端数調整額	−1
12	投資CFの支出額（純額）	0	13	投資CF（固定資産売却等）（純額）	642,777
13	「現金及び現金同等物」増加額	363,643	14	「現金及び現金同等物」減少額	0
	9~13 TOTAL	2,921,206		7~14 TOTAL	2,921,206

※有価証券報告書では、各科目金額を足した計算金額と記載合計額とに差がある。このため、端数調整を行っている。

等物」は▲ 146,373 千円となった。この金額に換算差額▲ 3,600 千円を加えると、「現金及び現金同等物」▲ 149,973 千円となった。

このように主に実際短期借入金の返済を投資物件の売却金額や「現金及び現金同等物」で行っている。この年度では、金融機関からの信用が欠落していて、やむなく投資物件を売却せざるを得なかったのか。

(2006 年)
- 【「おおむね留保経常収支額」▲ 279,447 千円＋「運転資金のプラス」277,372 千円】＝▲ 2,075 千円。
- 予定長期借入金等の返済額▲ 39,893 千円・予定短期借入金の返済額▲ 5,773,935 千円。
- 実際長期借入金等の返済額▲ 103,645 千円と実際短期借入金の返済額▲ 1,946,021 千円。

【「おおむね留保経常収支額」▲ 279,447 千円＋「運転資金のプラス」277,372 千円】＝▲ 2,075 千円となっていた。「正常な収益力」をベースとした「おおむね留保経常収支額」がマイナスとなったので、フローの安全性は確保されていなかった。

さらに、**図表Ⅶ－８**をみてみよう。

【「おおむね留保経常収支額」▲ 279,447 千円＋「運転資金のプラス」277,372 千円】＝▲ 2,075 千円では、運用欄の５・６・７の支出を賄えなかった。この調達不足額▲ 2,546,437 千円と運用欄の財務 CF（その他）▲ 11,126 千円の合計▲ 2,557,563 千円は、財務 CF と投資 CF の合計 2,921,206 千円で調達された。このため、「現金及び現金同等物」は 363,643 千円の増加となった。この金額に換算差額 16,436 千円を加えると、「現金及び現金同等物」380,079 千円の増加額となった。

この年度は、主に株式発行収入・有形固定資産の売却等に支えられたことが分かる。

(2007年) 【「おおむね留保経常収支額」▲492,568千円＋「運転資金のプラス」41,385千円】＝▲451,183千円となっていた。

「正常な収益力」をベースとした「おおむね留保経常収支額」がマイナスとなったので、フローの安全性は確保されていなかった。

いよいよ、末期症状から末期になったようだ。金融機関からの融資はわずかな金額であった。この3年間は資本の欠損であった。

なぜ、ここまで頑張ってしまったのだろうか。

❹ 総　括

トスコのように、中小企業では世間体を気にしてか、あるいは経営者の見栄のためか、企業の換金できる資産を売却したり、経営者の個人財産を売却して企業につぎ込み、その財産が底をつくまで経営をし続ける経営者を何人もみてきた。

このように、企業につぎ込む資金があるのであれば、きれいに企業を解散して身軽になって再起を狙うことが大切である。

中小企業では、これを実行するとなるとなかなか判断が難しいだろうが、企業をきれいに解散させることは逃避ではなく、新たな出発としてとらえるべきであろう。

なお、2007年では割引手形の増加16,570千円がある。これは、負債の増加なのでプラス表示となる。体力がない中小企業では割引を行っていることが多く見受けられる。割引手形の増減は営業CFに入れることになっている。

割引手形の減少は「運転資金のマイナス」を増やしてしまい、「営業CFの結果」はその分減少する。

資金繰りが苦しいから利息を支払ってまでも、手形の割引をするわけである。割引手形の増加は「運転資金のプラス」を増やしてしまい、「営業CFの結果」はその分増加する。いかにも営業収入が増えたようにみえる。不渡りとなれば、手形の買戻しを行わなければならない。このため割引手形は有利子負債として、財務CFに入れるべきであるとの考えもある。割引手形を行っている企業は、この増減額を営業CFから財務CFに振り替えてみて、一考する価値はあると考える。

トスコは、1990年から2003年まで深刻な業績悪化に陥った。2006年・2007年では営業損失が計上された。収益の好転が見込めないことが倒産の要因だ。

中小企業への教訓

☞企業の換金できる資産を売却したり、経営者の個人財産を売却して企業につぎ込む資金があるのであれば、きれいに企業を解散して身軽になって再起を狙うことが大切である。

☞割引手形の増減は営業CFから外して、財務CFに入れて考える。

Ⅷ 株式会社アリサカ
～過剰投資が財務基盤の悪化を招き会社更生

㈱アリサカは、九州を中心にゲームセンター、ボウリング場、カラオケルーム等を展開したアミューズメント会社。1978年10月設立。2002年ジャスダックに株式上場。

同業者店舗を積極的に買収する手法で成長したが、有利子負債が大きく膨らみ、財務基盤が脆弱となった上、棚卸の過大計上、架空経費の計上等の粉飾決算が明るみになり、2008年5月に会社更生手続開始となった（負債総額135億3,207万円）。

❶ 概　　要

分析年度　2005年～2007年

運転資金の特徴

	悪玉資産・善玉負債	売上債権・仕入債務	売上高
2005年	悪玉資産＞善玉負債	売上債権≒仕入債務	⤴
2006年	悪玉資産＞善玉負債	売上債権＞仕入債務	⤴
2007年	悪玉資産＞善玉負債	売上債権＜仕入債務	⤴

⑴　ストックの安全性

2005年では、現金等＜有利子負債で、キャッシュ・プアの形となっている。このため、第1フェーズでは、ストックの安全性は確保されていなかった。

トレンドでも現金等＜有利子負債で、キャッシュ・プアの形となっている。このため、第2フェーズでは、ストックの安全性は確保・維持されていなかった。

⑵　フローの安全性

2005年・2006年では、フローの安全性は確保されていなかった。2005年では、「おおむね留保経常収支額」の金額だけでは、予定長期借入金等の返済ができなかった。株式発行収入があったものの、大半は有利子負債が調達原資となったのである。2006年も、「おおむね留保経常収支額」の金額だけでは、予定長期借入金等の返済ができなかった。大半、有利子負債が調達原資となったのである。相変わらず金融機関頼みの経営であった。

2007年は、フローの安全性は不安定ながらの確保となる。この年度は、「おおむね留保経常収支額」が予定長期借入金等の返済額をわずかに上回った。予定短期借入金の返済はなかった。フローの安全性が確保できる兆しがあったが、あまりにも有利子負債の残金が多すぎる。

❷　主要な経営指標等

アリサカの売上高は2004年の売上高5,451,060千円を起点とすれば、前年対比で2005年・2006年・2007年において、すべての年度で増加していた。当期純利益もすべての年度で計上され、「営業CFの結果」もすべての年度でプラスであった。この素晴らしい業績でどうして倒産したのだろうか。

■図表Ⅷ－1　概略営業CF【「おおむね留保経常収支額」と返済額】

（単位：千円）

	営業CF	998,004	1,869,537	2,698,783
		2005	2006	2007
①	（営業利益）	655,352	570,318	694,139
②	減価償却費	799,920	1,646,368	2,184,212
③＝①＋②	合計	1,455,272	2,216,686	2,878,351
④	売上債権	0	−103,305	83,116
⑤	仕入債務	19,000	73,100	99,500
⑥＝④＋⑤	合計	19,000	−30,205	182,616
⑦	棚卸資産	−81,262	−89,295	−133,251
⑧＝⑥＋⑦	合計	−62,262	−119,500	49,365
⑨	受取利息・配当額	1,492	2,335	3,090
⑩	支払利息額	−258,422	−260,503	−326,004
⑪	法人税等支払額	−199,164	−34,512	−111,266
⑫＝⑨＋⑩＋⑪	合計	−456,094	−292,680	−434,180
⑬＝⑭－（③＋⑧＋⑫）	「その他」合計	61,088	65,031	205,247
⑭	営業CF	998,004	1,869,537	2,698,783
⑮＝③	営業利益・減価償却費	1,455,272	2,216,686	2,878,351
⑯＝⑫	利息・配当・法人税等	−456,094	−292,680	−434,180
⑰	支払配当金	−65,135	−126,902	−116,719
⑱＝⑮＋⑯＋⑰	「おおむね留保経常収支額」	934,043	1,797,104	2,327,452
⑲	実際長期借入金等の返済額	2,410,650	2,255,606	2,371,185
⑳	予定長期借入金等の返済額	1,390,599	1,968,947	2,213,463
	実際長期借入金等の返済額			
	1年以内長期借入金	2,018,980	1,883,632	2,096,579
	1年以内社債	60,000	60,000	60,000
	1年以内リース			
	1年以内未払金	331,670	311,974	214,606
	合計	2,410,650	2,255,606	2,371,185
	実際短期借入金の返済額			
	短期借入金	0	0	0
	合計	2,410,650	2,255,606	2,371,185
	予定長期借入金等の返済額			
	1年以内長期借入金	1,248,393	1,554,212	1,907,962
	1年以内社債	0	60,000	60,000
	1年以内リース			
	1年以内未払金	142,206	354,735	245,501
	合計	1,390,599	1,968,947	2,213,463
	予定短期借入金の返済額			
	短期借入金	821,000	868,500	970,000
	合計	2,211,599	2,837,447	3,183,463

■図表Ⅷ−2　投資CFの収入・支出

（単位:千円）

【同種項目対応金額】	2005	2006	2007
①定期預金　戻入	66,651	60,121	91,602
②定期預金　預入	60,121	91,602	104,609
差額①−②	6,530	−31,481	−13,007
①有形固定　売却	5,657	37,300	4,297
②有形固定　取得	1,897,855	2,998,294	4,076,390
差額①−②	−1,892,198	−2,960,994	−4,072,093
①投資有価証券　売却	0	0	37,066
②投資有価証券　取得	7,367	20,414	40,576
差額①−②	−7,367	−20,414	−3,510
①その他　収入	65,318	236,480	62,711
②その他　支出	383,641	672,501	863,367
差額①−②	−318,323	−436,021	−800,656
差額合計	−2,211,358	−3,448,910	−4,889,266

❸　安全性の分析

(1)　フローの安全性①

まず、図表Ⅷ−１〜Ⅷ−３をみてみよう。

（2005年）

・「おおむね留保経常収支額」934,043千円＜「有利子負債の約定返済額」▲2,211,599千円（予定長期借入金等の返済額▲1,390,599千円＋予定短期借入金の返済額▲821,000千円）の絶対値。

・実際長期借入金等の返済額▲2,410,650千円・実際短期借入金の返済額はゼロであった。

■図表Ⅷ−3　財務CFの収入・支出

（単位：千円）

【同種項目対応金額】	2005	2006	2007
①短期借入金　収入	47,500	101,500	400,000
②短期借入金　支出	**0**	**0**	**0**
差額①−②	47,500	101,500	400,000
①長期借入金　収入	3,425,000	4,150,000	3,965,000
②長期借入金　支出	**2,018,980**	**1,883,632**	**2,096,579**
差額①−②	1,406,020	2,266,368	1,868,421
①株式発行　収入	565,279	0	0
②株式　支出	0	0	0
差額①−②	565,279	0	0
①社債　収入	0	0	489,210
②社債　支出	**60,000**	**60,000**	**60,000**
差額①−②	−60,000	−60,000	429,210
①配当　収入	0	0	0
②配当　支出	65,135	126,902	116,719
差額①−②	−65,135	−126,902	−116,719
①自己株式　収入	0	0	0
②自己株式　支出	8,929	3,022	547
差額①−②	−8,929	−3,022	−547
①長期未払金　収入	0	0	0
②長期未払金　支出	**331,670**	**311,974**	**214,606**
差額①−②	−331,670	−311,974	−214,606
①設備手形	0	0	0
②設備手形　支出	150,860	93,469	55,584
差額①−②	−150,860	−93,469	−55,584
差額合計	1,402,205	1,772,501	2,310,175

現金及び現金同等物に係る換算差額	0	0	0
現金及び現金同等物の増減額	188,850	193,124	119,690
現金及び現金同等物の期首残高	414,074	602,924	847,398
合併関係の現金及び現金同等物の増減額	0	51,348	0
現金及び現金同等物の期末残高	602,924	847,398	967,089

太字は実際長期借入金等の返済額・実際短期借入金の返済額
網かけ は支払配当金

「おおむね留保経常収支額」934,043千円＜予定長期借入金等の返済額▲1,390,599千円の絶対値となるので、フローの安全性は確保されていなかった。営業CFの「その他」収入61,088千円（大半の内容は不明）は「臨時的なもの等」とする。

次に、**図表Ⅷ－4**から全体的なCFの動きを確認する。

> 「おおむね留保経常収支額」934,043千円だけでは、運用欄の5の支出を賄えなかった。営業CFの「その他」収入61,088千円が調達原資となったが、▲1,415,519千円の調達不足となった。この金額と「運転資金のマイナス」▲62,262千円と運用欄の財務CF（その他）▲159,789千円と投資CFの▲2,211,358千円の合計▲3,848,928千円は、財務CFの4,037,778千円で調達された。このため、「現金及び現金同等物」は188,850千円の増加となった。

この年度は、「おおむね留保経常収支額」の金額だけでは、実際長期借入金等の返済ができなかった。株式発行収入があったものの、大半は有利子負債が調達原資となったのである。金融機関頼みの経営であったのだ。

(2) ストックの安全性①

図表Ⅷ－7をご覧いただきたい。

> (2005年)
> - 悪玉資産6.0%＞善玉負債3.0%なので、流動資金が不足していて、短期借入金で調達されている。
> - 脂肪資産88.5%＞エネルギー資本22.3%なので、固定資金も不足している。その不足は大半が長期借入金で調達されている。現金等も主に短期借入金で調達されている。
> - 現金等5.6%＜有利子負債74.7%。

■図表Ⅷ－4　キャッシュ運用表(2005年)

(単位:千円)

キャッシュの運用			キャッシュの調達		
1	【利息·配当·法人税等の合計】	456,094	1	【営業利益+減価償却費】	1,455,272
2	財務CF(支払配当金)	65,135		—	
3	「おおむね留保経常収支額」	934,043	2	「▲おおむね留保経常収支額」	0
	1~3 TOTAL	1,455,272		1+2 TOTAL	1,455,272
4	「▲おおむね留保経常収支額」	0	3	「おおむね留保経常収支額」	934,043
5	実際長期借入金等の返済額	2,410,650	4	「運転資金のプラス」	0
6	実際短期借入金の返済額	0		—	
7	営業CFマイナス「その他」	0	5	営業CFプラス「その他」	61,088
8	調達超過額	0	6	調達不足額	1,415,519
	4~8 TOTAL	2,410,650		3~6 TOTAL	2,410,650
9	調達不足額	1,415,519	7	調達超過額	0
10	「運転資金のマイナス」	62,262	8	財務CF(短期借入金)	47,500
	—		9	財務CF(長期借入金)	3,425,000
	—		10	財務CF(社債その他)	0
	—		11	財務CF(増資)	565,279
11	財務CF(その他)	159,789	12	財務CF(その他)+端数調整額	−1
12	投資CFの支出額(純額)	2,211,358	13	投資CF(固定資産売却等)(純額)	0
13	「現金及び現金同等物」増加額	188,850	14	「現金及び現金同等物」減少額	0
	9~13 TOTAL	4,037,778		7~14 TOTAL	4,037,778

※有価証券報告書では、各科目金額を足した計算金額と記載合計額とに差がある。このため、端数調整を行っている。

■図表Ⅷ－5　キャッシュ運用表(2006年)

(単位:千円)

キャッシュの運用			キャッシュの調達		
1	【利息·配当·法人税等の合計】	292,680	1	【営業利益+減価償却費】	2,216,686
2	財務CF(支払配当金)	126,902		—	
3	「おおむね留保経常収支額」	1,797,104	2	「▲おおむね留保経常収支額」	0
	1~3 TOTAL	2,216,686		1+2 TOTAL	2,216,686
4	「▲おおむね留保経常収支額」	0	3	「おおむね留保経常収支額」	1,797,104
5	実際長期借入金等の返済額	2,255,606	4	「運転資金のプラス」	0
6	実際短期借入金の返済額	0		—	
7	営業CFマイナス「その他」	0	5	営業CFプラス「その他」	65,031
8	調達超過額	0	6	調達不足額	393,471
	4~8 TOTAL	2,255,606		3~6 TOTAL	2,255,606
9	調達不足額	393,471	7	調達超過額	0
10	「運転資金のマイナス」	119,500	8	財務CF(短期借入金)	101,500
	—		9	財務CF(長期借入金)	4,150,000
	—		10	財務CF(社債その他)	0
	—		11	財務CF(増資)	0
11	財務CF(その他)	96,491	12	財務CF(その他)+端数調整額	−4
12	投資CFの支出額(純額)	3,448,910	13	投資CF(固定資産売却等)(純額)	0
13	「現金及び現金同等物」増加額	193,124	14	「現金及び現金同等物」減少額	0
	9~13 TOTAL	4,251,496		7~14 TOTAL	4,251,496

※有価証券報告書では、各科目金額を足した計算金額と記載合計額とに差がある。このため、端数調整を行っている。

■図表Ⅷ−6　キャッシュ運用表（2007年）

（単位：千円）

キャッシュの運用			キャッシュの調達		
1	【利息・配当・法人税等の合計】	434,180	1	【営業利益＋減価償却費】	2,878,351
2	財務CF（支払配当金）	116,719		—	
3	「おおむね留保経常収支額」	2,327,452	2	「▲おおむね留保経常収支額」	0
	1~3 TOTAL	2,878,351		1+2 TOTAL	2,878,351
4	「▲おおむね留保経常収支額」	0	3	「おおむね留保経常収支額」	2,327,452
5	実際長期借入金等の返済額	2,371,185	4	「運転資金のプラス」	49,365
6	実際短期借入金の返済額	0		—	
7	営業CFマイナス「その他」	0	5	営業CFプラス「その他」	205,247
8	調達超過額	210,879	6	調達不足額	0
	4~8 TOTAL	2,582,064		3~6 TOTAL	2,582,064
9	調達不足額	0	7	調達超過額	210,879
10	「運転資金のマイナス」	0	8	財務CF（短期借入金）	400,000
	—		9	財務CF（長期借入金）	3,965,000
	—		10	財務CF（社債）	489,210
	—		11	財務CF（増資）	0
11	財務CF（その他）	56,131	12	財務CF（その他）＋端数調整額	−2
12	投資CFの支出額（純額）	4,889,266	13	投資CF（固定資産売却等）（純額）	0
13	「現金及び現金同等物」増加額	119,690	14	「現金及び現金同等物」減少額	0
	9~13 TOTAL	5,065,087		7~14 TOTAL	5,065,087

※有価証券報告書では、各科目金額を足した計算金額と記載合計額とに差がある。このため、端数調整を行っている。

このように、アリサカはご多分に漏れず流動資金ばかりではなく、固定資金も、手持ちの現金等も有利子負債で調達されていたのである。第１フェーズでは、キャッシュ・プアの形となっている。このため、ストックの安全性は確保されていなかった。

(3)　フローの安全性②

前掲図表Ⅷ−１～Ⅷ−３とⅧ−５、Ⅷ−６をみてみよう。

（2006年）

・「おおむね留保経常収支額」1,797,104千円＜「有利子負債の約定返済額」▲2,837,447千円（予定長期借入金等の返済額▲1,968,947千円＋予定短期借入金の返済額▲868,500千円）の絶対値。

・実際長期借入金等の返済額▲2,255,606千円・実際短期借入金の

■図表Ⅷ−7　キャッシュ体質図(2005年)

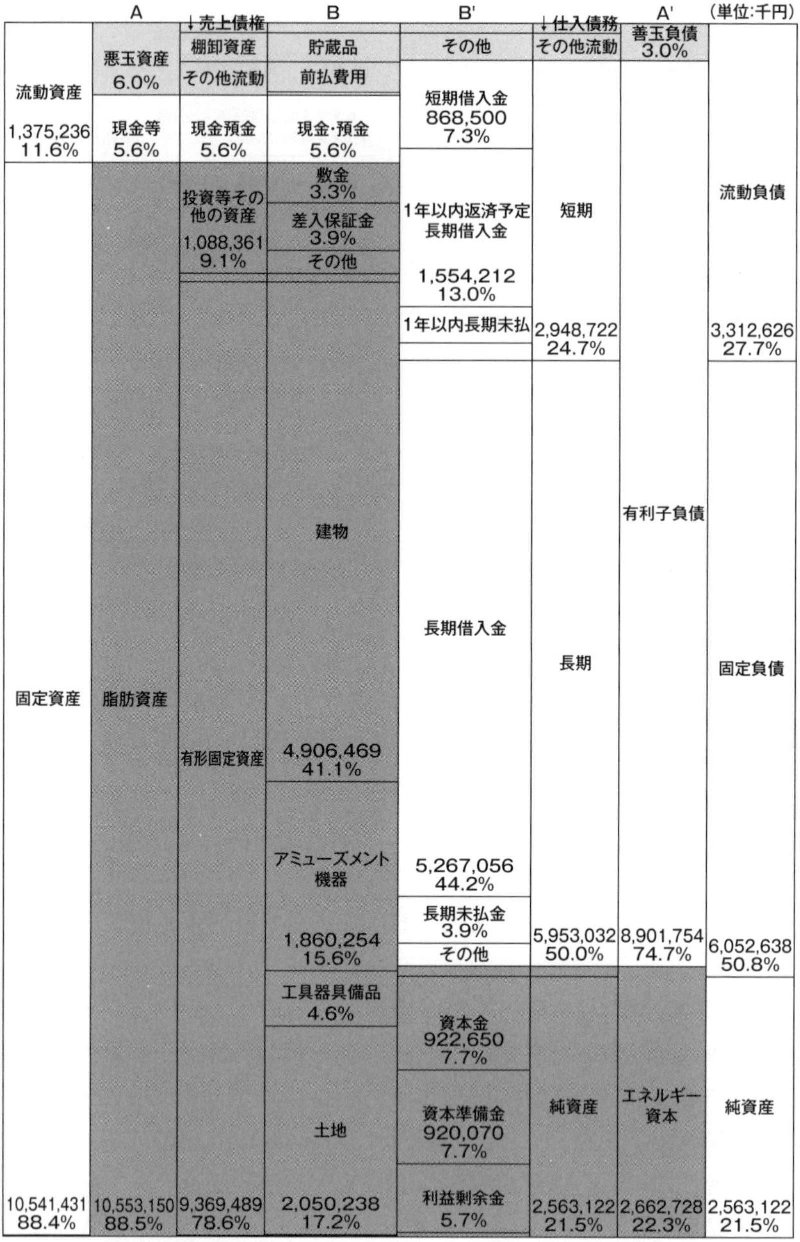

返済額はゼロであった。

「おおむね留保経常収支額」1,797,104千円＜予定長期借入金等の返済額▲1,968,947千円の絶対値となるので、フローの安全性は確保されていなかった。営業CFの「その他」収入65,031千円（大半の内容は不明）は「臨時的なもの等」とする。

ここで、**図表Ⅷ－5**を確認しよう。

「おおむね留保経常収支額」1,797,104千円だけでは、運用欄の5の支出を賄えなかった。営業CFの「その他」収入65,031千円が調達原資となったが、▲393,471千円の調達不足となった。この金額と「運転資金のマイナス」▲119,500千円と運用欄の財務CF（その他）▲96,491千円と投資CFの▲3,448,910千円の合計▲4,058,372千円は、財務CFの4,251,496千円で調達された。このため、「現金及び現金同等物」は193,124千円の増加となった。

この年度も、「おおむね留保経常収支額」の金額だけでは、実際長期借入金等の返済ができなかった。大半の支出は、有利子負債が調達原資となったのである。相変わらず金融機関頼みの経営であった。

2007年の運転資金はプラスのため、フローの安全性は【「おおむね留保経常収支額」＋「運転資金のプラス」】でみることになる。

（2007年）

・【「おおむね留保経常収支額」2,327,452千円＋「運転資金のプラス」49,365千円】＝2,376,817千円＜「有利子負債の約定返済額」▲3,183,463千円（予定長期借入金等の返済額▲2,213,463千円＋予定短期借入金の返済額▲970,000千円）の絶対値。

・実際長期借入金等の返済額▲2,371,185千円・実際短期借入金の返済額はゼロであった。

【「おおむね留保経常収支額」+「運転資金のプラス」】= 2,376,817千円＞予定長期借入金等の返済額▲ 2,213,463千円の絶対値となるので、この差額で予定短期借入金の返済額の一部を返済することが可能であった。このためフローの安全性は不安定ながらの確保となる。営業CFの「その他」収入205,247千円（内容は不明）は「臨時的なもの等」とする。

次に、**図表Ⅷ－6**をみてみよう。

> **【「おおむね留保経常収支額」2,327,452千円＋「運転資金のプラス」49,365千円】＝2,376,817千円は、運用欄の5の支出をやっと賄った。営業CFの「その他」収入205,247千円の調達原資があったことで、調達超過額は210,879千円となった。この金額と財務CFの合計5,065,087千円は、運用欄の財務CF（その他）▲56,131千円と投資CF▲4,889,266千円の合計▲4,945,397千円の調達原資となった。このため、「現金及び現金同等物」は119,690千円の増加となった。**

「おおむね留保経常収支額」は順調に増えていたが、あまりにも有利子負債の残金が多すぎたために、フローの安全性が不安定ながらの確保となってしまったようだ。

⑷ ストックの安全性②

さらに、**図表Ⅷ－8、Ⅷ－9**を確認しよう。

その後の年度も、悪玉資産＞善玉負債なので、流動資金が不足していて、脂肪資産＞エネルギー資本なので、固定資金も不足している。流動資金ばかりではなく、固定資金も、手持ちの現金等も有利子負債で調達されている。

ここまでで、第2フェーズのトレンドをみても、現金等＜有利子負債で、キャッシュ・プアの形となっている。このため、ストックの安全性は確保・維持されていなかった。

■図表Ⅷ−8　キャッシュ体質推移A

（単位:千円）

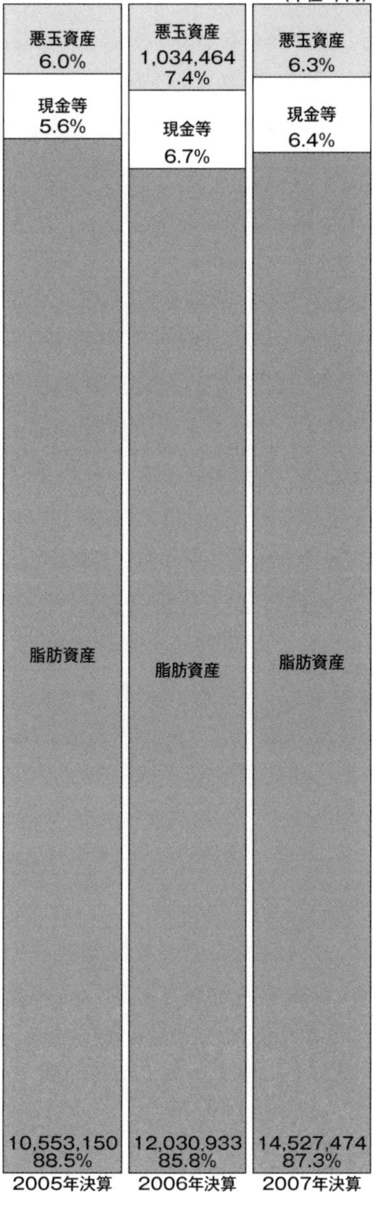

■図表Ⅷ−9　キャッシュ体質推移A'

（単位:千円）

・有利子負債は、2005年8,901,754千円、2006年10,743,612千円、2007年13,259,501千円と、年々多くなっている。
・「脂肪資産」が多くなっている。2005年10,553,150千円、2006年12,030,933千円、2007年14,527,474千円であった。

(5) 投資過多

アリサカは、すべての年度で売上高が増加し、当期純利益も計上され、「営業CFの結果」もプラスであったにもかかわらず倒産した。この倒産原因は投資（「脂肪資産」）過多だ。その調達原資が有利子負債であった。業績はさほど問題なかったはずだが、有利子負債の返済のスピードと「おおむね留保経常収支額」の増加スピードの食い違いがその背景にあった事例であった。

このアリサカの事例で中小企業に目指してもらいたいことがある。それは「運転資金のプラス」になる取引条件にしてもらうのも一つだが、仮に「運転資金のマイナス」であっても、「営業利益＋減価償却費」が「運転資金のマイナス」の絶対値を大きく上回り、「運転資金のマイナス」に左右されないようにすることだ。

もちろん欲を言えば、「営業利益＋減価償却費」も「運転資金のプラス」も大きくなれば、なお経営はやりやすい。

また、中小企業では投資過多に陥ることが多く見受けられる。フローの安全性との見合いで投資を考えることが大切である。

長く中小企業の経営をしている社長には、財務のことは配偶者に任せているから分からないとか、税理士に頼んでいるから心配していないとか、普段の仕事で精いっぱいで財務まで確認する時間がないとか、さまざまな理由をあげて財務を理解していないことを正当化する人が多い。社長自身の健康状態には気を遣うが、企業の健康状態には関心を持たないということなのだろうか。

自社は税理士が、弁護士が、中小企業診断士等が経営しているのではない。社長自身が経営しているのである。財務を理解しようとしない経営者は信用もされないどころか、長く経営はできないだろう。

⑹ 売上債権と仕入債務のバランス

次に、売上債権と仕入債務のバランスをみてみよう。

2005年では売上債権≒仕入債務のパターンで、これまでの事例にはなかったパターンだ。

原　理

売上債権≒仕入債務の体質で、売上高が増加すれば、通常、売上債権増加額はマイナス表示・仕入債務増加額はプラス表示。売上債権増加額と仕入債務増加額の差は、わずかなマイナス表示・わずかなプラス表示あるいはゼロ表示となる。

このパターンは資金繰りが楽になるので、参考にしてほしい（P62のG参照）。

・2005年はおおむね原理どおりの動きになっていた。
　売上債権はおおむね0千円
　仕入債務は＋19,000千円
　合計差額は＋19,000千円

なお、事例にはないが、上記に関連する2つの原理を理解してほしい。売上債権≒仕入債務の体質で、売上高が減少するときの原理と売上高が横ばいのときの原理だ。

原　理

売上債権≒仕入債務の体質で、売上高が減少すれば、通常、売上債権減少額はプラス表示・仕入債務減少額はマイナス表示。売上債権減少額と仕入債務減少額の差はわずかなプラス表示・わずかなマイナス表示あるいはゼロ表示となる（P62のH参照）。

原　理

売上債権≒仕入債務の体質で、売上高が横ばいであれば、通常、売上債権・仕入債務の増減額は、ゼロ表示。売上債権と仕入債務の増減額の差は、ゼロ表示となる（P62のI参照）。

これまでに説明した原理も含めて、原理どおりの現象が出ていなければ、その原因を追究してほしい。

2006年では売上債権＞仕入債務でのパターンである（P58のA参照）。

原　理

売上債権＞仕入債務の体質で、売上高が増加すれば、通常、売上債権増加額はマイナス表示・仕入債務増加額はプラス表示。売上債権増加額と仕入債務増加額の差はマイナス表示となる。

2006年は原理どおりの動きになっていた。

・売上債権は▲103,305千円
・仕入債務は＋　73,100千円
・合計差額は▲　30,205千円

2007年では売上債権＜仕入債務の体質で、売上高が増加するパターンだ。これも、これまでの事例になかったパターンである（P60のD参照）。

> **原　理**
>
> **売上債権＜仕入債務の体質で、売上高が増加すれば、通常、売上債権増加額はマイナス表示・仕入債務増加額はプラス表示。売上債権増加額と仕入債務増加額の差はプラス表示となる。**

2007年では売上債権以外は原理どおりの動きになっていた。

> ・売上債権は＋83,116千円
> ・仕入債務は＋99,500千円
> ・合計差額は＋182,616千円

なぜ、売上債権はプラスとなったのであろうか。実態は分からないが、以下のような分析をしてみることも大切だ。

売上債権については当期決算期の回転期間は短く（前期決算期8日、当期決算期4日）なって、回収が早くなっているのである。売上債権が減少となってプラス表示となった可能性がある。

中小企業ではこのような状況になれば原因を追究し、一過性か否かを確認することが大切である。なお、仕入債務については当期決算期の回転期間は長く（前期決算期7日、当期決算期9日）なって、支払いが遅くなっている。仕入債務が増加となって、さらにプラス表示となったことが考えられる。

❹　総　括

それにしても、上記のとおり、3年度とも体質が異なっている。2007年の売上債権＜仕入債務のパターンは、回収は早く、支払いは遅くなるパターンなので、アリサカにとっては都合の良いものとなっている。

このパターンの変更は将来の資金繰り改善を意図して実行されたのか、現状でこのようにせざるを得なかったのか、おそらく後者だろうが、いずれにしても売上債権＜仕入債務のパターンで売上高増加のときは、資金繰り上は、かなり有利なものであることを再認識した事例であった。

また、投資過多による、典型的な黒字倒産の事例でもあった。

アリサカは、すべての年度で、売上高が増加し、当期純利益も計上され、「営業 CF の結果」もプラスであったにもかかわらず倒産した。この倒産原因は投資過多だ。その調達原資が有利子負債であった。業績はさほど問題はなかったはずだが、有利子負債の返済のスピードと「おおむね留保経常収支額」の増加スピードの食い違いがその背景にあった。

中小企業への教訓

☞「営業利益＋減価償却費」が「運転資金のマイナス」の絶対値を大きく上回り、「運転資金のマイナス」に左右されないようにする。

☞「営業利益＋減価償却費」も「運転資金のプラス」も大きくなれば、なお経営はやりやすい。

☞フローの安全性との見合いで投資を考えることが大切である。

☞売上債権≒仕入債務の体質で、売上高が増加すれば、通常、売上債権増加額はマイナス表示・仕入債務増加額はプラス表示。売上債権増加額と仕入債務増加額の差はわずかなマイナス表示・わずかなプラス表示あるいはゼロ表示となる。

☞売上債権≒仕入債務の体質で、売上高が減少すれば、通常、売上債権減少額はプラス表示・仕入債務減少額はマイナス表示。売上債権減少額と仕入債務減少額の差はわずかなプラス表示・わずかなマイナス表示あるいはゼロ表示となる。

☞売上債権≒仕入債務の体質で、売上高が横ばいであれば、通常、売上債権・仕入債務の増減額は、ゼロ表示。売上債権と仕入債務の増減額の差は、ゼロ表示となる。

☞売上債権＜仕入債務の体質で、売上高が増加すれば、通常、売上債権増加額はマイナス表示・仕入債務増加額はプラス表示。売上債権増加額と仕入債務増加額の差はプラス表示となる。このパターンは資金繰りが楽になる。

Ⅸ　株式会社クリード
～棚卸資産の増加と有利子負債の増加が招いた倒産

㈱クリードは 1996 年 6 月に設立され、不動産投資・不動産運用事業を中心に、リゾートホテルへの積極投資などで成長。2001 年 2 月に大阪証券取引所ヘラクレス（現・ジャスダック）に上場、2005 年 5 月には東京証券取引所第 1 部に上場を果たした。

2000 年代後半からサブプライムローン問題が顕在化したことで、不動産をめぐる経営環境が悪化。保有不動産の切り売りなどで延命を図ったが、債務返済が滞り、2009 年 1 月会社更生適用申請（負債総額 650 億 8,100 万円）。

❶ 概　　要

分析年度　2005 年～ 2008 年

運転資金の特徴

	悪玉資産・善玉負債	売上債権・仕入債務	売上高
2005 年	悪玉資産＞善玉負債	売上債権＜仕入債務	⤴
2006 年	悪玉資産＞善玉負債	売上債権＜仕入債務	⤴
2007 年	悪玉資産＞善玉負債	売上債権＜仕入債務	⤴
2008 年	悪玉資産＞善玉負債	売上債権＜仕入債務	⤴

⑴ ストックの安全性

2005年では、現金等＜有利子負債なので、キャッシュ・プアの形となっている。第1フェーズではストックの安全性は確保されていなかった。その他の年度も同じような体質となっている。トレンドをみると第2フェーズでも現金等＜有利子負債で、キャッシュ・プアの形となっている。このため、ストックの安全性は確保・維持されていなかった。

⑵ フローの安全性

2005年は、フローの安全性は不安定ながらの確保となる。この年度は、「運転資金のマイナス」も営業CFの「その他」も多額の支出があった。「運転資金のマイナス」要因は棚卸資産の増加（マイナス表示）だ。

2006年・2007年・2008年では、フローの安全性は確保されていなかった。どの年度も、相変わらず棚卸資産の増加（マイナス表示）が要因である「運転資金のマイナス」がある。それどころか、それを増加させている。

❷ 主要な経営指標等

クリードの売上高は2004年の売上高10,310,556千円を起点とすれば、前年対比で2005年・2006年・2007年・2008年において、すべての年度で増加していた。当期純利益もすべての年度で計上され、「営業CFの結果」は2007年以外、すべての年度でマイナスであった。

この事例も黒字倒産となる。果たして、何が原因で倒産したのだろうか。

❸　安全性の分析

(1)　ストックの安全性

図表Ⅸ－1～Ⅸ－5をみてみよう。

(2005年)
- 悪玉資産54.9%＞善玉負債6.3%なので、流動資金が不足していて、短期借入金・コマーシャルペーパー・社債・長期借入金で調達されている。
- 脂肪資産32.7%＜エネルギー資本43.2%なので、固定資金は余剰している。その余剰は現金等となっている。残りの現金等は長期借入金で調達されている。
- 現金等12.4%＜有利子負債50.6%なので、キャッシュ・プアの形となっている。

ストックの安全性は確保されていなかった。

その他の年度も同じような体質となっている。トレンドをみる第2フェーズでもキャッシュ・プアの形となっている。このため、ストックの安全性は確保・維持されていなかった。

悪玉資産の大半が、棚卸資産と不動産関係の科目だ。このストックをみれば、次のようになっている。

- 2005年　20,328,492千円（54.9%）
- 2006年　59,831,260千円（71.2%）
- 2007年　90,699,684千円（76.4%）
- 2008年　92,871,941千円（77.1%）

これだけ資金が寝ていることになる。資金繰りはかなり苦しかった

■図表Ⅸ－1　キャッシュ体質図（2005年）

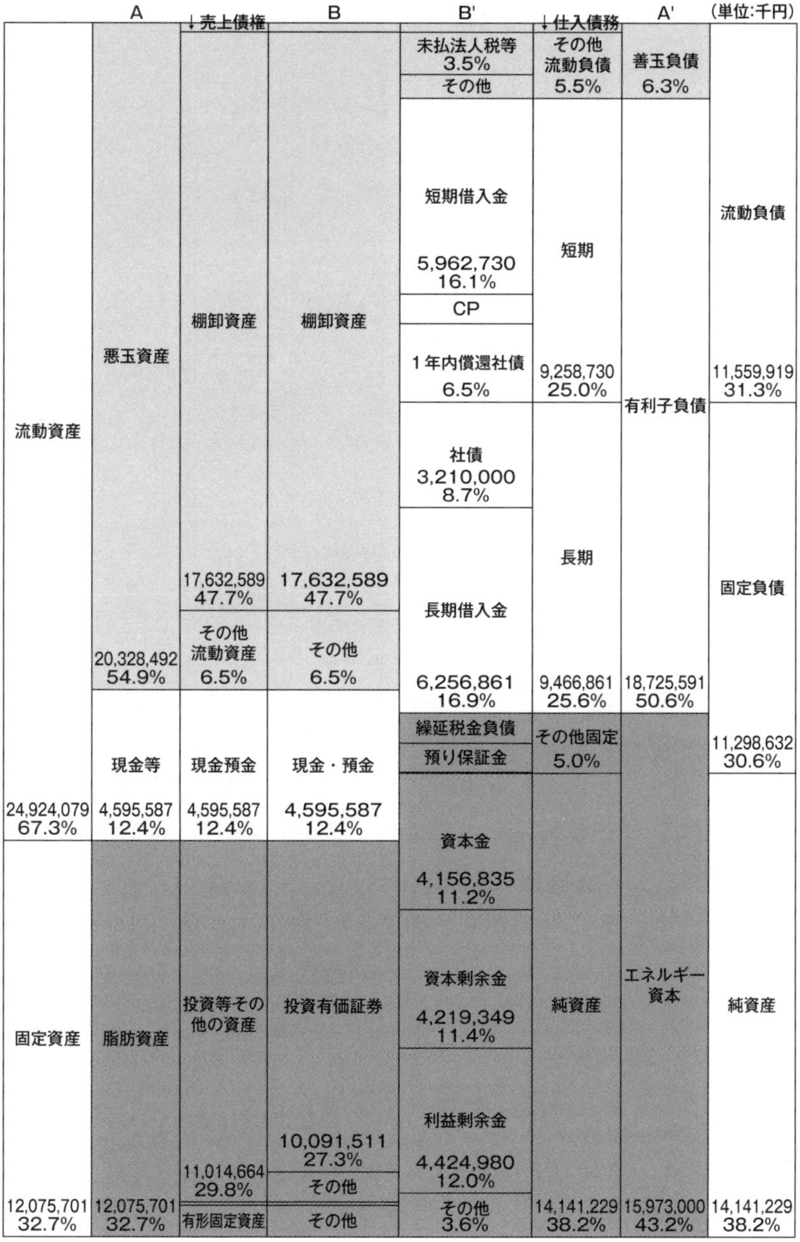

■図表Ⅸ－2　キャッシュ体質推移A

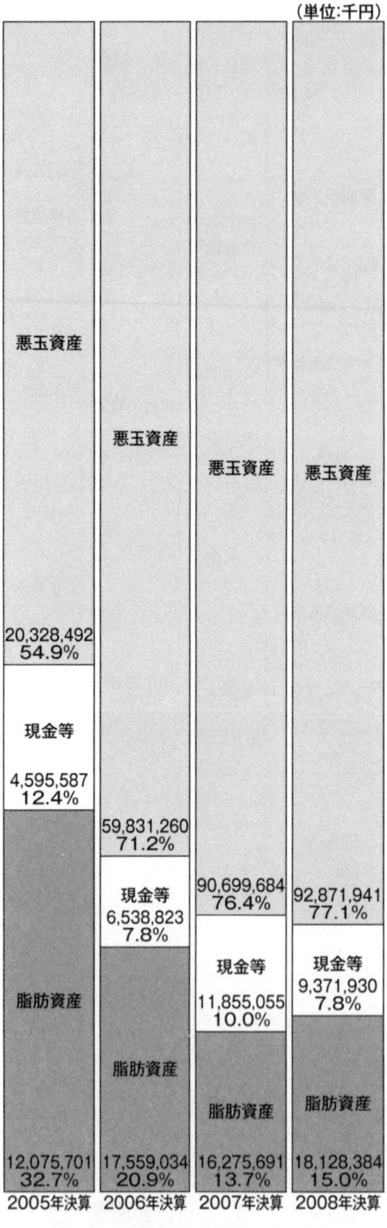

■図表Ⅸ－3　キャッシュ体質推移B

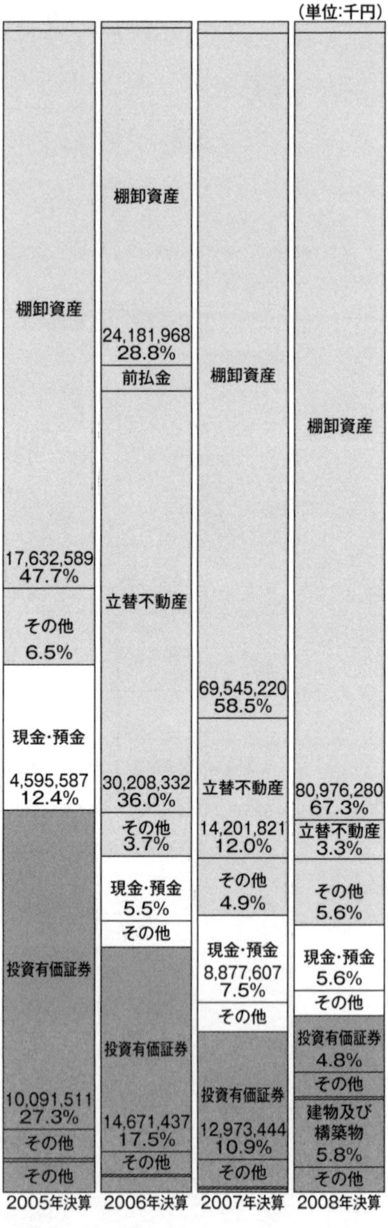

■図表Ⅸ－4　キャッシュ体質推移A'

■図表Ⅸ－5　キャッシュ体質推移B'

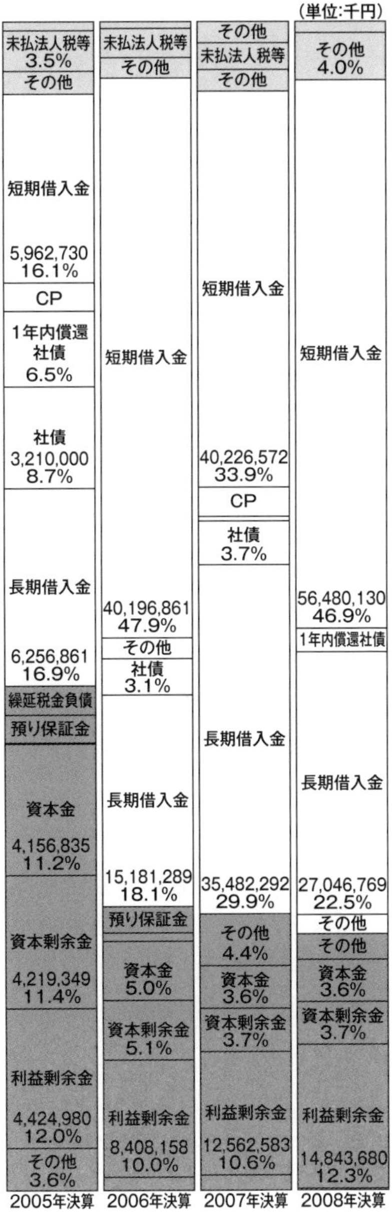

ことが理解できる。

資金調達の原資である有利子負債も、以下のように増加している。

・2005年　18,725,591千円（50.6%）
・2006年　59,488,150千円（70.9%）
・2007年　83,608,864千円（70.4%）
・2008年　87,966,899千円（73.0%）

クリードは果たしてこの返済はできていたのであろうか。

(2) フローの安全性

次に、**図表Ⅸ－6～Ⅸ－9**をみてみよう。

（2005年）

・「おおむね留保経常収支額」2,356,866千円＜「有利子負債の約定返済額」▲4,067,596千円（予定長期借入金等の返済額▲1,737,096千円＋予定短期借入金の返済額▲2,330,500千円）の絶対値。

・実際長期借入金等の返済額▲3,437,127円・実際短期借入金の返済額はゼロであった。

「おおむね留保経常収支額」2,356,866千円＞予定長期借入金等の返済額▲1,737,096千円の絶対値となるので、この差額で予定短期借入金の返済額のわずかでも返済することが可能であった。このためフローの安全性は不安定ながらの確保となる。営業CFの「その他」の▲4,181,445千円（大半の内容は不動産関係）は「臨時的なもの等」とする。

図表Ⅸ－9により、全体的なCFの動きをみてみよう。

■図表Ⅸ−6　概略営業CF【「おおむね留保経常収支額」と返済額】

（単位:千円）

	営業CF	-7,976,738	-39,050,774	1,491,849	-7,033,964
		2005	2006	2007	2008
①	（営業利益）	3,513,328	7,424,359	10,789,586	8,867,105
②	減価償却費	220,156	99,854	299,491	183,901
③=①+②	合計	3,733,484	7,524,213	11,089,077	9,051,006
④	売上債権	-103,498	-167,354	-773,980	24,523
⑤	仕入債務	5,191	204,930	1,643,192	-1,014,185
⑥=④+⑤	合計	-98,307	37,576	869,212	-989,662
⑦	棚卸資産	-6,160,342	-6,510,405	-17,989,093	-20,372,235
⑧=⑥+⑦	合計	-6,258,649	-6,472,829	-17,119,881	-21,361,897
⑨	受取利息･配当額	13,036	29,967	258,993	509,451
⑩	支払利息額	-360,324	-652,431	-1,707,688	-1,968,103
⑪	法人税等支払額	-922,840	-2,457,110	-3,589,184	-5,828,270
⑫=⑨+⑩+⑪	合計	-1,270,128	-3,079,574	-5,037,879	-7,286,922
⑬=⑭−(③+⑧+⑫)	「その他」合計	-4,181,445	-37,022,584	12,560,532	12,563,849
⑭	営業CF	-7,976,738	-39,050,774	1,491,849	-7,033,964
⑮=③	営業利益･減価償却費	3,733,484	7,524,213	11,089,077	9,051,006
⑯=⑫	利息･配当･法人税等	-1,270,128	-3,079,574	-5,037,879	-7,286,922
⑰	支払配当金	-106,490	-165,220	-335,422	-415,819
⑱=⑮+⑯+⑰	「おおむね留保経常収支額」	2,356,866	4,279,419	5,715,776	1,348,265
⑲	実際長期借入金等の返済額	3,437,127	16,380,968	42,069,897	19,674,137
⑳	予定長期借入金等の返済額	1,737,096	5,628,730	6,814,801	9,884,872
	実際長期借入金等の返済額				
	1年以内長期借入金	3,041,127	12,084,968	36,559,897	16,214,137
	1年以内社債	396,000	3,396,000	610,000	460,000
	1年以内リース				
	1年以内未払金				
	CP	0	900,000	4,900,000	3,000,000
	合計	3,437,127	16,380,968	42,069,897	19,674,137
	実際短期借入金の返済額				
	短期借入金	0	0	0	9,587,700
	合計	3,437,127	16,380,968	42,069,897	29,261,837
	予定長期借入金等の返済額				
	1年以内長期借入金	1,341,096	2,332,730	5,304,801	6,424,872
	1年以内社債	396,000	2,396,000	610,000	460,000
	1年以内リース	0	0	0	0
	1年以内未払金	0	0	0	0
	CP	0	900,000	900,000	3,000,000
	合計	1,737,096	5,628,730	6,814,801	9,884,872
	予定短期借入金の返済額			0	
	短期借入金	2,330,500	3,630,000	34,892,060	33,801,700
	合計	4,067,596	9,258,730	41,706,861	43,686,572

■図表Ⅸ－7　投資CFの収入・支出

（単位：千円）

【同種項目対応金額】	2005	2006	2007	2008
①定期預金　戻入	0	0	0	0
②定期預金　預入	0	0	0	118,543
差額①－②	0	0	0	−118,543
①有形固定　売却	0	0	0	0
②有形固定　取得	115,695	111,001	220,959	387,391
差額①－②	−115,695	−111,001	−220,959	−387,391
①無形固定　売却	0	0	0	0
②無形固定　取得	62,425	66,450	115,973	144,680
差額①－②	−62,425	−66,450	−115,973	−144,680
①投資有価証券　売却	971,155	923,718	622,891	1,640,867
②投資有価証券　取得	257,425	1,665,147	892,894	557,654
差額①－②	713,730	−741,429	−270,003	1,083,213
①短期貸付金　回収	7,500	0	381,000	530,202
②短期貸付金　支出	0	673,592	704,890	533,571
差額①－②	7,500	−673,592	−323,890	−3,369
①子会社株式　売却	0	0	0	0
②子会社株式　取得	0	0	0	109,251
差額①－②	0	0	0	−109,251
①その他　収入	0	59,783	0	0
②その他　支出	0	0	0	0
差額①－②	0	59,783	0	0
①その他　収入	6,000	0	0	0
②その他　支出	0	0	0	0
差額①－②	6,000	0	0	0
①その他　収入	0	0	0	0
②その他　支出	23,400	158,398	160,057	58,642
差額①－②	−23,400	−158,398	−160,057	−58,642
差額合計	525,710	−1,691,087	−1,090,882	261,337

■図表Ⅸ－8　財務CFの収入・支出

（単位：千円）

【同種項目対応金額】	2005	2006	2007	2008
①短期借入金　収入	1,989,500	31,544,977	15,776	0
②短期借入金　支出	**0**	**0**	**0**	**9,587,700**
差額①−②	1,989,500	31,544,977	15,776	−9,587,700
①長期借入金　収入	6,374,468	23,654,467	36,923,317	34,049,662
②長期借入金　支出	**3,041,127**	**12,084,968**	**36,559,897**	**16,214,137**
差額①−②	3,333,341	11,569,499	363,420	17,835,525
①株式発行　収入	3,268,577	149,409	192,776	13,322
②株式　支出	0	0	0	0
差額①−②	3,268,577	149,409	192,776	13,322
①社債　収入	588,600	983,000	2,247,953	0
②社債　支出	**396,000**	**3,396,000**	**610,000**	**460,000**
差額①−②	192,600	−2,413,000	1,637,953	−460,000
①配当　収入	0	0	0	0
②配当　支出	106,490	165,220	335,422	415,819
差額①−②	−106,490	−165,220	−335,422	−415,819
①自己株式　収入	0	0	16,941	0
②自己株式　支出	0	0	677,650	0
差額①−②	0	0	−660,709	0
①CP　収入	900,000	900,000	7,000,000	0
②CP　支出	**0**	**900,000**	**4,900,000**	**3,000,000**
差額①−②	900,000	0	2,100,000	−3,000,000
①その他　収入	0	80,000	10,800	141,458
②その他　支出	0	0	0	6,543
差額①−②	0	80,000	10,800	134,915
差額合計	9,577,528	40,765,665	3,324,594	4,520,243
【換算前】現金及び現金同等物の増減額	2,126,500	23,803	3,725,559	−2,252,386
現金及び現金同等物に係る換算差額	0	7,611	33,220	49,355
現金及び現金同等物の増減額	2,126,500	31,414	3,758,779	−2,203,031
現金及び現金同等物の期首残高	2,513,056	4,595,587	4,628,386	8,877,607
連結関係の現金及び現金同等物の増減額	−43,968	1,384	490,442	−3,244
現金及び現金同等物の期末残高	4,595,587	4,628,386	8,877,607	6,671,331

太字は実際長期借入金等の返済額・実際短期借入金の返済額

網かけ は支払配当金

■図表Ⅸ－9　キャッシュ運用表（2005年）

（単位：千円）

キャッシュの運用			キャッシュの調達		
1	【利息・配当・法人税等の合計】	1,270,128	1	【営業利益＋減価償却費】	3,733,484
2	財務CF（支払配当金）	106,490		—	
3	「おおむね留保経常収支額」	2,356,866	2	「▲おおむね留保経常収支額」	0
	1~3 TOTAL	3,733,484		1+2 TOTAL	3,733,484
4	「▲おおむね留保経常収支額」	0	3	「おおむね留保経常収支額」	2,356,866
5	実際長期借入金等の返済額	3,437,127	4	「運転資金のプラス」	0
6	実際短期借入金の返済額	0		—	
7	営業CFマイナス「その他」	4,181,445	5	営業CFプラス「その他」	0
8	調達超過額	0	6	調達不足額	5,261,706
	4~8 TOTAL	7,618,572		3~6 TOTAL	7,618,572
9	調達不足額	5,261,706	7	調達超過額	0
10	「運転資金のマイナス」	6,258,649	8	財務CF（短期借入金）	1,989,500
	—		9	財務CF（長期借入金）	6,374,468
	—		10	財務CF（社債・CP）	1,488,600
	—		11	財務CF（増資）	3,268,577
11	財務CF（その他）	0	12	財務CF（その他）＋端数調整額	0
12	投資CFの支出額（純額）	0	13	投資CF（固定資産売却等）（純額）	525,710
13	「現金及び現金同等物」増加額	2,126,500	14	「現金及び現金同等物」減少額	0
	9~13 TOTAL	13,646,855		7~14 TOTAL	13,646,855

※有価証券報告書では、各科目金額を足した計算金額と記載合計額とに差がある。このため、端数調整を行っている。

「おおむね留保経常収支額」2,356,866千円だけでは、運用欄の5・7の支出を賄えなかった。調達不足額は▲5,261,706千円となった。この金額と「運転資金のマイナス」▲6,258,649千円の合計▲11,520,355千円は、財務CFと投資CFの合計13,646,855千円で調達された。このため、「現金及び現金同等物」は2,126,500千円の増加となった。

「営業利益＋減価償却費」3,733,484千円が「運転資金のマイナス」▲6,258,649千円に喰われている。この「運転資金のマイナス」も含めて、大半の支出は、短期借入金・長期借入金・株式発行収入・社債発行収入・CP収入と、さまざまな財務CFと主に投資有価証券の売却の投資CFで調達されたのである。

この年度は、「運転資金のマイナス」▲6,258,649千円はもちろんであるが、営業CFの「その他」も▲4,181,445千円と、多額の支出があった。「運転資金のマイナス」要因は棚卸資産の増加（マイナス表示）だ。営業CFの「その他」のマイナス要因は主に匿名組合出資金の支出・立替不動産の支出である。すべて、営業絡みの不動産関係だ。「おおむね留保経常収支額」の金額だけでは、実際長期借入金等の返済ができなかった状況で、これらの支出を行ったことは、よほどの自信があったのだろうか。

実はこれが無謀な戦略となってしまった。以下のとおり、この後の年度も「おおむね留保経常収支額」の金額だけでは、実際長期借入金等の返済ができなかったのである。

（2006年）

・「おおむね留保経常収支額」4,279,419千円＜「有利子負債の約定返済額」▲9,258,730千円（予定長期借入金等の返済額▲5,628,730千円＋予定短期借入金の返済額▲3,630,000千円）の絶対値。

・実際長期借入金等の返済額▲16,380,968千円・実際短期借入金の返済額はゼロであった。

「おおむね留保経常収支額」4,279,419千円＜予定長期借入金等の返済額▲5,628,730千円の絶対値となるので、フローの安全性は確保されていなかった。

（2007年）

・「おおむね留保経常収支額」5,715,776千円＜「有利子負債の約定返済額」▲41,706,861千円（予定長期借入金等の返済額▲6,814,801千円＋予定短期借入金の返済額▲34,892,060千円）の絶対値。

・実際長期借入金等の返済額▲42,069,897千円・実際短期借入金の返済額はゼロであった。

「おおむね留保経常収支額」5,715,776千円＜予定長期借入金等の返済額▲6,814,801千円の絶対値となるので、フローの安全性は確保されていなかった。

（2008年）

・「おおむね留保経常収支額」1,348,265千円＜「有利子負債の約定返済額」▲43,686,572千円（予定長期借入金等の返済額▲9,884,872千円＋予定短期借入金の返済額▲33,801,700千円）の絶対値。

・実際長期借入金等の返済額▲19,674,137千円・実際短期借入金の返済額は▲9,587,700千円であった。

「おおむね留保経常収支額」1,348,265千円＜予定長期借入金等の返済額▲9,884,872千円の絶対値となるので、フローの安全性は確保されていなかった。

営業CFの「その他」の金額は、2006年は▲37,022,584千円であったが、2007年に12,560,532千円・2008年に12,563,849千円と回収して、収入となっている。

しかし、どの年度も、相変わらず棚卸資産の増加（マイナス表示）が要因である「運転資金のマイナス」がある。それどころか、それを増加させている。

・2006年　▲6,472,829千円
・2007年　▲17,119,881千円
・2008年　▲21,361,897千円

❹ 総　括

サブプライムローンの顕在化という不運もあったが、いずれにしても戦略の失敗あるいは無謀な戦略であったと言わざるを得ない結果となった。棚卸資産の増加が重く圧し掛かった事例であった。

不動産購入を立て替えた年度では、かなり「営業CFの結果」がマイナスとなっているわけだが、これらはこの業界の商慣習ではよくあり得ることであれば、正常な取引とみてよいであろう。問題は棚卸資産の増加だ。

それぞれの年度で増加した棚卸資産があるということは、いわゆるキャッシュが寝てしまっているのであり、資金繰りに困窮する要因となるのである。棚卸資産のマイナス金額が多くなっている現象は粉飾が行われていることも考えられる。

中小企業では過大な棚卸資産を抱えていることが見受けられる。企業もすぐに売れると考えての棚卸資産の購入であろうが、これが売れない状況が続けば、クリードのようにキャッシュを金融機関から調達せざるを得なくなる。実際に短期借入金の返済額を求められたら、そろそろ金融機関との亀裂ができた証だろう。そうなると金融機関の顔色をみながらの経営となり、最後はクリードのようになってしまうことを肝に銘じなければならないのである。

特に製造業では必要もないのに、大量に材料費を買い込むことを目にする。余裕があれば問題はないが、ただ単に大量購入すれば買入れの単価が安くなるという理由で材料費を仕入れてしまうことは、上記と同じでキャッシュが寝てしまうことになるので、注意が必要である。

クリードは、すべての年度において、売上高が増加し、当期純利益が計上されていた。しかし、「営業CFの結果」は2007年以外、すべての年度でマイナスであった。有利子負債を調達原資とした棚卸資産の増加が倒産の要因である。

中小企業への教訓

☞「運転資金のマイナス」分も予定長期借入金等の返済額も、株式発行収入や有利子負債で調達し、他も足りない金額はまた有利子負債で調達することには限界がある。

☞実際に短期借入金の返済額を求められたら、そろそろ金融機関との亀裂ができた証だろう。

☞中小企業にありがちな過大棚卸資産は、キャッシュが棚卸資産に代わるわけだが、いわゆるキャッシュが寝てしまう状態となる。これが長期間続けば、調達原資が有利子負債の場合、その返済が重くのしかかる。

X 株式会社レナウン
～実質無借金経営の体力の減退が招いた倒産

㈱レナウンは 1902 年創業の老舗アパレルメーカー。独自ブランドの開発や大規模な広告戦略の展開で、90 年代には「世界一のアパレル」と称されるまでに成長。2004 年に㈱ダーバンと共同で持株会社㈱レナウンダーバンホールディングスを設立。東京証券取引所第 1 部上場。

2013 年に中国企業・山東如意グループの連結子会社となったが、2019 年 10 月の消費増税や売掛金の回収難により赤字に転落。2020 年に新型コロナウイルス感染症の拡大により業績が急激に悪化し、5 月に民事再生手続を開始（負債総額 138 億 7,900 万円）。11 月に破産手続の開始決定を受けた。

❶ 概　　要

分析年度　2013 年～ 2019 年

運転資金の特徴

	悪玉資産・善玉負債	売上債権・仕入債務	売上高
2013 年 2 月	悪玉資産＞善玉負債	売上債権＞仕入債務	⤴
2014 年 2 月	悪玉資産＞善玉負債	売上債権＞仕入債務	⤵
2015 年 2 月	悪玉資産＞善玉負債	売上債権＞仕入債務	⤵

2016年2月	悪玉資産＞善玉負債	売上債権＞仕入債務	⤵
2017年2月	悪玉資産＞善玉負債	売上債権＞仕入債務	⤵
2018年2月	悪玉資産＞善玉負債	売上債権＞仕入債務	⤵
2019年2月	悪玉資産＞善玉負債	売上債権＞仕入債務	⤵
2019年12月	悪玉資産＞善玉負債	売上債権＞仕入債務	⤵

⑴ ストックの安全性

2006年から2008年は、現金等＞有利子負債の形で、キャッシュ・リッチの状態であった。その後もキャッシュ・リッチの状態であるが、2009年からマイナスの利益剰余金が存在するため、ストックの安全性が確保・維持されていなかった。

トレンドを大局的にみれば、現金等の面積は年々、小さくなった。トレンドをみると第2フェーズではストックの安全性は確保・維持されていなかった。

⑵ フローの安全性

2013年・2014年・2015年・2016年・2017年・2018年では、フローの安全性は確保されていた。2013年では、稼ぎ出した営業CFの金額と投資CFの金額が「現金及び現金同等物」の増加となった。2014年では、「現金及び現金同等物」は財務CFの株式発行収入で増加したもので、一概には喜べない。この年度も営業損失が計上されたことにより、資本の欠損が解消されないからだ。

2015年には、営業利益が計上されたことが一時的な朗報となった。しかし、まだ資本の欠損が解消されていない。2016年では、大半の支出は、「現金及び現金同等物」が調達原資となった。体力が減退したことは事実だ。この年度も、営業利益が計上されたが、資本の欠損は解消されていない。2017年では、大半の支出が、「おおむね留保経常収支額」＋「運転資金のプラス」と「現金及び現金同等物」で調達された。体力はさらに減退したことになる。営業損失が計上されて、資本の欠損が増幅した。

2018年では、大半の支出が主に財務CFの短期借入金と営業CFの「その他」収入（内容は不明）で調達されたと考えられる。この年度は、営業利益が計上されたが、資本の欠損は解消されていない。この年度では、金融機関から短期借入金の融資を受けた。さすがに金融機関に融資依頼をせざるを得ない状況であったようだ。

2019年・2019年12月では、「正常な収益力」をベースとした「おおむね留保経常収支額」がマイナスなので、フローの安全性は確保されていない。2019年では、多額の営業損失が計上されて資本の欠損が増幅した背景がある中で、前期同様、商標権という無形固定資産の取得もあった。財務CFでは長期借入金の融資を受けており、突破口を探しているようにみえる。金融機関頼りの経営に陥っているようだ。

2019年12月では、大半の支出は、投資CFの主に有形固定資産の売却等による収入と「現金及び現金同等物」が調達原資となった。レナウンはコロナ渦での倒産ではあるが、それがすべての原因ではなさそうだ。

❷ 主要な経営指標等

レナウンの売上高は2012年の売上高74,603百万円を起点とすれば、前年対比で2013年以外は、すべて減少していた。

当期純利益は2013年・2016年・2018年だけで、それ以外はすべて当期純損失を計上していた。

「営業CFの結果」は2013年・2015年・2018年・2019年はプラスで、2014年はゼロとなり、それ以外はすべての年度でマイナスであった。

1902年創業のレナウンが破産したとの報道には驚きを隠せず、「上場企業のキャッシュ体質図」自動生成システムでレナウンの財務状態を確認してみた。データは2011年からのもので、2019年12月まで実質無借金の状態であった。ただし、ずっと資本の欠損状態でもあり、収益状況は良くないことも分かった。見方によれば、起こるべくして起こった破綻なのだろう。フローとストックの安全性に興味がわく事例である。

❸　安全性の分析

⑴　ストックの安全性

まず、図表X－1、X－2をみてみよう。

（2013年）
・悪玉資産34.0%＞善玉負債17.4%なので、流動資金が不足している。
・脂肪資産15.5%とマイナスの利益剰余金29.7%＜エネルギー資本82.4%なので、固定資金は余剰している。その余剰は、流動資金の不足と現金等の原資となっている。
・有利子負債はわずか（85百万円、0.2%）ではあるが存在する。
・実質無借金の状態であるが、マイナスの利益剰余金が存在する。

このため、第1フェーズではストックの安全性が確保されていなかった。マイナスの利益剰余金が29.7%もあるのに、実質無借金の状態であることは驚きである。過去に体力があった老舗のなせる業なのだろう。

（2019年12月）
・悪玉資産31.1%＞善玉負債14.6%なので、流動資金が不足している。流動資金の不足の一部は有利子負債で調達されている。残りの不足分は、固定資金の余剰で調達されている。
・脂肪資産15.3%とマイナスの利益剰余金44.5%＜エネルギー資本81.0%なので、固定資金は余剰している。その余剰は、大半の流動資金の不足と現金等の原資となっている。

■図表X−1　キャッシュ体質図（2013年）

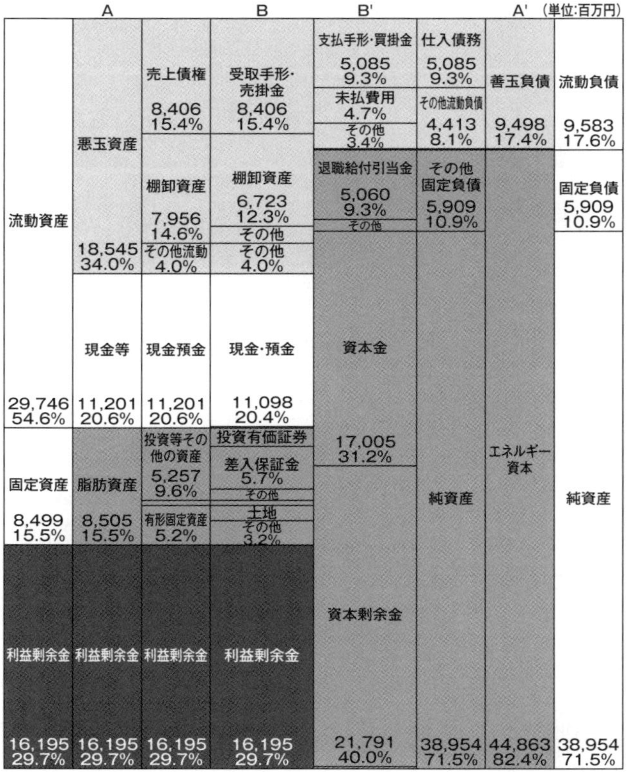

■図表X−2　キャッシュ体質図（2019年12月）

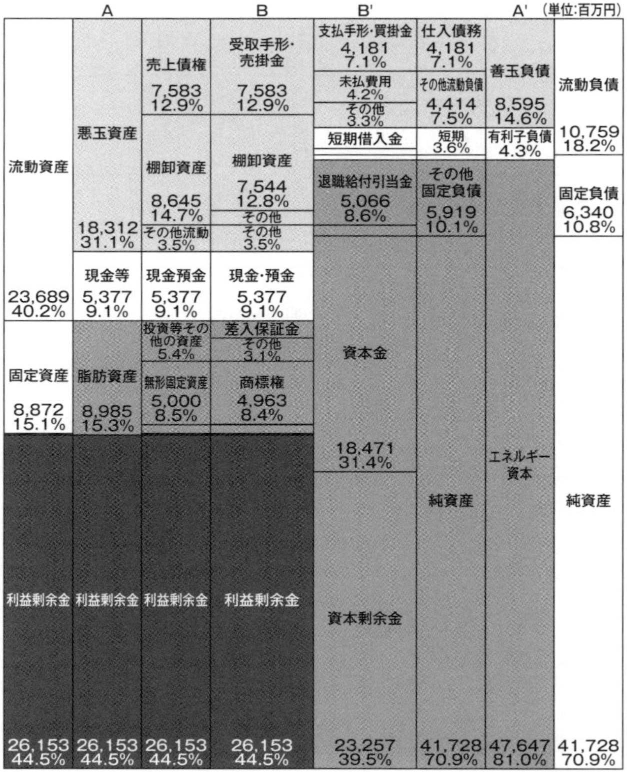

■図表X−3　キャッシュ体質推移B

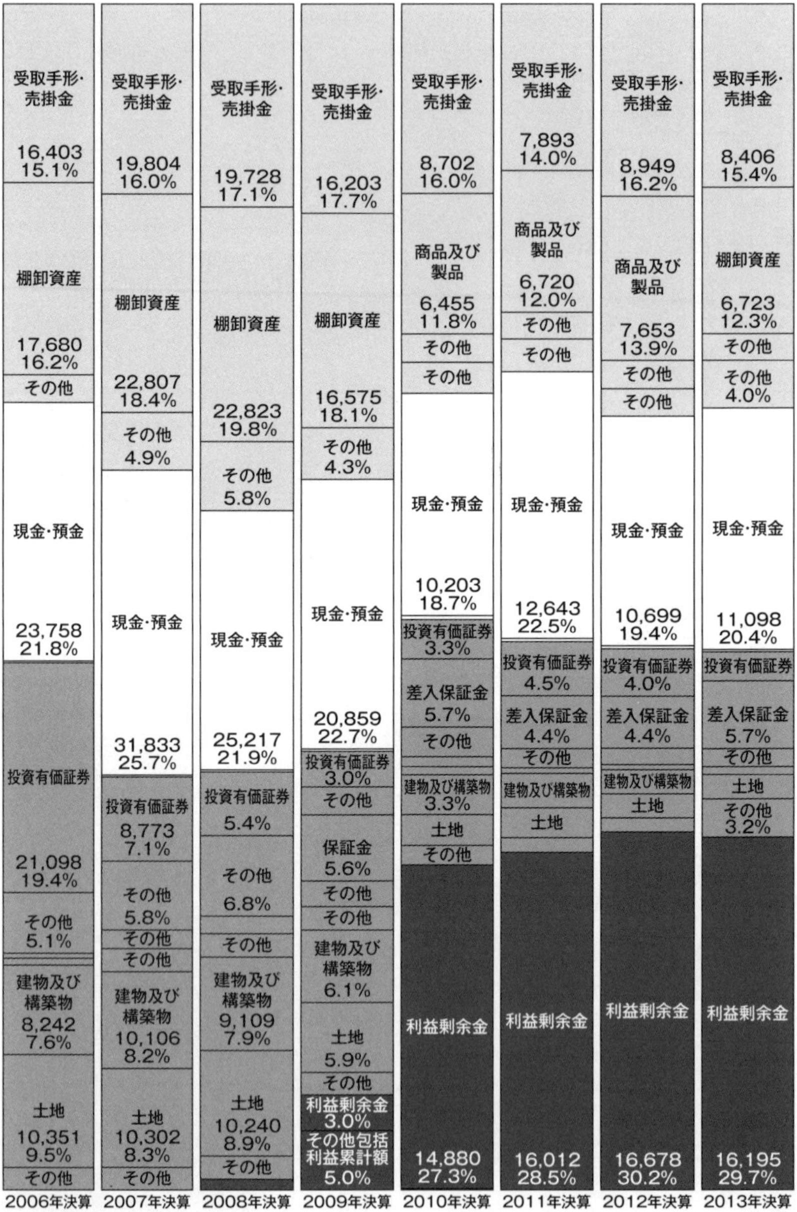

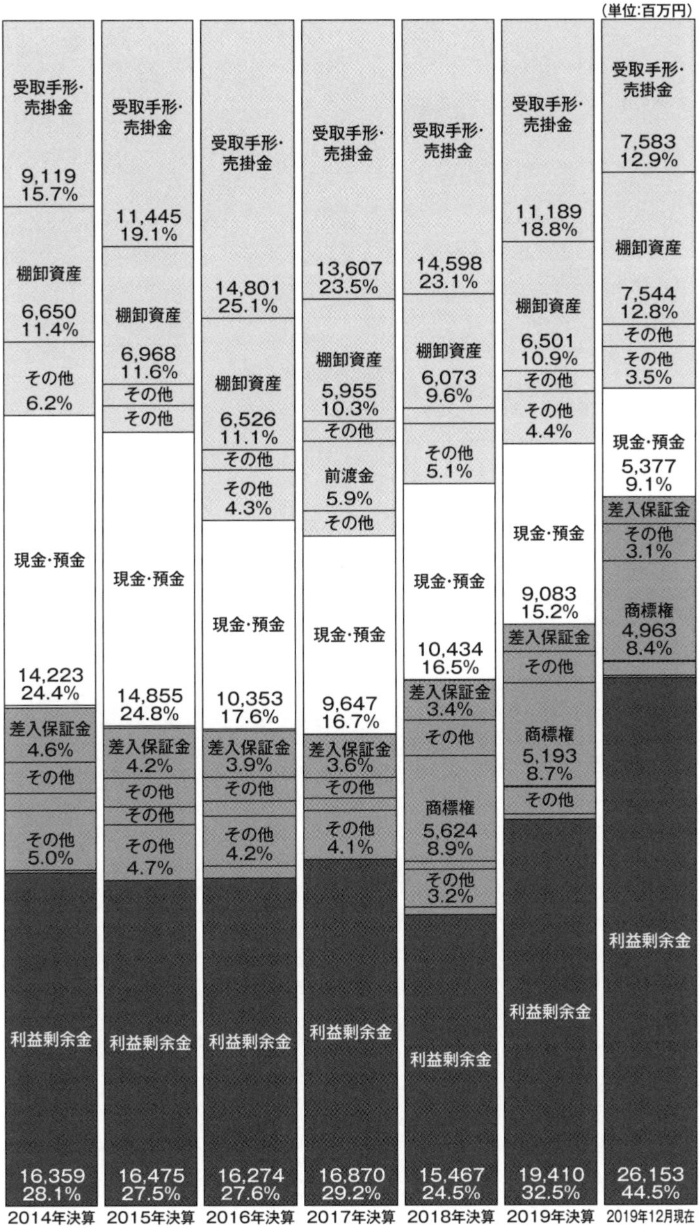
(単位:百万円)
受取手形・売掛金
9,119
15.7%
棚卸資産
6,650
11.4%
その他
6.2%
現金・預金
14,223
24.4%
差入保証金
4.6%
その他
その他
5.0%
利益剰余金
16,359
28.1%
2014年決算
受取手形・売掛金
11,445
19.1%
棚卸資産
6,968
11.6%
その他
その他
現金・預金
14,855
24.8%
差入保証金
4.2%
その他
その他
その他
4.7%
利益剰余金
16,475
27.5%
2015年決算
受取手形・売掛金
14,801
25.1%
棚卸資産
6,526
11.1%
その他
その他
4.3%
現金・預金
10,353
17.6%
差入保証金
3.9%
その他
その他
4.2%
利益剰余金
16,274
27.6%
2016年決算
受取手形・売掛金
13,607
23.5%
棚卸資産
5,955
10.3%
その他
前渡金
5.9%
その他
現金・預金
9,647
16.7%
差入保証金
3.6%
その他
その他
4.1%
利益剰余金
16,870
29.2%
2017年決算
受取手形・売掛金
14,598
23.1%
棚卸資産
6,073
9.6%
その他
5.1%
現金・預金
10,434
16.5%
差入保証金
3.4%
その他
商標権
5,624
8.9%
その他
3.2%
利益剰余金
15,467
24.5%
2018年決算
受取手形・売掛金
11,189
18.8%
棚卸資産
6,501
10.9%
その他
その他
4.4%
現金・預金
9,083
15.2%
差入保証金
その他
商標権
5,193
8.7%
その他
利益剰余金
19,410
32.5%
2019年決算
受取手形・売掛金
7,583
12.9%
棚卸資産
7,544
12.8%
その他
その他
3.5%
現金・預金
5,377
9.1%
差入保証金
その他
3.1%
商標権
4,963
8.4%
利益剰余金
26,153
44.5%
2019年12月現在

■図表X−4　キャッシュ体質推移B'

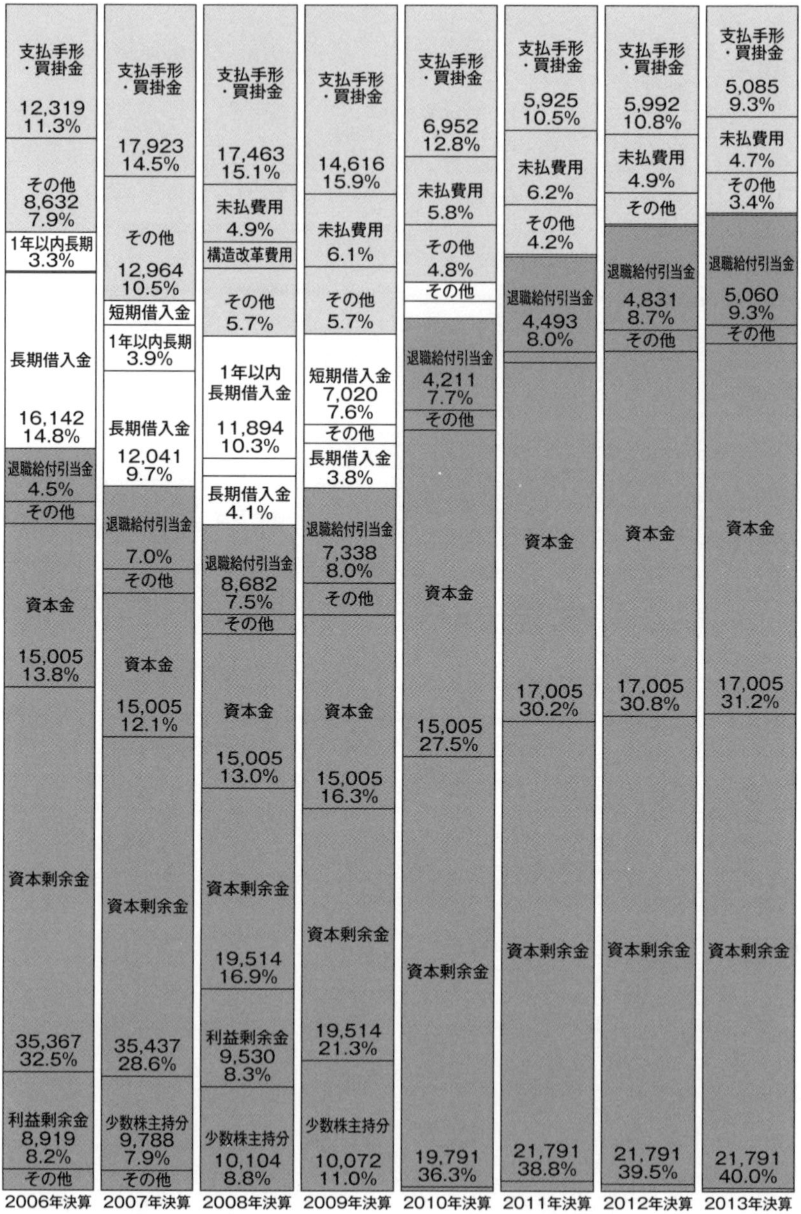

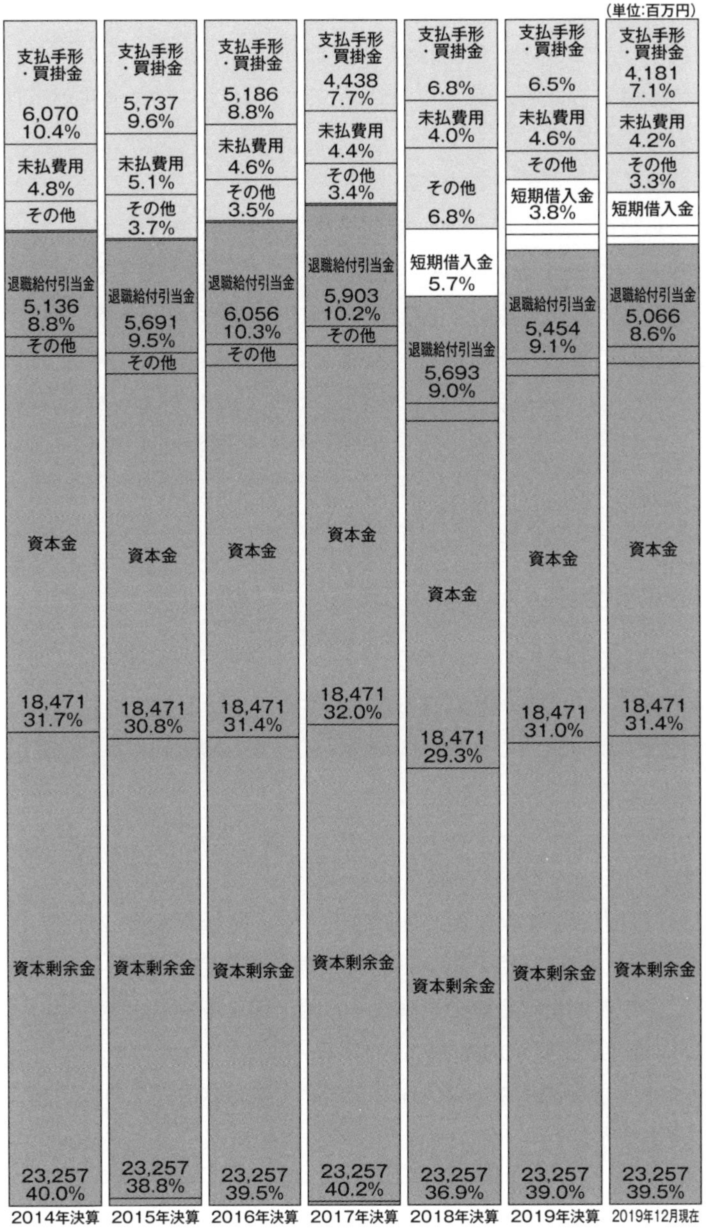
(単位:百万円)
支払手形・買掛金
6,070
10.4%
未払費用
4.8%
その他
退職給付引当金
5,136
8.8%
その他
資本金
18,471
31.7%
資本剰余金
23,257
40.0%
2014年決算
支払手形・買掛金
5,737
9.6%
未払費用
5.1%
その他
3.7%
退職給付引当金
5,691
9.5%
その他
資本金
18,471
30.8%
資本剰余金
23,257
38.8%
2015年決算
支払手形・買掛金
5,186
8.8%
未払費用
4.6%
その他
3.5%
退職給付引当金
6,056
10.3%
その他
資本金
18,471
31.4%
資本剰余金
23,257
39.5%
2016年決算
支払手形・買掛金
4,438
7.7%
未払費用
4.4%
その他
3.4%
退職給付引当金
5,903
10.2%
その他
資本金
18,471
32.0%
資本剰余金
23,257
40.2%
2017年決算
支払手形・買掛金
6.8%
未払費用
4.0%
その他
6.8%
短期借入金
5.7%
退職給付引当金
5,693
9.0%
資本金
18,471
29.3%
資本剰余金
23,257
36.9%
2018年決算
支払手形・買掛金
6.5%
未払費用
4.6%
その他
短期借入金
3.8%
退職給付引当金
5,454
9.1%
資本金
18,471
31.0%
資本剰余金
23,257
39.0%
2019年決算
支払手形・買掛金
4,181
7.1%
未払費用
4.2%
その他
3.3%
短期借入金
退職給付引当金
5,066
8.6%
資本金
18,471
31.4%
資本剰余金
23,257
39.5%
2019年12月現在

この年度も、実質無借金の状態である。現金等の面積が2013年では20.6％であったが、2019年12月では9.1％とかなり小さくなり、実数も小さくなっている。体力は減退しているようだ。マイナスの利益剰余金が存在するため、第1フェーズではストックの安全性が確保されていなかった。

次に、**図表X－3、X－4**をご覧いただきたい。

2006年から2008年は、現金等＞有利子負債の形で、キャッシュ・リッチの状態であった。なお、2008年の左側の最下位にあるものはマイナスの「その他包括利益累計額」1,049百万円（0.9％）である。

その後、どの年度もマイナスの利益剰余金がある。現金等の面積はトレンドを大局的にみれば、年々小さくなり、2018年からは、有利子負債が存在が明らかに分かるようになった。金融機関に頼らざるを得なくなったようだ。ここまでのトレンドをみると、第2フェーズではストックの安全性が確保・維持されていなかった。

(2) フローの安全性

図表X－5～X－15をみてみよう。

2013年・2017年・2019年の運転資金はプラスとなっているので、フローの安全性は【「おおむね留保経常収支額」+「運転資金のプラス」】でみることになる。

> （2013年）
> - 【「おおむね留保経常収支額」93百万円＋「運転資金のプラス」666百万円】＝759百万円＞「有利子負債の約定返済額」▲93百万円（予定長期借入金等の返済額▲8百万円＋予定短期借入金の返済額▲85百万円）の絶対値。
> - 実際長期借入金等の返済額▲13百万円・実際短期借入金の返済額はゼロであった。

■図表X−5　概略営業CF【「おおむね留保経常収支額」と返済額】

（単位：百万円）

	営業CF	243	0	741	−4,201	−256	1,547	1,212	−4,567
		2013	2014	2015	2016	2017	2018	2019	2019.12
①	（営業利益）	−513	−146	324	586	−248	215	−2,579	−7,999
②	減価償却費	665	709	734	697	622	667	871	352
③=①+②	合計	152	563	1,058	1,283	374	882	−1,708	−7,647
④	売上債権	578	−781	−2,310	−3,376	1,134	−1,007	3,400	−2,236
⑤	仕入債務	−961	880	−357	−525	−731	−126	−399	290
⑥=④+⑤	合計	−383	99	−2,667	−3,901	403	−1,133	3,001	−1,946
⑦	棚卸資産	1,049	−449	−113	507	590	−137	−635	−1,117
⑧=⑥+⑦	合計	666	−350	−2,780	−3,394	993	−1,270	2,366	−3,063
⑨	受取利息・配当額	81	82	57	43	14	14	50	4
⑩	支払利息額	−4	−5	−9	−15	−13	−12	−26	−35
⑪	法人税等支払額	−136	−203	−189	−228	−350	−194	−210	−137
⑫=⑨+⑩+⑪	合計	−59	−126	−141	−200	−349	−192	−186	−168
⑬=⑭−（③+⑧+⑫）	「その他」合計	−516	−87	2,604	−1,890	−1,274	2,127	740	6,311
⑭	営業CF	243	0	741	−4,201	−256	1,547	1,212	−4,567
⑮=③	営業利益・減価償却費	152	563	1,058	1,283	374	882	−1,708	−7,647
⑯=⑫	利息・配当・法人税等	−59	−126	−141	−200	−349	−192	−186	−168
⑰	支払配当金	0	0	0	0	0	0	0	0
⑱=⑮+⑯+⑰	「おおむね留保経常収支額」	93	437	917	1,083	25	690	−1,894	−7,815
⑲	実際長期借入金等の返済額	13	35	70	82	88	93	284	415
⑳	予定長期借入金等の返済額	8	20	47	81	84	86	76	541
	実際長期借入金等の返済額								
	1年以内長期借入金	0	0	0	0	0	0	207	373
	1年以内社債								
	1年以内リース	13	35	70	82	88	93	77	42
	1年以内未払金								
	合計	13	35	70	82	88	93	284	415
	実際短期借入金の返済額								
	短期借入金	0	0	0	0	0	0	1,309	608
	合計	13	35	70	82	88	93	1,593	1,023
	予定長期借入金等の返済額								
	1年以内長期借入金	0	0	0	0	0	0	0	498
	1年以内社債								
	1年以内リース	8	20	47	81	84	86	76	43
	1年以内未払金								
	合計	8	20	47	81	84	86	76	541
	予定短期借入金の返済額								
	短期借入金	85	85	85	85	85	85	3,585	2,275
	合計	93	105	132	166	169	171	3,661	2,816

■図表X−6　投資CFの収入・支出

（単位:百万円）

【同種項目対応金額】	2013	2014	2015	2016	2017	2018	2019	2019.12
①定期預金　戻入	1,275	1,113	589	1,306	1,419	1,219	22	26
②定期預金　預入	1,351	1,425	809	1,164	1,269	1,222	26	812
差額①−②	−76	−312	−220	142	150	−3	−4	−786
①有形固定　売却	0	0	38	150	0	0	0	2,322
②有形固定　取得	551	624	326	285	339	398	271	243
差額①−②	−551	−624	−288	−135	−339	−398	−271	2,079
①無形固定　売却	0	0	0	0	0	0	0	0
②無形固定　取得	169	441	174	60	73	3,529	2,314	176
差額①−②	−169	−441	−174	−60	−73	−3,529	−2,314	−176
①投資有価証券　売却	1,451	362	7	0	0	0	0	56
②投資有価証券　取得	0	0	0	0	0	0	0	0
差額①−②	1,451	362	7	0	0	0	0	56
①長期貸付金　回収	186	556	142	145	141	116	106	65
②長期貸付金　支出	500	137	99	103	89	84	66	73
差額①−②	−314	419	43	42	52	32	40	−8
①子会社株式　売却	0	421	320	0	12	0	0	0
②子会社株式　取得	73	6	0	0	0	0	0	0
差額①−②	−73	415	320	0	12	0	0	0
①差入保証金　回収	0	435	0	0	0	0	0	0
②差入保証金　支出	85	199	0	0	0	0	0	0
差額①−②	−85	236	0	0	0	0	0	0
①その他　収入	0	0	0	0	0	0	0	0
②その他　支出	195	0	0	0	0	659	0	0
差額①−②	−195	0	0	0	0	−659	0	0
①その他　収入	0	0	0	0	0	422	0	0
②その他　支出	0	0	0	0	0	0	0	0
差額①−②	0	0	0	0	0	422	0	0
①その他　収入	59	0	12	0	21	0	0	0
②その他　支出	0	152	0	29	0	59	77	74
差額①−②	59	−152	12	−29	21	−59	−77	−74
差額合計	47	−97	−300	−40	−177	−4,194	−2,626	1,091

■図表X−7　財務CFの収入・支出

（単位:百万円）

【同種項目対応金額】	2013	2014	2015	2016	2017	2018	2019	2019.12
①短期借入金　収入	0	0	0	0	0	3,500	0	0
②短期借入金　支出	**0**	**0**	**0**	**0**	**0**	**0**	**1,309**	**608**
差額①−②	0	0	0	0	0	3,500	−1,309	−608
①長期借入金　収入	0	7	0	0	0	0	1,500	0
②長期借入金　支出	**0**	**0**	**0**	**0**	**0**	**0**	**207**	**373**
差額①−②	0	7	0	0	0	0	1,293	−373
①株式発行　収入	0	2,828	0	0	0	0	0	0
②株式　支出	0	0	0	0	0	0	0	0
差額①−②	0	2,828	0	0	0	0	0	0
①その他収入	0	0	0	0	0	0	0	0
②リース債務	**13**	**35**	**70**	**82**	**88**	**93**	**77**	**42**
差額①−②	−13	−35	−70	−82	−88	−93	−77	−42
差額合計	−13	2,800	−70	−82	−88	3,407	−93	−1,023
【換算前】現金及び現金同等物の増減額	274	2,703	372	−4,324	−523	758	−1,506	−4,503
現金及び現金同等物に係る換算差額	40	110	39	−35	−33	25	152	−13
現金及び現金同等物の増減額	314	2,813	411	−4,359	−556	783	−1,354	−4,516
現金及び現金同等物の期首残高	9,781	10,096	12,909	13,320	8,960	8,404	9,187	7,832
現金及び現金同等物の期末残高	10,096	12,909	13,320	8,960	8,404	9,187	7,832	3,316

太字は実際長期借入金等の返済額・実際短期借入金の返済額

■図表X−8　キャッシュ運用表（2013年）

（単位：百万円）

	キャッシュの運用			キャッシュの調達	
1	【利息・配当・法人税等の合計】	59	1	【営業利益+減価償却費】	152
2	財務CF（支払配当金）	0		—	
3	「おおむね留保経常収支額」	93	2	「▲おおむね留保経常収支額」	0
	1~3 TOTAL	152		1+2 TOTAL	152
4	「▲おおむね留保経常収支額」	0	3	「おおむね留保経常収支額」	93
5	実際長期借入金等の返済額	13	4	「運転資金のプラス」	666
6	実際短期借入金の返済額	0		—	
7	営業CFマイナス「その他」	516	5	営業CFプラス「その他」	0
8	調達超過額	230	6	調達不足額	0
	4~8 TOTAL	759		3~6 TOTAL	759
9	調達不足額	0	7	調達超過額	230
10	「運転資金のマイナス」	0	8	財務CF（短期借入金）	0
	—		9	財務CF（長期借入金）	0
	—		10	財務CF（社債）	0
	—		11	財務CF（増資）	0
11	財務CF（その他）	0	12	財務CF（その他）+端数調整額	−3
12	投資CFの支出額（純額）	0	13	投資CF（固定資産売却等）（純額）	47
13	「現金及び現金同等物」増加額	274	14	「現金及び現金同等物」減少額	0
	9~13 TOTAL	274		7~14 TOTAL	274

※有価証券報告書では、各科目金額を足した計算金額と記載合計額とに差がある。このため、端数調整を行っている。

■図表X−9　キャッシュ運用表（2014年）

（単位：百万円）

	キャッシュの運用			キャッシュの調達	
1	【利息・配当・法人税等の合計】	126	1	【営業利益+減価償却費】	563
2	財務CF（支払配当金）	0		—	
3	「おおむね留保経常収支額」	437	2	「▲おおむね留保経常収支額」	0
	1~3 TOTAL	563		1+2 TOTAL	563
4	「▲おおむね留保経常収支額」	0	3	「おおむね留保経常収支額」	437
5	実際長期借入金等の返済額	35	4	「運転資金のプラス」	0
6	実際短期借入金の返済額	0		—	
7	営業CFマイナス「その他」	87	5	営業CFプラス「その他」	0
8	調達超過額	315	6	調達不足額	0
	4~8 TOTAL	437		3~6 TOTAL	437
9	調達不足額	0	7	調達超過額	315
10	「運転資金のマイナス」	350	8	財務CF（短期借入金）	0
	—		9	財務CF（長期借入金）	7
	—		10	財務CF（社債）	0
	—		11	財務CF（増資）	2,828
11	財務CF（その他）	0	12	財務CF（その他）+端数調整額	0
12	投資CFの支出額（純額）	97	13	投資CF（固定資産売却等）（純額）	0
13	「現金及び現金同等物」増加額	2,703	14	「現金及び現金同等物」減少額	0
	9~13 TOTAL	3,150		7~14 TOTAL	3,150

※有価証券報告書では、各科目金額を足した計算金額と記載合計額とに差がある。このため、端数調整を行っている。

■図表X−10　キャッシュ運用表（2015年）

（単位：百万円）

キャッシュの運用			キャッシュの調達		
1	【利息・配当・法人税等の合計】	141	1	【営業利益＋減価償却費】	1,058
2	財務CF（支払配当金）	0		—	
3	「おおむね留保経常収支額」	917	2	「▲おおむね留保経常収支額」	0
	1~3 TOTAL	1,058		1+2 TOTAL	1,058
4	「▲おおむね留保経常収支額」	0	3	「おおむね留保経常収支額」	917
5	実際長期借入金等の返済額	70	4	「運転資金のプラス」	0
6	実際短期借入金の返済額	0		—	
7	営業CFマイナス「その他」	0	5	営業CFプラス「その他」	2,604
8	調達超過額	3,451	6	調達不足額	0
	4~8 TOTAL	3,521		3~6 TOTAL	3,521
9	調達不足額	0	7	調達超過額	3,451
10	「運転資金のマイナス」	2,780	8	財務CF（短期借入金）	0
	—		9	財務CF（長期借入金）	0
	—		10	財務CF（社債）	0
	—		11	財務CF（増資）	0
11	財務CF（その他）	0	12	財務CF（その他）＋端数調整額	1
12	投資CFの支出額（純額）	300	13	投資CF（固定資産売却等）（純額）	0
13	「現金及び現金同等物」増加額	372	14	「現金及び現金同等物」減少額	0
	9~13 TOTAL	3,452		7~14 TOTAL	3,452

※有価証券報告書では、各科目金額を足した計算金額と記載合計額とに差がある。このため、端数調整を行っている。

■図表X−11　キャッシュ運用表（2016年）

（単位：百万円）

キャッシュの運用			キャッシュの調達		
1	【利息・配当・法人税等の合計】	200	1	【営業利益＋減価償却費】	1,283
2	財務CF（支払配当金）	0		—	
3	「おおむね留保経常収支額」	1,083	2	「▲おおむね留保経常収支額」	0
	1~3 TOTAL	1,283		1+2 TOTAL	1,283
4	「▲おおむね留保経常収支額」	0	3	「おおむね留保経常収支額」	1,083
5	実際長期借入金等の返済額	82	4	「運転資金のプラス」	0
6	実際短期借入金の返済額	0		—	
7	営業CFマイナス「その他」	1,890	5	営業CFプラス「その他」	0
8	調達超過額	0	6	調達不足額	889
	4~8 TOTAL	1,972		3~6 TOTAL	1,972
9	調達不足額	889	7	調達超過額	0
10	「運転資金のマイナス」	3,394	8	財務CF（短期借入金）	0
	—		9	財務CF（長期借入金）	0
	—		10	財務CF（社債）	0
	—		11	財務CF（増資）	0
11	財務CF（その他）	0	12	財務CF（その他）＋端数調整額	−1
12	投資CFの支出額（純額）	40	13	投資CF（固定資産売却等）（純額）	0
13	「現金及び現金同等物」増加額	0	14	「現金及び現金同等物」減少額	4,324
	9~13 TOTAL	4,323		7~14 TOTAL	4,323

※有価証券報告書では、各科目金額を足した計算金額と記載合計額とに差がある。このため、端数調整を行っている。

■図表X−12　キャッシュ運用表（2017年）

（単位:百万円）

キャッシュの運用			キャッシュの調達		
1	【利息・配当・法人税等の合計】	349	1	【営業利益+減価償却費】	374
2	財務CF（支払配当金）	0		—	
3	「おおむね留保経常収支額」	25	2	「▲おおむね留保経常収支額」	0
	1~3 TOTAL	374		1+2 TOTAL	374
4	「▲おおむね留保経常収支額」	0	3	「おおむね留保経常収支額」	25
5	実際長期借入金等の返済額	88	4	「運転資金のプラス」	993
6	実際短期借入金の返済額	0		—	
7	営業CFマイナス「その他」	1,274	5	営業CFプラス「その他」	0
8	調達超過額	0	6	調達不足額	344
	4~8 TOTAL	1,362		3~6 TOTAL	1,362
9	調達不足額	344	7	調達超過額	0
10	「運転資金のマイナス」	0	8	財務CF（短期借入金）	0
	—		9	財務CF（長期借入金）	0
	—		10	財務CF（社債）	0
	—		11	財務CF（増資）	0
11	財務CF（その他）	0	12	財務CF（その他）+端数調整額	−2
12	投資CFの支出額（純額）	177	13	投資CF（固定資産売却等）（純額）	0
13	「現金及び現金同等物」増加額	0	14	「現金及び現金同等物」減少額	523
	9~13 TOTAL	521		7~14 TOTAL	521

※有価証券報告書では、各科目金額を足した計算金額と記載合計額とに差がある。このため、端数調整を行っている。

■図表X−13　キャッシュ運用表（2018年）

（単位:百万円）

キャッシュの運用			キャッシュの調達		
1	【利息・配当・法人税等の合計】	192	1	【営業利益+減価償却費】	882
2	財務CF（支払配当金）	0		—	
3	「おおむね留保経常収支額」	690	2	「▲おおむね留保経常収支額」	0
	1~3 TOTAL	882		1+2 TOTAL	882
4	「▲おおむね留保経常収支額」	0	3	「おおむね留保経常収支額」	690
5	実際長期借入金等の返済額	93	4	「運転資金のプラス」	0
6	実際短期借入金の返済額	0		—	
7	営業CFマイナス「その他」	0	5	営業CFプラス「その他」	2,127
8	調達超過額	2,724	6	調達不足額	0
	4~8 TOTAL	2,817		3~6 TOTAL	2,817
9	調達不足額	0	7	調達超過額	2,724
10	「運転資金のマイナス」	1,270	8	財務CF（短期借入金）	3,500
	—		9	財務CF（長期借入金）	0
	—		10	財務CF（社債）	0
	—		11	財務CF（増資）	0
11	財務CF（その他）	0	12	財務CF（その他）+端数調整額	−2
12	投資CFの支出額（純額）	4,194	13	投資CF（固定資産売却等）（純額）	0
13	「現金及び現金同等物」増加額	758	14	「現金及び現金同等物」減少額	0
	9~13 TOTAL	6,222		7~14 TOTAL	6,222

※有価証券報告書では、各科目金額を足した計算金額と記載合計額とに差がある。このため、端数調整を行っている。

■図表X－14　キャッシュ運用表（2019年）

（単位:百万円）

キャッシュの運用		キャッシュの調達	
1【利息・配当・法人税等の合計】	186	1【営業利益+減価償却費】	−1,708
2 財務CF（支払配当金）	0	—	
3「おおむね留保経常収支額」	0	2「▲おおむね留保経常収支額」	1,894
1~3 TOTAL	186	1+2 TOTAL	186
4「▲おおむね留保経常収支額」	1,894	3「おおむね留保経常収支額」	0
5 実際長期借入金等の返済額	284	4「運転資金のプラス」	2,366
6 実際短期借入金の返済額	1,309	—	
7 営業CFマイナス「その他」	0	5 営業CFプラス「その他」	740
8 調達超過額	0	6 調達不足額	381
4~8 TOTAL	3,487	3~6 TOTAL	3,487
9 調達不足額	381	7 調達超過額	0
10「運転資金のマイナス」	0	8 財務CF（短期借入金）	0
—		9 財務CF（長期借入金）	1,500
—		10 財務CF（社債）	0
—		11 財務CF（増資）	0
11 財務CF（その他）	0	12 財務CF（その他）+端数調整額	1
12 投資CFの支出額（純額）	2,626	13 投資CF（固定資産売却等）（純額）	0
13「現金及び現金同等物」増加額	0	14「現金及び現金同等物」減少額	1,506
9~13 TOTAL	3,007	7~14 TOTAL	3,007

※有価証券報告書では、各科目金額を足した計算金額と記載合計額とに差がある。このため、端数調整を行っている。

■図表X－15　キャッシュ運用表（2019年12月）

（単位:百万円）

キャッシュの運用		キャッシュの調達	
1【利息・配当・法人税等の合計】	168	1【営業利益+減価償却費】	−7,647
2 財務CF（支払配当金）	0	—	
3「おおむね留保経常収支額」	0	2「▲おおむね留保経常収支額」	7,815
1~3 TOTAL	168	1+2 TOTAL	168
4「▲おおむね留保経常収支額」	7,815	3「おおむね留保経常収支額」	0
5 実際長期借入金等の返済額	415	4「運転資金のプラス」	0
6 実際短期借入金の返済額	608	—	
7 営業CFマイナス「その他」	0	5 営業CFプラス「その他」	6,311
8 調達超過額	0	6 調達不足額	2,527
4~8 TOTAL	8,838	3~6 TOTAL	8,838
9 調達不足額	2,527	7 調達超過額	0
10「運転資金のマイナス」	3,063	8 財務CF（短期借入金）	0
—		9 財務CF（長期借入金）	0
—		10 財務CF（社債）	0
—		11 財務CF（増資）	0
11 財務CF（その他）	0	12 財務CF（その他）+端数調整額	−4
12 投資CFの支出額（純額）	0	13 投資CF（固定資産売却等）（純額）	1,091
13「現金及び現金同等物」増加額	0	14「現金及び現金同等物」減少額	4,503
9~13 TOTAL	5,590	7~14 TOTAL	5,590

※有価証券報告書では、各科目金額を足した計算金額と記載合計額とに差がある。このため、端数調整を行っている。

フローの安全性は確保されていた。営業CFの「その他」支出▲516百万円（内容は不明）は「臨時的なもの等」とする。

図表X－8を確認しよう。

【「おおむね留保経常収支額」93百万円＋「運転資金のプラス」666百万円】＝759百万円は、運用欄の5・7の支出を賄えた。調達超過額は230百万円となった。この金額と投資CFの合計274百万円は、「現金及び現金同等物」となった。このため、最終的な「現金及び現金同等物」は、換算差額40百万円を加えると、314百万円の増加となった。

稼ぎ出した営業CFの金額と投資CFの金額が「現金及び現金同等物」の増加となった。ただし、営業損失が計上されていることで、資本の欠損は解消されていない。

（2014年）

- 「おおむね留保経常収支額」437百万円＞「有利子負債の約定返済額」▲105百万円（予定長期借入金等の返済額▲20百万円＋予定短期借入金の返済額▲85百万円）の絶対値。
- 実際長期借入金等の返済額▲35百万円・実際短期借入金の返済額はゼロであった。

フローの安全性は確保されていた。営業CFの「その他」支出▲87百万円（内容は不明）は「臨時的なもの等」とする。

図表X－9を確認しよう。

「おおむね留保経常収支額」437百万円は、運用欄の5・7の支出を賄えた。調達超過額は315百万円となった。この金額と財務CFの合計3,150百万円は、「運転資金のマイナス」▲350百万円と投資CFの▲97百万円の合計▲447百万円の調達原資となった。このため、「現金及び現金同等物」は2,703百万円となった。最終的な「現金及び現金同等物」は、換算差額110百万円を加えると、2,813百万円の増加となった。

「現金及び現金同等物」は、大半が財務CFの株式発行収入2,828百万円で増加したもので、一概には喜べない。この年度も営業損失が計上されたことにより、資本の欠損が解消されないからだ。

(2015年)
・「おおむね留保経常収支額」917百万円>「有利子負債の約定返済額」▲132百万円(予定長期借入金等の返済額▲47百万円+予定短期借入金の返済額▲85百万円)の絶対値。
・実際長期借入金等の返済額▲70百万円・実際短期借入金の返済額はゼロであった。

フローの安全性は確保されていた。営業CFの「その他」収入2,604百万円(内容不明)は「臨時的なもの等」とする。

図表X-10を確認しよう。

「おおむね留保経常収支額」917百万円は、運用欄の5の支出を賄えた。営業CFの「その他」収入2,604百万円の調達原資もあって、調達超過額は3,451百万円となった。この金額に端数調整額を足した3,452百万円は、「運転資金のマイナス」▲2,780百万円と、投資CFの▲300百万円の合計▲3,080百万円の調達原資となった。このため、「現金及び現金同等物」は372百万円となり、換算差額39百万円を加えると、最終的な「現金及び現金同等物」は411百万円の増加となった。

この年度は、営業CFの「その他」収入2,604百万円の内容が不明である。「その他の流動資産」による収入・「その他流動負債」による収入とのことで、これ以上の情報がない。朗報としては、営業利益が計上されたことだ。しかし、まだ資本の欠損が解消されていない。

（2016年）
・「おおむね留保経常収支額」1,083百万円＞「有利子負債の約定返済額」▲166百万円（予定長期借入金等の返済額▲81百万円＋予定短期借入金の返済額▲85百万円）の絶対値。
・実際長期借入金等の返済額▲82百万円・実際短期借入金の返済額はゼロであった。

フローの安全性は確保されていた。営業CFの「その他」支出▲1,890百万円（内容不明）は「臨時的なもの等」とする。

図表X－11を確認しよう。

「おおむね留保経常収支額」1,083百万円は、運用欄の5・7の支出を賄えなかった。調達不足額は▲889百万円となった。この金額と「運転資金のマイナス」▲3,394百万円と投資CFの▲40百万円の合計▲4,323百万円は、「現金及び現金同等物」で調達された。このため、「現金及び現金同等物」は端数調整後で▲4,323百万円となり、換算差額▲35百万円を加えると、最終的な「現金及び現金同等物」は▲4,359百万円となった。

この年度のキャッシュ体質図の現金等をみると、おおむね上記の金額が減少となっていることが分かる。

この年度も、営業利益が計上されたが、資本の欠損は解消されていない。この段階でも、金融機関から融資を受けていない。あるいは資本の欠損が原因で融資が受けられないのか。いずれにしても、手持ちの現金等で各種の支出を補填した。体力が減退したことは事実だ。

（2017年）

・【「おおむね留保経常収支額」25百万円＋「運転資金のプラス」993百万円】＝1,018百万円＞「有利子負債の約定返済額」▲169百万円（予定長期借入金等の返済額▲84百万円＋予定短期借入金の返済額▲85百万円）の絶対値。
・実際長期借入金等の返済額▲88百万円・実際短期借入金の返済額はゼロであった。

フローの安全性は確保されていた。営業CFの「その他」支出▲1,274百万円（内容は不明）は「臨時的なもの等」とする。

図表X－12を確認しよう。

【「おおむね留保経常収支額」25百万円＋「運転資金のプラス」993百万円】＝1,018百万円は、運用欄の5·7の支出を賄えなかった。調達不足額▲344百万円と投資CFの▲177百万円の合計▲521百万円は、「現金及び現金同等物」（端数調整後）で調達された。このため、「現金及び現金同等物」は▲523百万円となり、換算差額を加えると、最終的な「現金及び現金同等物」は▲556百万円となった。

この年度は、体力がさらに減退したことになる。「おおむね留保経常収支額」＋「運転資金のプラス」と「現金及び現金同等物」が主な調達原資となった。また営業損失が計上されて、資本の欠損が増幅した。

（2018年）

・「おおむね留保経常収支額」690百万円＞「有利子負債の約定返済額」▲171百万円（予定長期借入金等の返済額▲86百万円＋予定短期借入金の返済額▲85百万円）の絶対値。

・実際長期借入金等の返済額▲ 93 百万円・実際短期借入金の返済額はゼロであった。

フローの安全性は確保されていた。営業 CF の「その他」収入 2,127 百万円（内容は不明）は「臨時的なもの等」とする。

図表X－13 を確認しよう。

「おおむね留保経常収支額」690 百万円は、運用欄の 5 の支出を賄えた。営業 CF の「その他」収入 2,127 百万円もあって、調達超過額は 2,724 百万円となった。この金額と財務 CF の合計 6,222 百万円は、「運転資金のマイナス」▲ 1,270 百万円と投資 CF の▲ 4,194 百万円の合計▲ 5,464 百万円の調達原資となった。このため、「現金及び現金同等物」は 758 百万円となり、換算差額 25 百万円を加えると、最終的な「現金及び現金同等物」は 783 百万円の増加額となった。

この年度は、「営業利益＋減価償却費」が「運転資金のマイナス」に喰われている。この「運転資金のマイナス」も含めて、大半の支出が、主に財務 CF の短期借入金と営業 CF の「その他」収入（内容は不明）で調達されたと考えられる。

この年度は、営業利益が計上されたが、資本の欠損は解消されていない。金融機関から短期借入金の融資を受けた。さすがに金融機関に融資依頼をせざるを得ない状況であったようだ。

ここで再度、前掲図表X－3、X－4をみてみよう。

この年度のキャッシュ体質図の脂肪資産が多くなっている。商標権という無形固定資産の取得が要因だ。資本の欠損は解消できず、売上高の減少は止まらない状況は、いよいよ、レナウンは正念場を迎えたようだ。

（2019 年）

・【「おおむね留保経常収支額」▲ 1,894 百万円＋「運転資金のプラス」2,366 百万円】＝ 472 百万円＜有利子負債の約定返済額▲ 3,661 百万円（予定長期借入金等の返済額▲ 76 百万円＋予定短期借入金の返済額▲ 3,585 百万円）の絶対値。

・実際長期借入金等の返済額▲ 284 百万円・実際短期借入金の返済額▲ 1,309 百万円であった。

「正常な収益力」をベースとした「おおむね留保経常収支額」がマイナスとなったので、フローの安全性は確保されていなかった。営業 CF の「その他」収入 740 百万円（主に減損損失という非資金費用）は「臨時的なもの等」とする。

図表X－ 14 を確認しよう。

【「おおむね留保経常収支額」▲ 1,894 百万円＋「運転資金のプラス」2,366 百万円】＝ 472 百万円は、運用欄の 5・6 の支出を賄えなかった。営業 CF の「その他」収入 740 百万円もあったが、調達不足額は▲ 381 百万円となった。この金額と投資 CF の▲ 2,626 百万円の合計▲ 3,007 百万円は、財務 CF と「現金及び現金同等物」で調達された。このため、「現金及び現金同等物」は▲ 1,506 百万円となり、換算差額 152 百万円を加えると、最終的な「現金及び現金同等物」は▲ 1,354 百万円となった。

この年度は、多額の営業損失が計上されて、資本の欠損が増幅した背景がある中で、前期同様、商標権という無形固定資産の取得もあった。財務 CF では長期借入金 1,500 百万円の融資を受けた。突破口を探しているようにみえる。金融機関頼りの経営に陥っているようだ。

（2019 年 12 月）
・「おおむね留保経常収支額」は▲ 7,815 百万円になっていた。
・予定長期借入金等の返済額▲ 541 百万円・予定短期借入金の返済額▲ 2,275 百万円であった。
・実際長期借入金等の返済額▲ 415 百万円・実際短期借入金の返済額▲ 608 百万円であった。

「正常な収益力」をベースとした「おおむね留保経常収支額」がマイナスとなったので、フローの安全性は確保されていなかった。営業CF の「その他」収入 6,311 百万円（主に貸倒引当金という非資金費用）は「臨時的なもの等」とする。

図表X－ 15 を確認しよう。

「おおむね留保経常収支額」▲ 7,815 百万円と運用欄の 5・6 の支出の合計▲ 8,838 百万円は、営業 CF の「その他」収入 6,311 百万円では補填できなかった。調達不足額は▲ 2,527 百万円となった。この金額と「運転資金のマイナス」▲ 3,063 百万円の合計▲ 5,590 百万円は、投資 CF と「現金及び現金同等物」で調達された。このため、「現金及び現金同等物」は▲ 4,503 百万円となった。換算差額▲ 13 百万円を加えると、最終的な「現金及び現金同等物」は▲ 4,516 百万円となった。

この年度は、多額の営業損失が計上され、資本の欠損は増幅した。キャッシュ体質図をみると、現金等もかなり小さくなった。体力の限界にきているようだ。レナウンはいつ倒産しても不思議ではない状態であった。

❹ 総　括

レナウンはコロナ渦での倒産ではあるが、それがすべての原因ではなさそうだ。

老舗であっても、実質無借金の状態が続いていたとしても、売上高の減少や営業利益の確保が疎かになれば、倒産するのかと、改めて考えさせられる事例であった。体力のない中小企業であれば、とっくに倒産していたであろう。

さて、不思議に思うことがある。売上債権＞仕入債務で、売上高が減少している場合の売上債権と仕入債務のCFの動きの原理だ。レナウンは原理どおりの動きをしていない年度が多いことだ。この原理は、売上債権の減少額はプラス表示となり、仕入債務の減少額はマイナス表示となる。プラス表示の売上債権の減少額が、マイナス表示の仕入債務の減少額の絶対値よりも大きいので、両者の差額はプラスとなる（P58のB参照）。

2015年・2016年・2018年・2019年12月の売上債権が特に顕著だ。2017年・2019年は売上債権の回収があった。最終的には2019年12月の売上債権の▲2,236百万円が怪しい。どうやら親会社の山東如意科技集団有限公司の子会社に対する売掛金が滞っていた。このために、売上債権が減少しなかったので、マイナス表示となったようだ。やはり、運転資金の2要素あるいは3要素は重要なチェックポイントなのだと再認識した事例でもあった。

2009年以降、どの年度も、マイナスの利益剰余金がある。現金等の面積はトレンドを大局的にみれば、年々小さくなり、2006年の現金等は23,758百万円であったが、2019年12月では5,377百万円となった。実質無借金で経営を行ってきたが、体力が減退していたようだ。2018年からは、有利子負債の存在が明らかに分かるようになった。金融機関に頼らざるを得なく

なったようだ。2019年12月に親会社の山東如意科技集団有限公司の子会社に対する売掛金が滞っていた。これが倒産の決定打となったようだ。レナウンはコロナ渦での倒産ではあるが、それがすべての原因ではなさそうだ。

中小企業への教訓

☞資本の欠損状態でも、実質無借金の企業は、経営を継続できるが、それも体力勝負。不測の事態も想定しなければならない。

☞運転資金の2要素あるいは3要素は重要なチェックポイントとなる。

XI 日本航空株式会社
～政府の支援を経て経営破綻から復活

日本航空㈱は 1951 年 8 月、我が国初の民間航空会社として設立された。2002 年 10 月、㈱日本エアシステムと経営統合し、持株会社㈱日本航空システムに移行。商号は 2004 年 6 月に㈱日本航空に戻る。東京証券取引所第 1 部上場。

国内・国際航空事業のほか総合リース事業、金融業などに進出し経営多角化したが、不採算路線の増加やリーマンショックの影響などから債務超過に陥り、2010 年 1 月に会社更生適用申請（負債総額 2 兆 3,200 億円）。

❶ 概　　要

分析年度　2005 年～ 2019 年

運転資金の特徴

	悪玉資産・善玉負債	売上債権・仕入債務	売上高
2005 年	悪玉資産＞善玉負債	売上債権＞仕入債務	⤴
2006 年	悪玉資産＞善玉負債	売上債権＞仕入債務	⤴
2007 年	悪玉資産＞善玉負債	売上債権≒仕入債務	⤴
2008 年	悪玉資産＜善玉負債	売上債権＜仕入債務	→
2009 年	悪玉資産＜善玉負債	売上債権＜仕入債務	⤵

2012年	悪玉資産＜善玉負債	売上債権＜仕入債務	⤵
2013年	悪玉資産＜善玉負債	売上債権＜仕入債務	⤴
2014年	悪玉資産＜善玉負債	売上債権＜仕入債務	⤴
2015年	悪玉資産＜善玉負債	売上債権＜仕入債務	⤴
2016年	悪玉資産＜善玉負債	売上債権＜仕入債務	⤵
2017年	悪玉資産＜善玉負債	売上債権＜仕入債務	⤵
2018年	悪玉資産＜善玉負債	売上債権＜仕入債務	⤴
2019年	悪玉資産＜善玉負債	売上債権＜仕入債務	⤴

(1) ストックの安全性

再上場前の2005年と上場後の2019年のキャッシュ体質図は対照的である。2005年では流動資金も固定資金も不足しているのに対して、2019年では流動資金も固定資金も余剰しているからだ。

2005年では、現金等＜有利子負債なので、キャッシュ・プアの形となっている。ストックの安全性は確保されていなかった。

2019年では、現金等＞有利子負債なので、キャッシュ・リッチの形となっている。ストックの安全性は確保されている。

2006年では、脂肪資産の下にマイナスの利益剰余金があるが、2007年もマイナスの利益剰余金がある。2009年では、マイナスの利益剰余金が再び発生し、資本の欠損が増幅した。相変わらず有利子負債は大きな割合を占めている。再上場した2012年では、現金等＞有利子負債なので、キャッシュ・リッチの形となっている。ストックの安全性は確保されている。

ダイナミックな再建もあり、多額の営業利益も計上したことで資本の欠損が解消されたことが、固定資金の余る体質とし、実質無借金の体質、キャッシュ・リッチとなったのである。その後も同体質を維持している。第2フェーズではストックの安全性は確保・維持されている。

(2) フローの安全性

2005年ではフローの安全性は確保されていた。フローの安全性の確保は、おおむね同年に稼ぎ出した営業CFで実現できたようだ。その他の支出は投資CFあるいは財務CFに支えられていた。「現金及び現金同等物」の増加額は、大半が親企業・子企業の株式売却による収入で構成されているとみることもできる。親企業・子企業の株式を売却して得た収入は、いわば体力を減らしたことによるものであったのである。

2006年・2007年では、フローの安全性は確保されていなかった。2006年では、大半の支出は、主に財務CFと「現金及び現金同等物」が調達原資となった。この年度も、「現金及び現金同等物」を減少させたことにより、体力を減らしたのである。また多額の営業損失が計上されたことにより、資本の欠損となってしまった。かなり苦しい経営であったであろう。

2007年では、大半の支出は、主に財務CFで調達されたと考えられる。営業利益が計上されたが、資本の欠損は解消されていない。

2008年は、フローの安全性は不安定ながらの確保となる。これはおおむね同年に稼ぎ出した営業CFで実現できたようだ。その他の支出は財務CFで調達された。

2009年は、フローの安全性は確保されていなかった。この年度は、大半の支出は、財務CFで調達の長期借入金や「現金及び現金同等物」も調達原資となっているが、主に株式発行収入に頼らざるを得なかったのである。金融機関は、もはや全面的に融資をするだけの信用を失墜していたかもしれない。金融機関頼みの経営に限界が来たのであろうか。営業損失が計上され、またもや資本の欠損を増幅させたことで、危機的な経営に追い込まれていたのであろう。

日本航空は2010年1月に会社更生法の適用を受けることになったのである。その後、2012年9月に再上場を成し遂げることになった。

2012年では、予定短期借入金の返済額については資料がないので不明である。ただ、「おおむね留保経常収支額」＞予定長期借入金等の返済額の絶対値なので、最低でもフローの安全性は不安定ながらも確保されていたといえる。

それにしても、再上場の初事業年度で、以前と違う「営業利益＋減価償却費」の多さである。支出は財務 CF と「現金及び現金同等物」でも調達されたが、大半の支出は自力で稼いだ営業 CF で調達されている。

2013 年から 2019 年は、フローの安全性は確保されていた。調達原資の大半が、「おおむね留保経常収支額」あるいは【「おおむね留保経常収支額」＋「運転資金のプラス」】であることは、金融機関に頼ることなく、「正常な収益力」を創出できる経営の強さを物語る。

❷　主要な経営指標等

日本航空の売上高は 2004 年の売上高 1,448,563 百万円を起点とすれば、前年対比で 2005 年・2006 年・2007 年まで増加していた。2008 年は横ばい・2009 年は減少した。2012 年は 2009 年を起点とすれば減少した。前年対比で、2013 年から 2015 年までは増加し、2016 年・2017 年は減少し、2018 年・2019 年は増加した。

当期純利益は 2006 年・2007 年・2009 年以外は計上されていた。「営業 CF の結果」はすべての年度でプラスであった。

❸　安全性の分析

(1)　ストックの安全性①

まず、**図表Ⅺ－１、Ⅺ－２**と後掲**Ⅺ－ 19** をみてみよう。

2005 年と 2019 年のキャッシュ体質図である。なお、2013 年だけが、「その他包括利益累計額」がプラスとなっている。

再上場前とその後の最新のキャッシュ体質図は対照的である。2005 年では流動資金も固定資金も不足しているのに対して、2019 年では流動資金も固定資金も余剰しているからだ。

■図表XI－1　キャッシュ体質図(2005年)

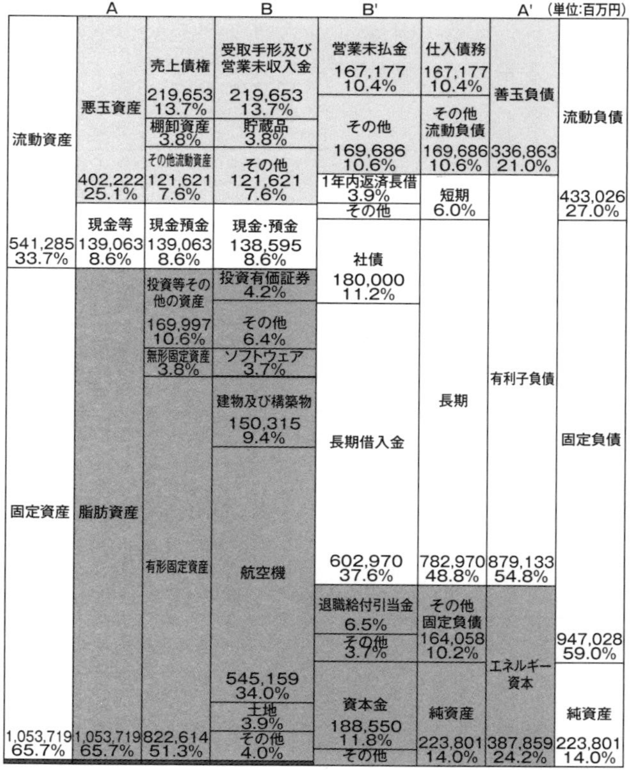

■図表XI－2　キャッシュ体質図(2019年)

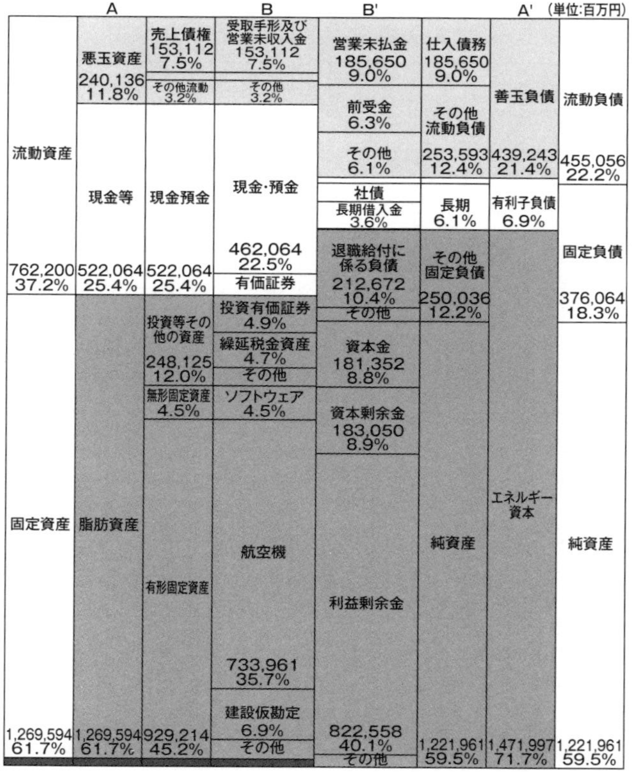

■図表Ⅺ－3　概略営業CF【「おおむね留保経常収支額」と返済額】

	営業CF	68,322	41,756	102,449	147,134	27,788
		2005	2006	2007	2008	2009
①	（営業利益）	42,748	−41,040	15,326	83,697	−53,854
②	減価償却費	86,422	85,334	96,846	112,214	116,340
③=①+②	合計	129,170	44,294	112,172	195,911	62,486
④	売上債権	−39,523	−11,407	−45,421	9,215	68,416
⑤	仕入債務	5,099	18,490	44,882	13,733	−72,786
⑥=④+⑤	合計	−34,424	7,083	−539	22,948	−4,370
⑦	棚卸資産	−2,210	−9,336	1,093	−9,135	9,232
⑧=⑥+⑦	合計	−36,634	−2,253	554	13,813	4,862
⑨	受取利息･配当額	3,148	3,627	6,567	7,790	5,487
⑩	支払利息額	−19,742	−17,606	−17,207	−20,309	−18,889
⑪	法人税等支払額	−2,512	−6,270	−3,116	−7,104	−4,047
⑫=⑨+⑩+⑪	合計	−19,106	−20,249	−13,756	−19,623	−17,449
⑬=⑭−（③+⑧+⑫）	「その他」合計	−5,108	19,964	3,479	−42,967	−22,111
⑭	営業CF	68,322	41,756	102,449	147,134	27,788
⑮=③	営業利益･減価償却費	129,170	44,294	112,172	195,911	62,486
⑯=⑫	利息･配当･法人税等	−19,106	−20,249	−13,756	−19,623	−17,449
⑰	支払配当金	−348	−8,256	−296	−237	−205
⑱=⑮+⑯+⑰	「おおむね留保経常収支額」	109,716	15,789	98,120	176,051	44,832
⑲	実際長期借入金等の返済額	105,548	80,104	116,245	183,416	153,580
⑳	予定長期借入金等の返済額	68,691	77,715	106,361	177,547	158,431
	実際長期借入金等の返済額					
	1年以内長期借入金	83,548	65,104	86,245	113,416	135,580
	1年以内社債	22,000	15,000	30,000	70,000	18,000
	1年以内リース	0	0	0	0	0
	1年以内末払金					
	合計	105,548	80,104	116,245	183,416	153,580
	実際短期借入金の返済額					
	短期借入金	3,867	0	0	0	40,786
	合計	109,415	80,104	116,245	183,416	194,366
	予定長期借入金等の返済額					
	1年以内長期借入金	68,691	62,715	72,476	101,569	133,901
	1年以内社債	0	15,000	30,000	70,000	18,000
	1年以内リース	0	0	3,820	3,977	4,143
	1年以内末払金	0	0	65	2,001	2,387
	合計	68,691	77,715	106,361	177,547	158,431
	予定短期借入金の返済額					
	短期借入金	24,687	18,448	57,459	150,594	148,430
	合計	93,378	96,163	163,820	328,141	306,861

（単位:百万円）

256,673	264,853	247,941	261,139	312,394	253,153	281,542	296,717
2012	2013	2014	2015	2016	2017	2018	2019
204,922	195,242	166,792	179,689	209,192	170,332	174,565	176,160
81,222	81,004	82,718	85,897	88,528	95,777	110,860	124,104
286,144	276,246	249,510	265,586	297,720	266,109	285,425	300,264
−5,496	−3,777	−22,131	1,975	14,193	−14,609	−8,621	−1,852
−6,093	10,405	12,883	−4,392	731	13,952	18,803	7,707
−11,589	6,628	−9,248	−2,417	14,924	−657	10,182	5,855
3,172	718	380	851	−449	−801	−876	188
−8,417	7,346	−8,868	−1,566	14,475	−1,458	9,306	6,043
1,730	1,631	2,303	2,360	2,975	2,312	2,895	3,005
−11,234	−3,349	−2,232	−1,768	−1,259	−862	−802	−802
−7,336	−17,950	−12,675	−13,152	−13,489	−33,039	−21,370	−26,117
−16,840	−19,668	−12,604	−12,560	−11,773	−31,589	−19,277	−23,914
−4,214	929	19,903	9,679	11,972	20,091	6,088	14,324
256,673	264,853	247,941	261,139	312,394	253,153	281,542	296,717
286,144	276,246	249,510	265,586	297,720	266,109	285,425	300,264
−16,840	−19,668	−12,604	−12,560	−11,773	−31,589	−19,277	−23,914
−194	−8,177	−34,212	−31,035	−40,959	−46,288	−54,600	−42,881
269,110	248,401	202,694	221,991	244,988	188,232	211,548	233,469
300,266	62,941	45,945	51,103	33,363	24,660	19,472	22,088
144,660	46,959	45,808	40,713	33,104	24,283	18,930	17,129
259,056	26,599	9,833	18,465	7,952	11,169	13,468	19,439
0	0	0	0	0	0	0	0
41,210	36,342	36,112	32,638	25,411	13,491	6,004	2,649
300,266	62,941	45,945	51,103	33,363	24,660	19,472	22,088
0	0	0	84	0	360	2,221	3,085
300,266	62,941	45,945	51,187	33,363	25,020	21,693	25,173
139,405	10,197	9,767	8,062	7,807	10,851	13,037	14,555
0	0	0	0	0	0	0	0
4,468	35,997	35,801	32,455	25,123	13,254	5,712	2,389
787	765	240	196	174	178	181	185
144,660	46,959	45,808	40,713	33,104	24,283	18,930	17,129
0	561	828	287	106	5,792	5,372	3,150
144,660	47,520	46,636	41,000	33,210	30,075	24,302	20,279

■図表Ⅺ－4　投資CFの収入･支出

【同種項目対応金額】	2005	2006	2007	2008	2009
①定期預金　戻入	95	141	1,105	2,773	7,783
②定期預金　預入	892	308	3,465	992	8,901
差額①－②	−797	−167	−2,360	1,781	−1,118
①有形固定　売却	91,158	46,642	51,544	114,964	45,346
②有形固定　取得	87,127	102,303	145,759	178,533	168,804
差額①－②	4,031	−55,661	−94,215	−63,569	−123,458
①有価証券　売却	0	0	0	10,576	31,455
②有価証券　取得	0	0	11,759	9,012	32,422
差額①－②	0	0	−11,759	1,564	−967
①投資有価証券　売却	755	1,043	47,289	15,876	22,462
②投資有価証券　取得	4,052	6,744	4,450	1,051	4,387
差額①－②	−3,297	−5,701	42,839	14,825	18,075
①短期貸付金　回収	0	11,120	0	1,895	0
②短期貸付金　支出	12,834	0	8,398	0	295
差額①－②	−12,834	11,120	−8,398	1,895	−295
①長期貸付金　回収	2,201	2,218	1,832	1,903	1,758
②長期貸付金　支出	2,428	1,298	1,771	1,396	1,197
差額①－②	−227	920	61	507	561
①子会社株式　売却	11,789	131	6,526	7,884	143
②子会社株式　取得	0	0	87	3,583	135
差額①－②	11,789	131	6,439	4,301	8
①親会社株式　売却	21,482	0	0	0	0
②親会社株式　取得	0	0	0	0	0
差額①－②	21,482	0	0	0	0
①差入保証金　回収	0	0	4,944	0	0
②差入保証金　支出	0	0	0	0	0
差額①－②	0	0	4,944	0	0
①その他　収入	5,252	367	2,224	0	475
②その他　支出	0	0	0	19	0
差額①－②	5,252	367	2,224	−19	475
差額合計	25,399	−48,991	−60,225	−38,715	−106,719

（単位:百万円）

2012	2013	2014	2015	2016	2017	2018	2019
191,280	351,303	506,867	396,645	318,607	411,381	421,808	526,442
276,021	486,697	471,404	427,960	400,309	363,892	408,263	529,763
−84,741	−135,394	35,463	−31,315	−81,702	47,489	13,545	−3,321
28,735	10,200	2,893	3,538	7,642	8,427	22,701	33,390
98,628	121,894	164,590	198,635	210,660	233,125	208,002	222,126
−69,893	−111,694	−161,697	−195,097	−203,018	−224,698	−185,301	−188,736
0	0	0	0	0	0	0	0
0	0	0	0	0	0	0	0
0	0	0	0	0	0	0	0
5,717	430	1,206	243	273	1,134	1,578	247
3,093	20,294	8,176	5,287	6,345	342	2,941	4,153
2,624	−19,864	−6,970	−5,044	−6,072	792	−1,363	−3,906
1,916	1,791	6,138	1,859	1,669	1,485	954	833
1,933	295	4,293	287	319	386	1,270	314
−17	1,496	1,845	1,572	1,350	1,099	−316	519
0	0	0	0	0	0	0	0
0	0	0	0	0	0	0	0
0	0	0	0	0	0	0	0
1,614	0	145	245	39	0	71	0
0	0	0	0	0	0	0	0
1,614	0	145	245	39	0	71	0
0	0	0	0	0	0	0	0
0	0	0	0	0	0	0	0
0	0	0	0	0	0	0	0
0	0	0	0	0	0	0	0
0	0	0	0	0	0	0	0
0	0	0	0	0	0	0	0
3,188	1,019	0	0	486	7,239	6,761	5,730
0	0	24	920	0	0	0	0
3,188	1,019	−24	−920	486	7,239	6,761	5,730
−147,225	−264,437	−131,238	−230,559	−288,917	−168,079	−166,603	−189,714

■図表XI−5　財務CFの収入・支出

【同種項目対応金額】	2005	2006	2007	2008	2009
①短期借入金　収入	0	38,864	84,665	730	0
②短期借入金　支出	**3,867**	**0**	**0**	**0**	**40,786**
差額①−②	−3,867	38,864	84,665	730	−40,786
①長期借入金　収入	48,690	51,506	18,931	82,786	46,652
②長期借入金　支出	**83,548**	**65,104**	**86,245**	**113,416**	**135,580**
差額①−②	−34,858	−13,598	−67,314	−30,630	−88,928
①株式発行　収入	0	0	0	0	199,650
②株式　支出	0	0	0	0	0
差額①−②	0	0	0	0	199,650
①社債　収入	0	0	0	0	0
②社債　支出	**22,000**	**15,000**	**30,000**	**70,000**	**18,000**
差額①−②	−22,000	−15,000	−30,000	−70,000	−18,000
①配当　収入	0	0	0	0	0
②配当　支出	0	8,025	0	0	0
差額①−②	0	−8,025	0	0	0
①その他配当　収入	0	0	0	0	0
②その他配当　支出	348	231	296	237	205
差額①−②	−348	−231	−296	−237	−205
①リース債務　収入	0	0	0	0	0
②リース債務　支出	**0**	**0**	**0**	**0**	**0**
差額①−②	0	0	0	0	0
①その他　収入	0	0	0	0	0
②その他　支出	6,913	6,376	4,954	6,010	6,926
差額①−②	−6,913	−6,376	−4,954	−6,010	−6,926
差額合計	−67,986	−4,366	−17,899	−106,147	44,805
【換算前】現金及び現金同等物の増減額	25,737	−11,601	24,325	2,271	−34,125
現金及び現金同等物に係る換算差額	7	484	424	−3,631	−1,231
現金及び現金同等物の増減額	25,744	−11,117	24,749	−1,360	−35,356
現金及び現金同等物の期首残高	113,659	137,436	126,213	183,521	180,461
連結関係の現金及び現金同等物の増減額	0	−105	310	−1,698	−102
合併関係等の現金及び現金同等物の増減額	0	0	32,247	0	2,515
株式交換関係の現金及び現金同等物の増減額	−1,966	0	0	0	0
現金及び現金同等物の期末残高	137,436	126,213	183,521	180,461	147,517

太字は実際長期借入金等の返済額・実際短期借入金の返済額

網かけ は支払配当金

（単位：百万円）

2012	2013	2014	2015	2016	2017	2018	2019
62	266	23	0	5,686	0	0	0
0	**0**	**0**	**84**	**0**	**360**	**2,221**	**3,085**
62	266	23	−84	5,686	−360	−2,221	−3,085
25,203	11,836	17,880	15,342	19,002	27,895	30,306	10,800
259,056	**26,599**	**9,833**	**18,465**	**7,952**	**11,169**	**13,468**	**19,439**
−233,853	−14,763	8,047	−3,123	11,050	16,726	16,838	−8,639
1,506	0	0	0	0	19,875	0	0
0	0	0	0	0	0	0	0
1,506	0	0	0	0	19,875	0	0
0	0	0	0	0	0	0	29,796
0	**0**	**0**	**0**	**0**	**0**	**0**	**0**
0	0	0	0	0	0	0	29,796
0	0	0	0	0	0	0	0
0	0	32,283	28,989	37,695	43,481	51,749	39,347
0	0	−32,283	−28,989	−37,695	−43,481	−51,749	−39,347
0	0	0	0	0	0	0	0
194	8,177	1,929	2,046	3,264	2,807	2,851	3,534
−194	−8,177	−1,929	−2,046	−3,264	−2,807	−2,851	−3,534
0	0	0	0	0	0	0	0
41,210	**36,342**	**36,112**	**32,638**	**25,411**	**13,491**	**6,004**	**2,649**
−41,210	−36,342	−36,112	−32,638	−25,411	−13,491	−6,004	−2,649
0	0	342	0	0	0	111	447
770	1,625	0	441	0	29,992	10,004	10,024
−770	−1,625	342	−441	0	−29,992	−9,893	−9,577
−274,459	−60,641	−61,912	−67,321	−49,634	−53,530	−55,880	−37,035
−165,008	−60,225	54,791	−36,742	−26,158	31,543	59,058	69,966
449	643	1,045	1,037	−141	−292	−354	2
−164,559	−59,582	55,836	−35,705	−26,299	31,251	58,704	69,968
323,797	158,995	99,413	155,252	119,287	92,951	124,261	182,870
−274	0	0	−264	−36	0	−218	−44
31	0	2	4	0	58	122	0
0	0	0	0	0	0	0	0
158,995	99,413	155,252	119,287	92,951	124,261	182,870	252,795

■図表Ⅺ−6　キャッシュ運用表(2005年)

(単位:百万円)

キャッシュの運用		キャッシュの調達	
1 【利息･配当･法人税等の合計】	19,106	1 【営業利益+減価償却費】	129,170
2 財務CF(支払配当金)	348	—	
3 「おおむね留保経常収支額」	109,716	2 「▲おおむね留保経常収支額」	0
1~3 TOTAL	129,170	1+2 TOTAL	129,170
4 「▲おおむね留保経常収支額」	0	3 「おおむね留保経常収支額」	109,716
5 実際長期借入金等の返済額	105,548	4 「運転資金のプラス」	0
6 実際短期借入金の返済額	3,867	—	
7 営業CFマイナス「その他」	5,108	5 営業CFプラス「その他」	0
8 調達超過額	0	6 調達不足額	4,807
4~8 TOTAL	114,523	3~6 TOTAL	114,523
9 調達不足額	4,807	7 調達超過額	0
10 「運転資金のマイナス」	36,634	8 財務CF(短期借入金)	0
—		9 財務CF(長期借入金)	48,690
—		10 財務CF(社債)	0
—		11 財務CF(増資)	0
11 財務CF(その他)	6,913	12 財務CF(その他)+端数調整額	2
12 投資CFの支出額(純額)	0	13 投資CF(固定資産売却等)(純額)	25,399
13 「現金及び現金同等物」増加額	25,737	14 「現金及び現金同等物」減少額	0
9~13 TOTAL	74,091	7~14 TOTAL	74,091

※有価証券報告書では、各科目金額を足した計算金額と記載合計額とに差がある。このため、端数調整を行っている。

■図表Ⅺ−7　キャッシュ運用表(2006年)

(単位:百万円)

キャッシュの運用		キャッシュの調達	
1 【利息･配当･法人税等の合計】	20,249	1 【営業利益+減価償却費】	44,294
2 財務CF(支払配当金)	8,256	—	
3 「おおむね留保経常収支額」	15,789	2 「▲おおむね留保経常収支額」	0
1~3 TOTAL	44,294	1+2 TOTAL	44,294
4 「▲おおむね留保経常収支額」	0	3 「おおむね留保経常収支額」	15,789
5 実際長期借入金等の返済額	80,104	4 「運転資金のプラス」	0
6 実際短期借入金の返済額	0	—	
7 営業CFマイナス「その他」	0	5 営業CFプラス「その他」	19,964
8 調達超過額	0	6 調達不足額	44,351
4~8 TOTAL	80,104	3~6 TOTAL	80,104
9 調達不足額	44,351	7 調達超過額	0
10 「運転資金のマイナス」	2,253	8 財務CF(短期借入金)	38,864
—		9 財務CF(長期借入金)	51,506
—		10 財務CF(社債)	0
—		11 財務CF(増資)	0
11 財務CF(その他)	6,376	12 財務CF(その他)+端数調整額	0
12 投資CFの支出額(純額)	48,991	13 投資CF(固定資産売却等)(純額)	0
13 「現金及び現金同等物」増加額	0	14 「現金及び現金同等物」減少額	11,601
9~13 TOTAL	101,971	7~14 TOTAL	101,971

※有価証券報告書では、各科目金額を足した計算金額と記載合計額とに差がある。このため、端数調整を行っている。

もう少し詳細にみてみよう。

（2005年）

・悪玉資産25.1％＞善玉負債21.0％なので、流動資金が不足していて、短期借入金で調達されている。

・脂肪資産65.7％＋マイナスの「その他包括利益累計額」0.6％＞エネルギー資本24.2％なので、固定資金も不足している。その不足は社債・長期借入金で調達されている。現金等も有利子負債で調達されている。

・現金等8.6％＜有利子負債54.8％。

・左側の最下位にあるものはマイナスの「その他包括利益累計額」である。

この状態はキャッシュ・プアなので、ストックの安全性は確保されていなかった。

（2019年）

・悪玉資産11.8％＜善玉負債21.4％なので、流動資金が余剰していて、余剰分は現金等となっている。

・脂肪資産61.7％＋マイナスの「その他包括利益累計額」1.0％＜エネルギー資本71.7％なので、固定資金も余剰している。その余剰は現金等となっている。残りの現金等は有利子負債で調達されている。

・現金等25.4％＞有利子負債6.9％。

・左側の最下位にあるものはマイナスの「その他包括利益累計額」である。

この状態はキャッシュ・リッチなので、ストックの安全性は確保されている。このようにストックであるキャッシュ体質図が変わるのは、相当の努力があったに違いない。数字的な足取りをみていこう。

(2) フローの安全性①

図表XI－3～XI－7をみてみよう。

日本航空は2005年・2006年は、「運転資金のマイナス」となった。このことを踏まえて、どのようにキャッシュを調達し運用したのだろうか。その結果はどのような状態になったのだろうか。

> （2005年）
> ・「おおむね留保経常収支額」109,716百万円＞「有利子負債の約定返済額」▲93,378百万円（予定長期借入金等の返済額▲68,691百万円＋予定短期借入金の返済額▲24,687百万円）の絶対値。
> ・実際長期借入金等の返済額▲105,548百万円・実際短期借入金の返済額▲3,867百万円であった。

このためフローの安全性は確保されていた。営業CFの「その他」の支出▲5,108百万円（内容は不明）は「臨時的なもの等」とする。

ここで**図表XI－6**を確認しよう。

> 「おおむね留保経常収支額」109,716百万円は、運用欄の5・6・7の支出を賄えなかった。調達不足額は▲4,807百万円となった。この金額と「運転資金のマイナス」▲36,634百万円と運用欄の財務CF（その他）▲6,913百万円の合計▲48,354百万円は、財務CFと投資CFの合計74,091百万円で調達された。このため、「現金及び現金同等物」は、25,737百万円の増加となった。この金額に、換算差額7百万円を加えると「現金及び現金同等物」25,744百万円の増加となった。

フローの安全性の確保は、おおむね同年に稼ぎ出した営業CFで実現できたようだ。その他の支出は投資CFあるいは財務CFに支えられていた。

このような見方をすれば、「運転資金のマイナス」▲36,634百万円は財務CFで調達され、「現金及び現金同等物」の増加額は、大半が親企業・子企業の株式売却による収入で構成されているとみることもできる。親企業・子企業の株式を売却して得た収入は、いわば体力を減らしたことによるものであったのである。

(2006年)
- 「おおむね留保経常収支額」15,789百万円＜「有利子負債の約定返済額」▲96,163百万円（予定長期借入金等の返済額▲77,715百万円＋予定短期借入金の返済額▲18,448百万円）の絶対値。
- 実際長期借入金等の返済額▲80,104百万円・実際短期借入金の返済額はゼロであった。

「おおむね留保経常収支額」15,789百万円＜予定長期借入金等の返済額▲77,715百万円の絶対値となるので、フローの安全性は確保されていなかった。営業CFの「その他」の収入19,964百万円（内容は不明）は「臨時的なもの等」とする。

図表Ⅺ－7を確認しよう。

「おおむね留保経常収支額」15,789百万円は、運用欄の5の支出を賄えなかった。営業CFの「その他」の収入19,964百万円もあったが、調達不足額は▲44,351百万円となった。この金額と「運転資金のマイナス」▲2,253百万円と運用欄の財務CF（その他）▲6,376百万円と投資CFの▲48,991百万円の合計▲101,971百万円は、財務CFと「現金及び現金同等物」で調達された。このため、「現金及び現金同等物」は▲11,601百万円となり、換算差額484百万円を加えると、最終的な「現金及び現金同等物」は、▲11,117百万円となった。

この年度も、大半の支出は主に財務CFと「現金及び現金同等物」で調達された。「現金及び現金同等物」の減少は体力を減らしたのである。また多額の営業損失が計上されたことにより、資本の欠損となってしまった。かなり苦しい経営であったであろう。

⑶ ストックの安全性②

後掲図表XI－19、XI－20をみてみよう。

> (2006年)
> ・脂肪資産の下にマイナスの利益剰余金がある。ストックの安全性は確保されていないことになる。2007年も脂肪資産の下にマイナスの利益剰余金がある。

⑷ フローの安全性②

2007年・2008年・2009年の運転資金はプラスとなっているので、フローの安全性は【「おおむね留保経常収支額」+「運転資金のプラス」】でみることになる。

前掲図表XI－3～XI－5とXI－8、XI－9をみてみよう。

> (2007年)
> ・【「おおむね留保経常収支額」98,120百万円＋「運転資金のプラス」554百万円】＝98,674百万円＜「有利子負債の約定返済額」▲163,820百万円（予定長期借入金等の返済額▲106,361百万円＋予定短期借入金の返済額▲57,459百万円）の絶対値。
> ・実際長期借入金等の返済額▲116,245百万円・実際短期借入金の返済額はゼロであった。

■図表XI−8　キャッシュ運用表(2007年)

(単位:百万円)

	キャッシュの運用			キャッシュの調達	
1	【利息・配当・法人税等の合計】	13,756	1	【営業利益+減価償却費】	112,172
2	財務CF(支払配当金)	296		—	
3	「おおむね留保経常収支額」	98,120	2	「▲おおむね留保経常収支額」	0
	1~3 TOTAL	112,172		1+2 TOTAL	112,172
4	「▲おおむね留保経常収支額」	0	3	「おおむね留保経常収支額」	98,120
5	実際長期借入金等の返済額	116,245	4	「運転資金のプラス」	554
6	実際短期借入金の返済額	0		—	
7	営業CFマイナス「その他」	0	5	営業CFプラス「その他」	3,479
8	調達超過額	0	6	調達不足額	14,092
	4~8 TOTAL	116,245		3~6 TOTAL	116,245
9	調達不足額	14,092	7	調達超過額	0
10	「運転資金のマイナス」	0	8	財務CF(短期借入金)	84,665
	—		9	財務CF(長期借入金)	18,931
	—		10	財務CF(社債)	0
	—		11	財務CF(増資)	0
11	財務CF(その他)	4,954	12	財務CF(その他)+端数調整額	0
12	投資CFの支出額(純額)	60,225	13	投資CF(固定資産売却等)(純額)	0
13	「現金及び現金同等物」増加額	24,325	14	「現金及び現金同等物」減少額	0
	9~13 TOTAL	103,596		7~14 TOTAL	103,596

※有価証券報告書では、各科目金額を足した計算金額と記載合計額とに差がある。このため、端数調整を行っている。

■図表XI−9　キャッシュ運用表(2008年)

(単位:百万円)

	キャッシュの運用			キャッシュの調達	
1	【利息・配当・法人税等の合計】	19,623	1	【営業利益+減価償却費】	195,911
2	財務CF(支払配当金)	237		—	
3	「おおむね留保経常収支額」	176,051	2	「▲おおむね留保経常収支額」	0
	1~3 TOTAL	195,911		1+2 TOTAL	195,911
4	「▲おおむね留保経常収支額」	0	3	「おおむね留保経常収支額」	176,051
5	実際長期借入金等の返済額	183,416	4	「運転資金のプラス」	13,813
6	実際短期借入金の返済額	0		—	
7	営業CFマイナス「その他」	42,967	5	営業CFプラス「その他」	0
8	調達超過額	0	6	調達不足額	36,519
	4~8 TOTAL	226,383		3~6 TOTAL	226,383
9	調達不足額	36,519	7	調達超過額	0
10	「運転資金のマイナス」	0	8	財務CF(短期借入金)	730
	—		9	財務CF(長期借入金)	82,786
	—		10	財務CF(社債)	0
	—		11	財務CF(増資)	0
11	財務CF(その他)	6,010	12	財務CF(その他)+端数調整額	−1
12	投資CFの支出額(純額)	38,715	13	投資CF(固定資産売却等)(純額)	0
13	「現金及び現金同等物」増加額	2,271	14	「現金及び現金同等物」減少額	0
	9~13 TOTAL	83,515		7~14 TOTAL	83,515

※有価証券報告書では、各科目金額を足した計算金額と記載合計額とに差がある。このため、端数調整を行っている。

【「おおむね留保経常収支額」＋「運転資金のプラス」】＝98,674百万円＜予定長期借入金等の返済額▲106,361百万円の絶対値となるので、フローの安全性は確保されていなかった。営業CFの「その他」収入3,479百万円（内容は不明）は「臨時的なもの等」とする。

図表Ⅺ－8を確認しよう。

> 【「おおむね留保経常収支額」98,120百万円＋「運転資金のプラス」554百万円】＝98,674百万円は、運用欄の5の支出を賄えなかった。営業CFの「その他」収入3,479百万円もあったが、調達不足額は▲14,092百万円となった。この金額と運用欄の財務CF（その他）▲4,954百万円と投資CFの▲60,225百万円の合計▲79,271百万円は、財務CFの103,596百万円で調達された。このため、「現金及び現金同等物」は、24,325百万円の増加となった。換算差額424百万円を加えると、最終的な「現金及び現金同等物」は、24,749百万円の増加となった。

前期と同様に、【「おおむね留保経常収支額」＋「運転資金のプラス」】が予定長期借入金等の返済額に届かないにもかかわらず、一方では投資は続けなければならない状況にあったわけだ。これらの調達は主に短期借入金・長期借入金等の有利子負債に頼らざるを得なかったのである。また、「現金及び現金同等物」の増加額は自力で獲得したキャッシュではなく、有利子負債で構成されていることが分かる。

なお、営業利益が計上されたが、資本の欠損は解消されていない。かなり苦しい経営に追い込まれていたのであろう。

> （2008年）
>
> ・【「おおむね留保経常収支額」176,051百万円＋「運転資金のプラス」13,813百万円】＝189,864百万円＜「有利子負債の約定返済額」▲328,141百万円（予定長期借入金等の返済額▲177,547百万円＋予定短期借入金の返済額▲150,594百万円）の絶対値。

・実際長期借入金等の返済額▲ 183,416 百万円・実際短期借入金の返済額はゼロであった。

【「おおむね留保経常収支額」＋「運転資金のプラス」】＝ 189,864 百万円＞予定長期借入金等の返済額▲ 177,547 百万円の絶対値となるので、この差額で予定短期借入金の返済額のわずかでも返済することが可能であった。このためフローの安全性は不安定ながらの確保となる。営業 CF の「その他」支出▲ 42,967 百万円（内容は不明）は「臨時的なもの等」とする。

図表Ⅺ－9を確認しよう。

【「おおむね留保経常収支額」176,051 百万円＋「運転資金のプラス」13,813 百万円】＝ 189,864 百万円は、運用欄の 5・7 の支出を賄えなかった。調達不足額は▲ 36,519 百万円となった。この金額と運用欄の財務 CF（その他）▲ 6,010 百万円と投資 CF の▲ 38,715 百万円の合計▲ 81,244 百万円は、財務 CF の 83,515 百万円で調達された。このため、「現金及び現金同等物」は、2,271 百万円の増加となった。換算差額▲ 3,631 百万円を加えると、最終的な「現金及び現金同等物」は▲ 1,360 百万円となった。

フローの安全性の不安定ながらの確保は、おおむね同年に稼ぎ出した営業 CF で実現できたようだ。その他の支出は財務 CF で調達された。

この年度は、【「おおむね留保経常収支額」＋「運転資金のプラス」】が予定長期借入金等の返済額に届いていたが、一方では投資は続けなければならない状況は以前と変わりはない。投資等の調達は主に長期借入金に頼らざるを得なかったのである。かなり苦しい経営に追い込まれていたのであろう。装置産業の性か、投資は避けられないのかと、つくづく思うところである。

なお、2008 年は売上債権＜仕入債務の体質であり、売上高は横ばいである。このケースのCFの原理は以下のとおりである。

> **原　理**
>
> **売上債権＜仕入債務の体質で売上高が横ばいであれば、通常、売上債権額と仕入債務額に増減はない。当然、両者の差はゼロとなる(P60のF参照)。**

2008年は、以下のとおり原理どおりの動きになっていない。

> ・売上債権は　＋ 9,215 百万円
> ・仕入債務は＋ 13,733 百万円
> ・合計差額は＋ 22,948 百万円

資金繰りが苦しい時は、売上債権の回収を早め、仕入債務の支払いは先延ばしにしたいところだ。売上債権の回収を早めたとすれば、売上債権は減少するので、売上債権額はプラス表示となる。仕入債務の支払いを延ばしたとすれば、仕入債務は増加するので、仕入債務額はプラス表示となる。そうなると、この年度はフローの安全性が不安定ながらの確保ではなく、確保されていなかったかもしれない。

果たしてこれが原因なのか。他にも体質の変化が考えられる。前期の2007年では、体質は売上債権≒仕入債務であった。2008年では、売上債権＜仕入債務となったことだ。

いずれにしても、中小企業の経営者は、運転資金の変化には敏感にならなければならない。

平時に、このような現象になった場合、中小企業の経営者は、どのように考えるのか。関心を持たない経営者を多く見かける。とかくキャッシュが入ってくれば、問題ないとする無頓着さがそうさせるからだろうか。例えば、本来、入金とならないはずの金額が入金となっていたとしよう。この背景には、自社の営業マンが成績を上げるために、粗利を下げる代わりに、代金の回収を早めた販売（売上債権は減

少する)、いわゆる「投げ売り」をしている可能性もあるわけだ。粗利が下がれば、長い間には企業の損失となる。このようなこともあるので、もっと計数に関心を持つべきである。

前掲図表Ⅺ－3～Ⅺ－5とⅪ－10、Ⅺ－11をみてみよう。

(2009年)

・【「おおむね留保経常収支額」44,832百万円＋「運転資金のプラス」4,862百万円】＝49,694百万円＜「有利子負債の約定返済額」▲306,861百万円（予定長期借入金等の返済額▲158,431百万円＋予定短期借入金の返済額▲148,430百万円）の絶対値。

・実際長期借入金等の返済額▲153,580百万円・実際短期借入金の返済額▲40,786百万円であった。

【「おおむね留保経常収支額」＋「運転資金のプラス」】＝49,694百万円＜予定長期借入金等の返済額▲158,431百万円の絶対値となるので、フローの安全性は確保されていなかった。営業CFの「その他」支出▲22,111百万円（内容は不明）は「臨時的なもの等」とする。

図表Ⅺ－10を確認しよう。

【「おおむね留保経常収支額」44,832百万円＋「運転資金のプラス」4,862百万円】＝49,694百万円は、運用欄の5・6・7の支出を賄えなかった。調達不足額は▲166,783百万円となった。この金額と運用欄の財務CF（その他）▲6,926百万円・投資CFの▲106,719百万円の合計▲280,428百万円は、財務CFと「現金及び現金同等物」の合計280,428百万円で調達された。このため、「現金及び現金同等物」は、▲34,125百万円となった。換算差額▲1,231百万円を加えると、最終的な「現金及び現金同等物」は▲35,356百万円となった。

この年度は、大半の支出は、財務CFの調達の長期借入金や「現金

■図表Ⅺ−10　キャッシュ運用表（2009年）

（単位:百万円）

	キャッシュの運用			キャッシュの調達	
1	【利息・配当・法人税等の合計】	17,449	1	【営業利益+減価償却費】	62,486
2	財務CF（支払配当金）	205		—	
3	「おおむね留保経常収支額」	44,832	2	「▲おおむね留保経常収支額」	0
	1~3 TOTAL	62,486		1+2 TOTAL	62,486
4	「▲おおむね留保経常収支額」	0	3	「おおむね留保経常収支額」	44,832
5	実際長期借入金等の返済額	153,580	4	「運転資金のプラス」	4,862
6	実際短期借入金の返済額	40,786		—	
7	営業CFマイナス「その他」	22,111	5	営業CFプラス「その他」	0
8	調達超過額	0	6	調達不足額	166,783
	4~8 TOTAL	216,477		3~6 TOTAL	216,477
9	調達不足額	166,783	7	調達超過額	0
10	「運転資金のマイナス」	0	8	財務CF（短期借入金）	0
	—		9	財務CF（長期借入金）	46,652
	—		10	財務CF（社債）	0
	—		11	財務CF（増資）	199,650
11	財務CF（その他）	6,926	12	財務CF（その他）+端数調整額	1
12	投資CFの支出額（純額）	106,719	13	投資CF（固定資産売却等）（純額）	0
13	「現金及び現金同等物」増加額	0	14	「現金及び現金同等物」減少額	34,125
	9~13 TOTAL	280,428		7~14 TOTAL	280,428

※有価証券報告書では、各科目金額を足した計算金額と記載合計額とに差がある。このため、端数調整を行っている。

■図表Ⅺ−11　キャッシュ運用表（2012年）

（単位:百万円）

	キャッシュの運用			キャッシュの調達	
1	【利息・配当・法人税等の合計】	16,840	1	【営業利益+減価償却費】	286,144
2	財務CF（支払配当金）	194		—	
3	「おおむね留保経常収支額」	269,110	2	「▲おおむね留保経常収支額」	0
	1~3 TOTAL	286,144		1+2 TOTAL	286,144
4	「▲おおむね留保経常収支額」	0	3	「おおむね留保経常収支額」	269,110
5	実際長期借入金等の返済額	300,266	4	「運転資金のプラス」	0
6	実際短期借入金の返済額	0		—	
7	営業CFマイナス「その他」	4,214	5	営業CFプラス「その他」	0
8	調達超過額	0	6	調達不足額	35,370
	4~8 TOTAL	304,480		3~6 TOTAL	304,480
9	調達不足額	35,370	7	調達超過額	0
10	「運転資金のマイナス」	8,417	8	財務CF（短期借入金）	62
	—		9	財務CF（長期借入金）	25,203
	—		10	財務CF（社債）	0
	—		11	財務CF（増資）	1,506
11	財務CF（その他）	770	12	財務CF（その他）+端数調整額	3
12	投資CFの支出額（純額）	147,225	13	投資CF（固定資産売却等）（純額）	0
13	「現金及び現金同等物」増加額	0	14	「現金及び現金同等物」減少額	165,008
	9~13 TOTAL	191,782		7~14 TOTAL	191,782

※有価証券報告書では、各科目金額を足した計算金額と記載合計額とに差がある。このため、端数調整を行っている。

及び現金同等物」も調達原資となっているが、主に株式発行収入199,650百万円に頼らざるを得なかったのである。金融機関は、もはや全面的に融資をするだけの信用を失っていたかもしれない。金融機関頼みの経営に限界が来たのであろうか。

(5) ストックの安全性③

再度、後掲図表XI－19、XI－20をご覧いただきたい。

2009年では、欠損金も発生した。相変わらず有利子負債は大きな割合を占めている。これは金融機関頼みの経営であった表れだ。

営業損失が計上され、またもや資本の欠損を増幅させたことは、危機的な経営に追い込まれていたのであろう。

しかし、こんな状況においても投資は続けるものなのかと驚くばかりである。ここが利益追求を目的とする企業が行う行為なのであろう。日本航空は2010年1月に会社更生法の適用を受けることになったのである。

その後、2012年9月に再上場を成し遂げることになった。ここからは再上場した2012年から2019年をみてみよう。

(6) フローの安全性③

(2012年)

・「おおむね留保経常収支額」は269,110百万円である。「有利子負債の約定返済額」は予定長期借入金等の返済額▲144,660百万円のみ確認できた。
・予定短期借入金の返済額については資料がないので不明である。
・実際長期借入金等の返済額▲300,266百万円・実際短期借入金の返済額はゼロであった。

「おおむね留保経常収支額」269,110百万円＞予定長期借入金等の返済額▲144,660百万円の絶対値なので、最低でもフローの安全性は不安定ながら確保されていたことはいえる。営業CFの「その他」支出▲4,214百万円(内容は不明)は「臨時的なもの等」とする。

図表XI－11を確認しよう。

> **「おおむね留保経常収支額」269,110百万円は、運用欄の5・7の支出を賄えなかった。調達不足額は▲35,370百万円となった。この金額と「運転資金のマイナス」▲8,417百万円・運用欄の財務CF(その他)▲770百万円・投資CFの▲147,225百万円の合計▲191,782百万円は、財務CFと「現金及び現金同等物」で調達された。このため、「現金及び現金同等物」は▲165,008百万円となった。この金額に、換算差額449百万円を加えると、最終的な「現金及び現金同等物」▲164,559百万円となった。**

この年度は、支出は財務CFと「現金及び現金同等物」でも調達されたが、大半の支出は自力で稼いだ営業CFで調達されている。

「営業利益204,922百万円と減価償却費81,222百万円」の合計額286,144百万円は立派なものである。再上場の初事業年度で、以前と違う「営業利益＋減価償却費」の多さである。これは、相当な利益吸収構造を構築したのであろう。称賛に値することだ。

営業利益を多くするのには相当な努力があったのだろう。本業の成果を表している営業利益が、フローの安全性に大きく寄与することを改めて思い知らされる。

また、この年度の「現金及び現金同等物」の期首残高は323,797百万円であった。会社更生法を適用した年の前年度(2009年)の「現金及び現金同等物」の期末残高は147,517百万円であったので、再上場するまでの約2年間で176,280百万円(323,797百万円－147,517百万円)を獲得していたことになる。この背景には、債権者からの多額の債権放棄、100%減資、公的資金の注入があったようだ。もちろん、これを実現する定性的な要因が功を奏したことは言うまでもない。新経営陣の貢献は計り知れないものがあったのであろう。しかし、新経営陣に再建を依頼する前に、なすべきことがあったはずだ。第三者が入らないと改善できなかったことは残念だ。

中小企業では、日本航空のようなダイナミックな再建は不可能に近いので、常に改善の意識を持つべきであろう。

⑺ ストックの安全性④

後掲**図表Ⅺ－21**をみてみよう。

> **（2012年）**
> - **悪玉資産18.0%＜善玉負債23.2%なので、流動資金が余剰していて、余剰は現金等となっている。**
> - **脂肪資産56.7%＋マイナスの「その他包括利益累計額」0.2%＜エネルギー資本57.9%なので、固定資金も余剰している。その余剰は現金等となっている。残りの現金等は有利子負債で調達されている。**
> - **現金等25%＞有利子負債19%。**
> - **左側の最下位にあるものはマイナスの「その他包括利益累計額」である。**

ダイナミックな再建もあったが、多額の営業利益を計上したことで、固定資金の余る体質となり、実質無借金の体質、いわゆるキャッシュ・リッチとなったので、第1フェーズではストックの安全性は確保されている。

素晴らしい復活の幕開けになった。

⑻ フローの安全性④

前掲**図表Ⅺ－3～Ⅺ－5**と**Ⅺ－12**、**Ⅺ－18**をみてみよう。

2013年の運転資金はプラスとなっているので、フローの安全性は【「おおむね留保経常収支額」＋「運転資金のプラス」】でみることになる。

（2013 年）

・【「おおむね留保経常収支額」248,401 百万円＋「運転資金のプラス」7,346 百万円】＝ 255,747 百万円＞「有利子負債の約定返済額」▲ 47,520 百万円（予定長期借入金等の返済額▲ 46,959 百万円＋予定短期借入金の返済額▲ 561 百万円）の絶対値。

・実際長期借入金等の返済額▲ 62,941 百万円・実際短期借入金の返済額はゼロであった。

フローの安全性は確保されていた。営業 CF の「その他」の収入 929 百万円（内容は不明）は「臨時的なもの等」とする。

図表Ⅺ－ 12 を確認しよう。

【「おおむね留保経常収支額」248,401 百万円＋「運転資金のプラス」7,346 百万円】＝ 255,747 百万円は、運用欄の 5 の支出を賄えた。営業 CF の「その他」の収入 929 百万円を加えると、調達超過額は 193,735 百万円となった。この金額と財務 CF と「現金及び現金同等物」の合計 266,062 百万円は、運用欄の財務 CF（その他）▲ 1,625 百万円・投資 CF ▲ 264,437 百万円の合計▲ 266,062 百万円の調達原資となった。このため、「現金及び現金同等物」は▲ 60,225 百万円となった。この金額に換算差額 643 百万円を加えると、最終的な「現金及び現金同等物」は▲ 59,582 百万円となった。

やはり、企業には投資が欠かせないものであるのかと、健全な企業であれば投資 CF はマイナス基調になるのかと、改めて痛感させられる。

調達原資の大半が、【「おおむね留保経常収支額」＋「運転資金のプラス」】であることは、金融機関に頼ることなく、「正常な収益力」を創出できる経営の強さを物語る。投資 CF（運用欄 12 にある金額は投資 CF の純額）に定期預金の預入が 486,697 百万円ある。これは、

■図表Ⅺ－12　キャッシュ運用表（2013年）

（単位：百万円）

キャッシュの運用			キャッシュの調達		
1	【利息・配当・法人税等の合計】	19,668	1	【営業利益＋減価償却費】	276,246
2	財務CF（支払配当金）	8,177		—	
3	「おおむね留保経常収支額」	248,401	2	「▲おおむね留保経常収支額」	0
	1~3 TOTAL	276,246		1+2 TOTAL	276,246
4	「▲おおむね留保経常収支額」	0	3	「おおむね留保経常収支額」	248,401
5	実際長期借入金等の返済額	62,941	4	「運転資金のプラス」	7,346
6	実際短期借入金の返済額	0		—	
7	営業CFマイナス「その他」	0	5	営業CFプラス「その他」	929
8	調達超過額	193,735	6	調達不足額	0
	4~8 TOTAL	256,676		3~6 TOTAL	256,676
9	調達不足額	0	7	調達超過額	193,735
10	「運転資金のマイナス」	0	8	財務CF（短期借入金）	266
	—		9	財務CF（長期借入金）	11,836
	—		10	財務CF（社債）	0
	—		11	財務CF（増資）	0
11	財務CF（その他）	1,625	12	財務CF（その他）＋端数調整額	0
12	投資CFの支出額（純額）	264,437	13	投資CF（固定資産売却等）（純額）	0
13	「現金及び現金同等物」増加額	0	14	「現金及び現金同等物」減少額	60,225
	9~13 TOTAL	266,062		7~14 TOTAL	266,062

※有価証券報告書では、各科目金額を足した計算金額と記載合計額とに差がある。このため、端数調整を行っている。

■図表Ⅺ－13　キャッシュ運用表（2014年）

（単位：百万円）

キャッシュの運用			キャッシュの調達		
1	【利息・配当・法人税等の合計】	12,604	1	【営業利益＋減価償却費】	249,510
2	財務CF（支払配当金）	34,212		—	
3	「おおむね留保経常収支額」	202,694	2	「▲おおむね留保経常収支額」	0
	1~3 TOTAL	249,510		1+2 TOTAL	249,510
4	「▲おおむね留保経常収支額」	0	3	「おおむね留保経常収支額」	202,694
5	実際長期借入金等の返済額	45,945	4	「運転資金のプラス」	0
6	実際短期借入金の返済額	0		—	
7	営業CFマイナス「その他」	0	5	営業CFプラス「その他」	19,903
8	調達超過額	176,652	6	調達不足額	0
	4~8 TOTAL	222,597		3~6 TOTAL	222,597
9	調達不足額	0	7	調達超過額	176,652
10	「運転資金のマイナス」	8,868	8	財務CF（短期借入金）	23
	—		9	財務CF（長期借入金）	17,880
	—		10	財務CF（社債）	0
	—		11	財務CF（増資）	0
11	財務CF（その他）	0	12	財務CF（その他）＋端数調整額	342
12	投資CFの支出額（純額）	131,238	13	投資CF（固定資産売却等）（純額）	0
13	「現金及び現金同等物」増加額	54,791	14	「現金及び現金同等物」減少額	0
	9~13 TOTAL	194,897		7~14 TOTAL	194,897

※有価証券報告書では、各科目金額を足した計算金額と記載合計額とに差がある。このため、端数調整を行っている。

日本航空の「正常な収益力」創出によってなされたものだ。

投資CF上ではマイナス表示となってはいるが、いつでも「現金及び現金同等物」に加えることができる。かなり体力が増強された証だ。

（2014年）
・「おおむね留保経常収支額」202,694百万円>「有利子負債の約定返済額」▲46,636百万円（予定長期借入金等の返済額▲45,808百万円＋予定短期借入金の返済額▲828百万円）の絶対値。
・実際長期借入金等の返済額▲45,945百万円・実際短期借入金の返済額はゼロであった。

フローの安全性は確保されていた。営業CFの「その他」の収入19,903百万円（内容は不明）は「臨時的なもの等」とする。

図表Ⅺ－13を確認しよう。

「おおむね留保経常収支額」202,694百万円は、運用欄の5の支出を賄えた。営業CFの「その他」の収入19,903百万円もあって、調達超過額は、176,652百万円となった。この金額と財務CFの合計194,897百万円は、「運転資金のマイナス」▲8,868百万円と投資CFの▲131,238百万円の合計▲140,106百万円の調達原資となった。このため、「現金及び現金同等物」は、54,791百万円の増加となった。この金額に、換算差額1,045百万円を加えると「現金及び現金同等物」が55,836百万円の増加となった。

このように考えると、調達原資の大半が、「おおむね留保経常収支額」であることだ。素晴らしい財務状態である。なお、投資CF（運用欄12にある金額は投資CFの純額）には、いつでも使える定期預金の預入が471,404百万円ある。

（2015年）

・「おおむね留保経常収支額」221,991百万円＞「有利子負債の約定返済額」▲41,000百万円（予定長期借入金等の返済額▲40,713百万円＋予定短期借入金の返済額▲287百万円）の絶対値。

・実際長期借入金等の返済額▲51,103百万円・実際短期借入金の返済額▲84百万円であった。

フローの安全性は確保されていた。営業CFの「その他」の収入9,679百万円（内容は不明）は「臨時的なもの等」とする。

図表Ⅺ－14を確認しよう。

「おおむね留保経常収支額」221,991百万円は、運用欄の5・6の支出を賄えた。営業CFの「その他」の収入9,679百万円もあって、調達超過額は、180,483百万円となった。この金額と財務CFと「現金及び現金同等物」の合計232,566百万円は、「運転資金のマイナス」▲1,566百万円と運用欄の財務CF（その他）▲441百万円と投資CFの▲230,559百万円の合計▲232,566百万円の調達原資となった。このため、「現金及び現金同等物」は、▲36,742百万円となった。この金額に、換算差額1,037百万円を加えると、最終的な「現金及び現金同等物」は、▲35,705百万円となった。

調達原資の大半が、「おおむね留保経常収支額」であった。なお、投資CF（運用欄12にある金額は投資CFの純額）には定期預金の預入427,960百万円がある。

2016年の運転資金はプラスとなっているので、フローの安全性は【「おおむね留保経常収支額」＋「運転資金のプラス」】でみることになる。

■図表Ⅺ−14　キャッシュ運用表（2015年）

（単位:百万円）

	キャッシュの運用			キャッシュの調達	
1	【利息・配当・法人税等の合計】	12,560	1	【営業利益+減価償却費】	265,586
2	財務CF（支払配当金）	31,035		—	
3	「おおむね留保経常収支額」	221,991	2	「▲おおむね留保経常収支額」	0
	1~3 TOTAL	265,586		1+2 TOTAL	265,586
4	「▲おおむね留保経常収支額」	0	3	「おおむね留保経常収支額」	221,991
5	実際長期借入金等の返済額	51,103	4	「運転資金のプラス」	0
6	実際短期借入金の返済額	84		—	
7	営業CFマイナス「その他」	0	5	営業CFプラス「その他」	9,679
8	調達超過額	180,483	6	調達不足額	0
	4~8 TOTAL	231,670		3~6 TOTAL	231,670
9	調達不足額	0	7	調達超過額	180,483
10	「運転資金のマイナス」	1,566	8	財務CF（短期借入金）	0
	—		9	財務CF（長期借入金）	15,342
	—		10	財務CF（社債）	0
	—		11	財務CF（増資）	0
11	財務CF（その他）	441	12	財務CF（その他）+端数調整額	−1
12	投資CFの支出額（純額）	230,559	13	投資CF（固定資産売却等）（純額）	0
13	「現金及び現金同等物」増加額	0	14	「現金及び現金同等物」減少額	36,742
	9~13 TOTAL	232,566		7~14 TOTAL	232,566

※有価証券報告書では、各科目金額を足した計算金額と記載合計額とに差がある。このため、端数調整を行っている。

■図表Ⅺ−15　キャッシュ運用表（2016年）

（単位:百万円）

	キャッシュの運用			キャッシュの調達	
1	【利息・配当・法人税等の合計】	11,773	1	【営業利益+減価償却費】	297,720
2	財務CF（支払配当金）	40,959		—	
3	「おおむね留保経常収支額」	244,988	2	「▲おおむね留保経常収支額」	0
	1~3 TOTAL	297,720		1+2 TOTAL	297,720
4	「▲おおむね留保経常収支額」	0	3	「おおむね留保経常収支額」	244,988
5	実際長期借入金等の返済額	33,363	4	「運転資金のプラス」	14,475
6	実際短期借入金の返済額	0		—	
7	営業CFマイナス「その他」	0	5	営業CFプラス「その他」	11,972
8	調達超過額	238,072	6	調達不足額	0
	4~8 TOTAL	271,435		3~6 TOTAL	271,435
9	調達不足額	0	7	調達超過額	238,072
10	「運転資金のマイナス」	0	8	財務CF（短期借入金）	5,686
	—		9	財務CF（長期借入金）	19,002
	—		10	財務CF（社債）	0
	—		11	財務CF（増資）	0
11	財務CF（その他）	0	12	財務CF（その他）+端数調整額	−1
12	投資CFの支出額（純額）	288,917	13	投資CF（固定資産売却等）（純額）	0
13	「現金及び現金同等物」増加額	0	14	「現金及び現金同等物」減少額	26,158
	9~13 TOTAL	288,917		7~14 TOTAL	288,917

※有価証券報告書では、各科目金額を足した計算金額と記載合計額とに差がある。このため、端数調整を行っている。

（2016 年）

・【「おおむね留保経常収支額」244,988 百万円＋「運転資金のプラス」14,475 百万円】＝ 259,463 百万円＞「有利子負債の約定返済額」▲ 33,210 百万円（予定長期借入金等の返済額▲ 33,104 百万円＋予定短期借入金の返済額▲ 106 百万円) の絶対値。

・実際長期借入金等の返済額▲ 33,363 百万円・実際短期借入金の返済額はゼロであった。

フローの安全性は確保されていた。営業 CF の「その他」の収入 11,972 百万円（内容は不明）は「臨時的なもの等」とする。

図表Ⅺ－ 15 を確認しよう。

【「おおむね留保経常収支額」244,988 百万円＋「運転資金のプラス」14,475 百万円】＝ 259,463 百万円は、運用欄の 5 の支出を賄えた。営業 CF の「その他」の収入 11,972 百万円もあって、調達超過額は、238,072 百万円となった。この金額と財務 CF と「現金及び現金同等物」の合計 288,917 百万円は、投資 CF の▲ 288,917 百万円の調達原資となった。このため、「現金及び現金同等物」は▲ 26,158 百万円となった。この金額に、換算差額▲ 141 百万円を加えると、最終的な「現金及び現金同等物」は▲ 26,299 百万円となった。

調達原資の大半が、【「おおむね留保経常収支額」＋「運転資金のプラス」】であった。なお、投資 CF（運用欄 12 にある金額は投資 CF の純額）には定期預金の預入 400,309 百万円がある。

（2017 年）

・「おおむね留保経常収支額」188,232 百万円＞「有利子負債の約定返済額」▲ 30,075 百万円（予定長期借入金等の返済額▲ 24,283 百万円＋予定短期借入金の返済額▲ 5,792 百万円）の絶対値。

・実際長期借入金等の返済額▲ 24,660 百万円・実際短期借入金の返済額▲ 360 百万円であった。

フローの安全性は確保されていた。営業 CF の「その他」の収入 20,091 百万円（内容は不明）は「臨時的なもの等」とする。

図表Ⅺ－ 16 を確認しよう。

「おおむね留保経常収支額」188,232 百万円は、運用欄の 5・6 の支出を賄えた。営業 CF の「その他」の収入 20,091 百万円もあって、調達超過額は、183,303 百万円となった。この金額と財務 CF の合計 231,072 百万円は、「運転資金のマイナス」▲ 1,458 百万円と運用欄の財務 CF（その他）▲ 29,992 百万円と投資 CF の▲ 168,079 百万円の合計▲ 199,529 百万円の調達原資となった。このため、「現金及び現金同等物」は 31,543 百万円の増加となった。この金額に、換算差額▲ 292 百万円を加えると、最終的な「現金及び現金同等物」は 31,251 百万円の増加となった。

調達原資の大半が、「おおむね留保経常収支額」であった。

なお、投資 CF（運用欄 12 にある金額は投資 CF の純額）には定期預金の預入 363,892 百万円がある。

2018 年の運転資金はプラスとなっているので、フローの安全性は【「おおむね留保経常収支額」＋「運転資金のプラス」】でみることになる。

（2018 年）

・【「おおむね留保経常収支額」211,548 百万円＋「運転資金のプラス」9,306 百万円】＝ 220,854 百万円＞「有利子負債の約定返済額」▲ 24,302 百万円（予定長期借入金等の返済額▲ 18,930 百万円＋予定短期借入金の返済額▲ 5,372 百万円）の絶対値。

・実際長期借入金等の返済額▲ 19,472 百万円・実際短期借入金の返

■図表XI−16　キャッシュ運用表(2017年)

(単位:百万円)

キャッシュの運用		キャッシュの調達	
1【利息・配当・法人税等の合計】	31,589	1【営業利益+減価償却費】	266,109
2 財務CF(支払配当金)	46,288	—	
3「おおむね留保経常収支額」	188,232	2「▲おおむね留保経常収支額」	0
1~3 TOTAL	266,109	1+2 TOTAL	266,109
4「▲おおむね留保経常収支額」	0	3「おおむね留保経常収支額」	188,232
5 実際長期借入金等の返済額	24,660	4「運転資金のプラス」	0
6 実際短期借入金の返済額	360	—	
7 営業CFマイナス「その他」	0	5 営業CFプラス「その他」	20,091
8 調達超過額	183,303	6 調達不足額	0
4~8 TOTAL	208,323	3~6 TOTAL	208,323
9 調達不足額	0	7 調達超過額	183,303
10「運転資金のマイナス」	1,458	8 財務CF(短期借入金)	0
—		9 財務CF(長期借入金)	27,895
—		10 財務CF(社債)	0
—		11 財務CF(増資)	19,875
11 財務CF(その他)	29,992	12 財務CF(その他)+端数調整額	−1
12 投資CFの支出額(純額)	168,079	13 投資CF(固定資産売却等)(純額)	0
13「現金及び現金同等物」増加額	31,543	14「現金及び現金同等物」減少額	0
9~13 TOTAL	231,072	7~14 TOTAL	231,072

※有価証券報告書では、各科目金額を足した計算金額と記載合計額とに差がある。このため、端数調整を行っている。

■図表XI−17　キャッシュ運用表(2018年)

(単位:百万円)

キャッシュの運用		キャッシュの調達	
1【利息・配当・法人税等の合計】	19,277	1【営業利益+減価償却費】	285,425
2 財務CF(支払配当金)	54,600	—	
3「おおむね留保経常収支額」	211,548	2「▲おおむね留保経常収支額」	0
1~3 TOTAL	285,425	1+2 TOTAL	285,425
4「▲おおむね留保経常収支額」	0	3「おおむね留保経常収支額」	211,548
5 実際長期借入金等の返済額	19,472	4「運転資金のプラス」	9,306
6 実際短期借入金の返済額	2,221	—	
7 営業CFマイナス「その他」	0	5 営業CFプラス「その他」	6,088
8 調達超過額	205,249	6 調達不足額	0
4~8 TOTAL	226,942	3~6 TOTAL	226,942
9 調達不足額	0	7 調達超過額	205,249
10「運転資金のマイナス」	0	8 財務CF(短期借入金)	0
—		9 財務CF(長期借入金)	30,306
—		10 財務CF(社債)	0
—		11 財務CF(増資)	0
11 財務CF(その他)	9,893	12 財務CF(その他)+端数調整額	−1
12 投資CFの支出額(純額)	166,603	13 投資CF(固定資産売却等)(純額)	0
13「現金及び現金同等物」増加額	59,058	14「現金及び現金同等物」減少額	0
9~13 TOTAL	235,554	7~14 TOTAL	235,554

※有価証券報告書では、各科目金額を足した計算金額と記載合計額とに差がある。このため、端数調整を行っている。

済額▲ 2,221 百万円であった。

フローの安全性は確保されていた。営業CFの「その他」の収入6,088百万円（内容は不明）は「臨時的なもの等」とする。

図表Ⅺ－17を確認しよう。

【「おおむね留保経常収支額」211,548 百万円＋「運転資金のプラス」9,306 百万円】＝ 220,854 百万円は、運用欄の 5･6 の支出を賄えた。営業 CF の「その他」の収入 6,088 百万円もあって、調達超過額は、205,249 百万円となった。この金額と財務 CF の合計 235,554 百万円は、運用欄の財務 CF（その他）▲ 9,893 百万円・投資 CF ▲ 166,603 百万円の合計▲ 176,496 千円の調達原資となった。このため、「現金及び現金同等物」は 59,058 百万円の増加となった。この金額に、換算差額▲ 354 百万円を加えると、最終的な「現金及び現金同等物」は 58,704 百万円の増加となった。

調達原資の大半が、【「おおむね留保経常収支額」＋「運転資金のプラス」】であった。なお、投資CF（運用欄12にある金額は投資CFの純額）には定期預金の預入408,263百万円がある。

2019年の運転資金はプラスとなっているので、フローの安全性は【「おおむね留保経常収支額」＋「運転資金のプラス」】でみることになる。

（2019 年）

・【「おおむね留保経常収支額」233,469 百万円＋「運転資金のプラス」6,043 百万円】＝ 239,512 百万円＞「有利子負債の約定返済額」▲ 20,279 百万円（予定長期借入金等の返済額▲ 17,129 百万円＋予定短期借入金の返済額▲ 3,150 百万円）の絶対値。

・実際長期借入金等の返済額▲ 22,088 百万円・実際短期借入金の返

■図表XI－18　キャッシュ運用表（2019年）

（単位：百万円）

キャッシュの運用		キャッシュの調達	
1 【利息・配当・法人税等の合計】	23,914	1 【営業利益＋減価償却費】	300,264
2 財務CF（支払配当金）	42,881	—	
3 「おおむね留保経常収支額」	233,469	2 「▲おおむね留保経常収支額」	0
1～3 TOTAL	300,264	1+2 TOTAL	300,264
4 「▲おおむね留保経常収支額」	0	3 「おおむね留保経常収支額」	233,469
5 実際長期借入金等の返済額	22,088	4 「運転資金のプラス」	6,043
6 実際短期借入金の返済額	3,085	—	
7 営業CFマイナス「その他」	0	5 営業CFプラス「その他」	14,324
8 調達超過額	228,663	6 調達不足額	0
4～8 TOTAL	253,836	3～6 TOTAL	253,836
9 調達不足額	0	7 調達超過額	228,663
10 「運転資金のマイナス」	0	8 財務CF（短期借入金）	0
—		9 財務CF（長期借入金）	10,800
—		10 財務CF（社債）	29,796
—		11 財務CF（増資）	0
11 財務CF（その他）	9,577	12 財務CF（その他）＋端数調整額	−2
12 投資CFの支出額（純額）	189,714	13 投資CF（固定資産売却等）（純額）	0
13 「現金及び現金同等物」増加額	69,966	14 「現金及び現金同等物」減少額	0
9～13 TOTAL	269,257	7～14 TOTAL	269,257

※有価証券報告書では、各科目金額を足した計算金額と記載合計額とに差がある。このため、端数調整を行っている。

済額▲ 3,085 百万円であった。

フローの安全性は確保されていた。営業 CF の「その他」の収入 14,324 百万円（内容は不明）は「臨時的なもの等」とする。

図表XI－ 18 を確認しよう。

【「おおむね留保経常収支額」233,469 百万円＋「運転資金のプラス」6,043 百万円】＝ 239,512 百万円は、運用欄の 5・6 の支出を賄えた。営業 CF の「その他」の収入 14,324 百万円もあって、調達超過額は、228,663 百万円となった。この金額と財務 CF の合計 269,257 百万円は、運用欄の財務 CF（その他）▲ 9,577 百万円・投資 CF ▲ 189,714 百万円の合計▲ 199,291 百万円の調達原資となった。このため、「現金及び現金同等物」は、69,966 百万円の増加となった。この金額に、換算差額 2 百万円を加えると、最終的な「現金及び現金

■図表Ⅺ−19　キャッシュ体質推移B

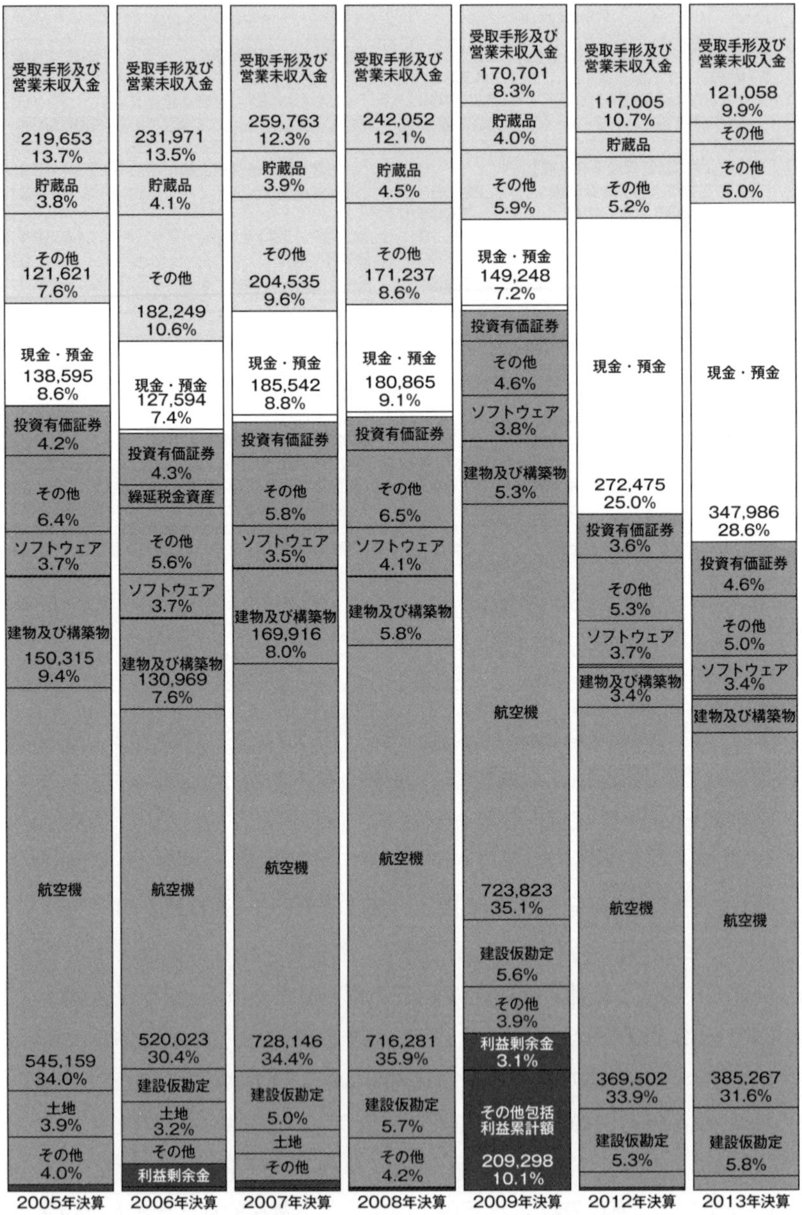

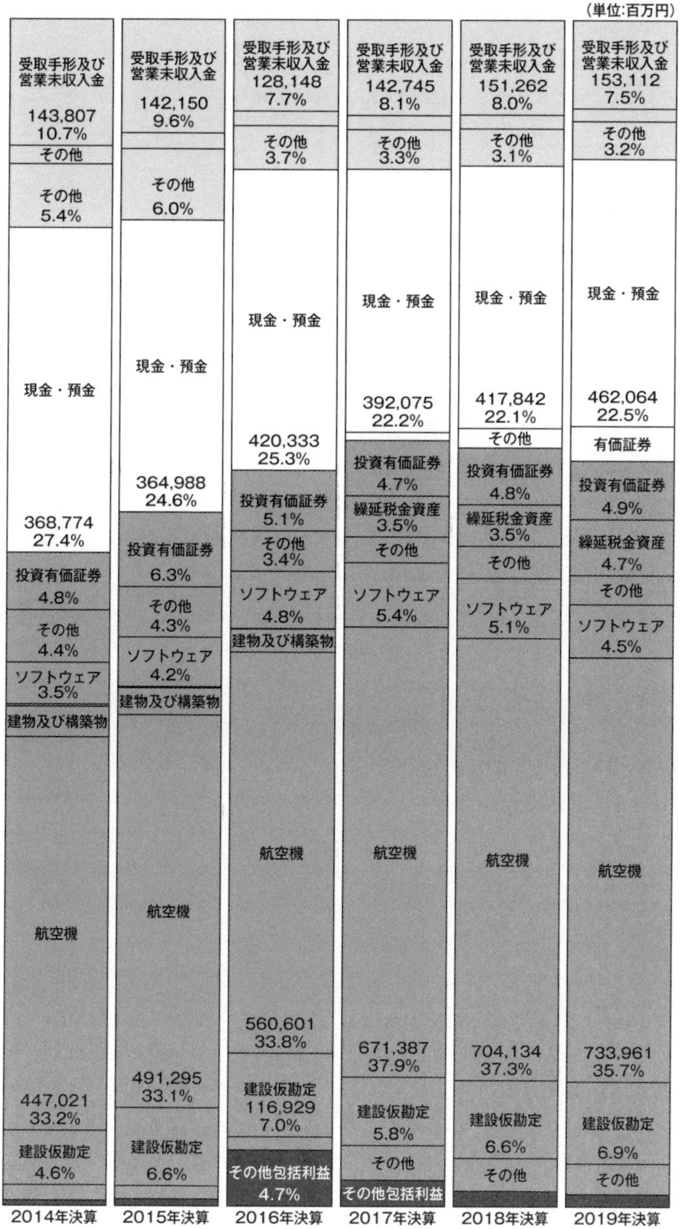
(単位:百万円)
受取手形及び営業未収入金
143,807
10.7%
その他
その他
5.4%
現金・預金
368,774
27.4%
投資有価証券
4.8%
その他
4.4%
ソフトウェア
3.5%
建物及び構築物
航空機
447,021
33.2%
建設仮勘定
4.6%
2014年決算
受取手形及び営業未収入金
142,150
9.6%
その他
6.0%
現金・預金
364,988
24.6%
投資有価証券
6.3%
その他
4.3%
ソフトウェア
4.2%
建物及び構築物
航空機
491,295
33.1%
建設仮勘定
6.6%
2015年決算
受取手形及び営業未収入金
128,148
7.7%
その他
3.7%
現金・預金
420,333
25.3%
投資有価証券
5.1%
その他
3.4%
ソフトウェア
4.8%
建物及び構築物
航空機
560,601
33.8%
建設仮勘定
116,929
7.0%
その他包括利益
4.7%
2016年決算
受取手形及び営業未収入金
142,745
8.1%
その他
3.3%
現金・預金
392,075
22.2%
投資有価証券
4.7%
繰延税金資産
3.5%
その他
ソフトウェア
5.4%
航空機
671,387
37.9%
建設仮勘定
5.8%
その他
その他包括利益
2017年決算
受取手形及び営業未収入金
151,262
8.0%
その他
3.1%
現金・預金
417,842
22.1%
その他
投資有価証券
4.8%
繰延税金資産
3.5%
その他
ソフトウェア
5.1%
航空機
704,134
37.3%
建設仮勘定
6.6%
その他
2018年決算
受取手形及び営業未収入金
153,112
7.5%
その他
3.2%
現金・預金
462,064
22.5%
有価証券
投資有価証券
4.9%
繰延税金資産
4.7%
その他
ソフトウェア
4.5%
航空機
733,961
35.7%
建設仮勘定
6.9%
その他
2019年決算

■図表XI−20　キャッシュ体質推移B'

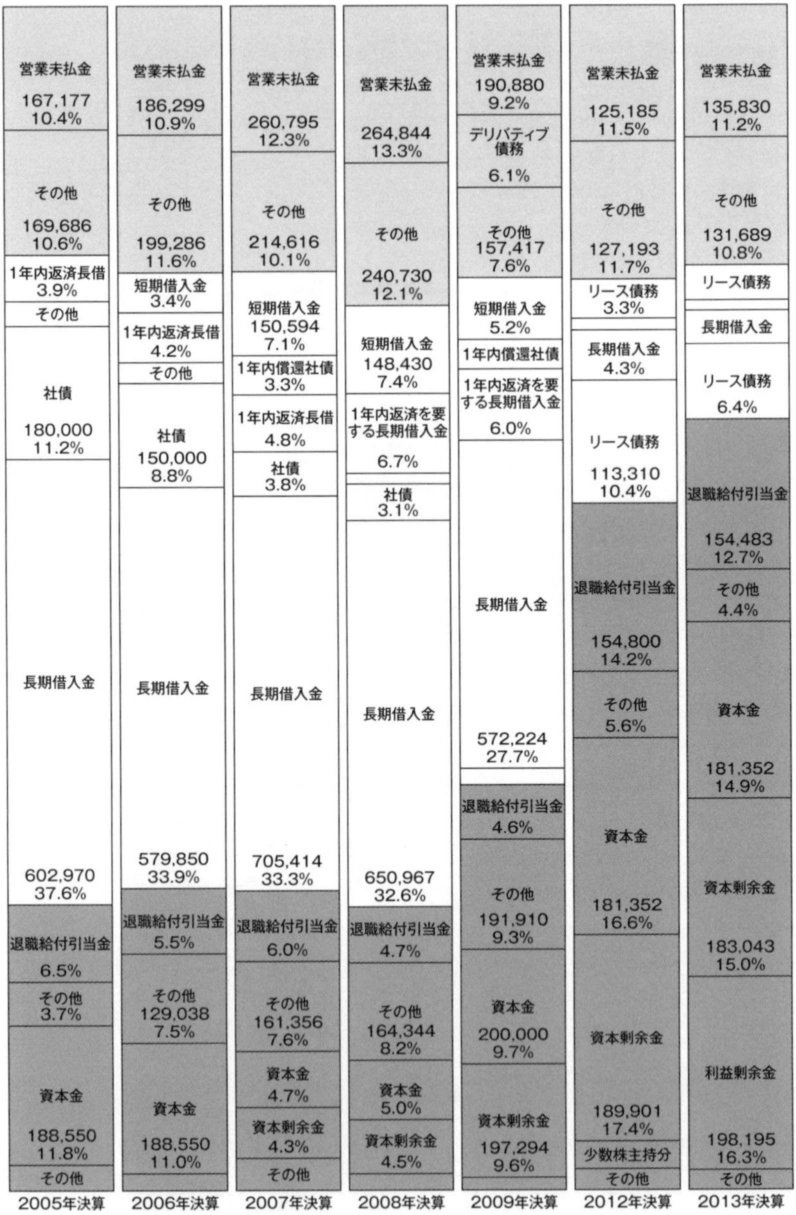

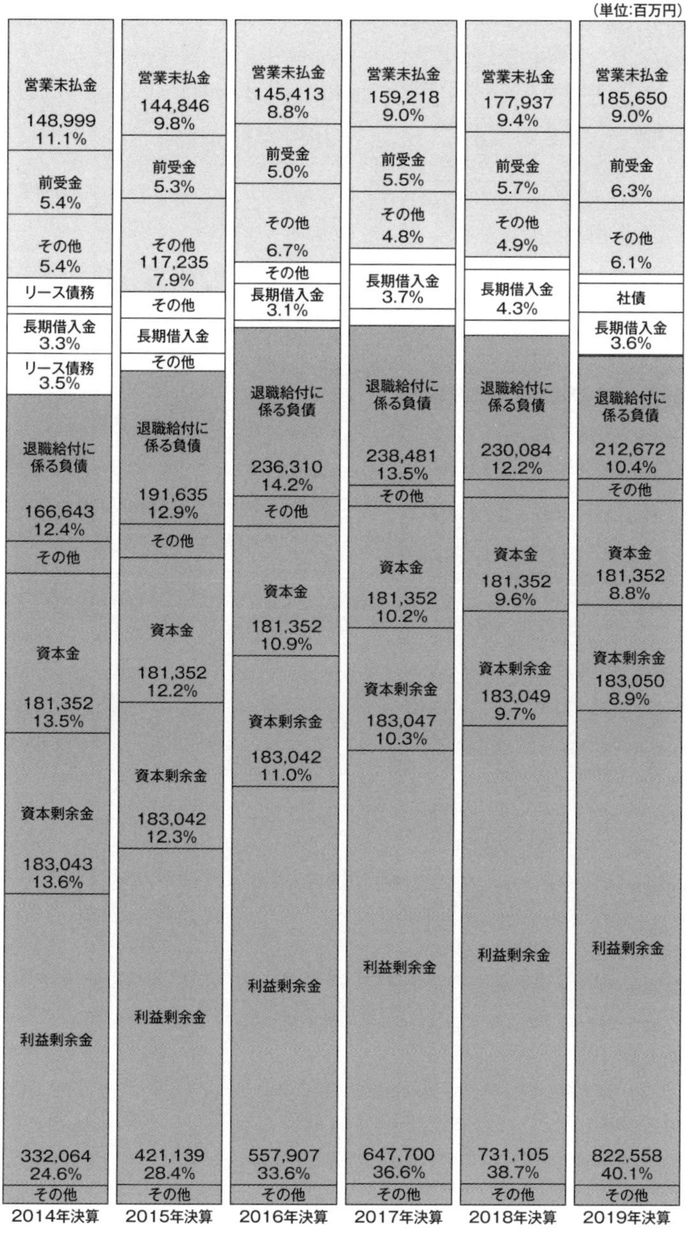
(単位:百万円)
2014年決算
営業未払金
148,999
11.1%
前受金
5.4%
その他
5.4%
リース債務
長期借入金
3.3%
リース債務
3.5%
退職給付に係る負債
166,643
12.4%
その他
資本金
181,352
13.5%
資本剰余金
183,043
13.6%
利益剰余金
332,064
24.6%
その他
2015年決算
営業未払金
144,846
9.8%
前受金
5.3%
その他
117,235
7.9%
その他
長期借入金
その他
退職給付に係る負債
191,635
12.9%
その他
資本金
181,352
12.2%
資本剰余金
183,042
12.3%
利益剰余金
421,139
28.4%
その他
2016年決算
営業未払金
145,413
8.8%
前受金
5.0%
その他
6.7%
その他
長期借入金
3.1%
退職給付に係る負債
236,310
14.2%
その他
資本金
181,352
10.9%
資本剰余金
183,042
11.0%
利益剰余金
557,907
33.6%
その他
2017年決算
営業未払金
159,218
9.0%
前受金
5.5%
その他
4.8%
長期借入金
3.7%
退職給付に係る負債
238,481
13.5%
その他
資本金
181,352
10.2%
資本剰余金
183,047
10.3%
利益剰余金
647,700
36.6%
その他
2018年決算
営業未払金
177,937
9.4%
前受金
5.7%
その他
4.9%
長期借入金
4.3%
退職給付に係る負債
230,084
12.2%
資本金
181,352
9.6%
資本剰余金
183,049
9.7%
利益剰余金
731,105
38.7%
その他
2019年決算
営業未払金
185,650
9.0%
前受金
6.3%
その他
6.1%
社債
長期借入金
3.6%
退職給付に係る負債
212,672
10.4%
その他
資本金
181,352
8.8%
資本剰余金
183,050
8.9%
利益剰余金
822,558
40.1%
その他

■図表XI−21　キャッシュ体質図(2012年)

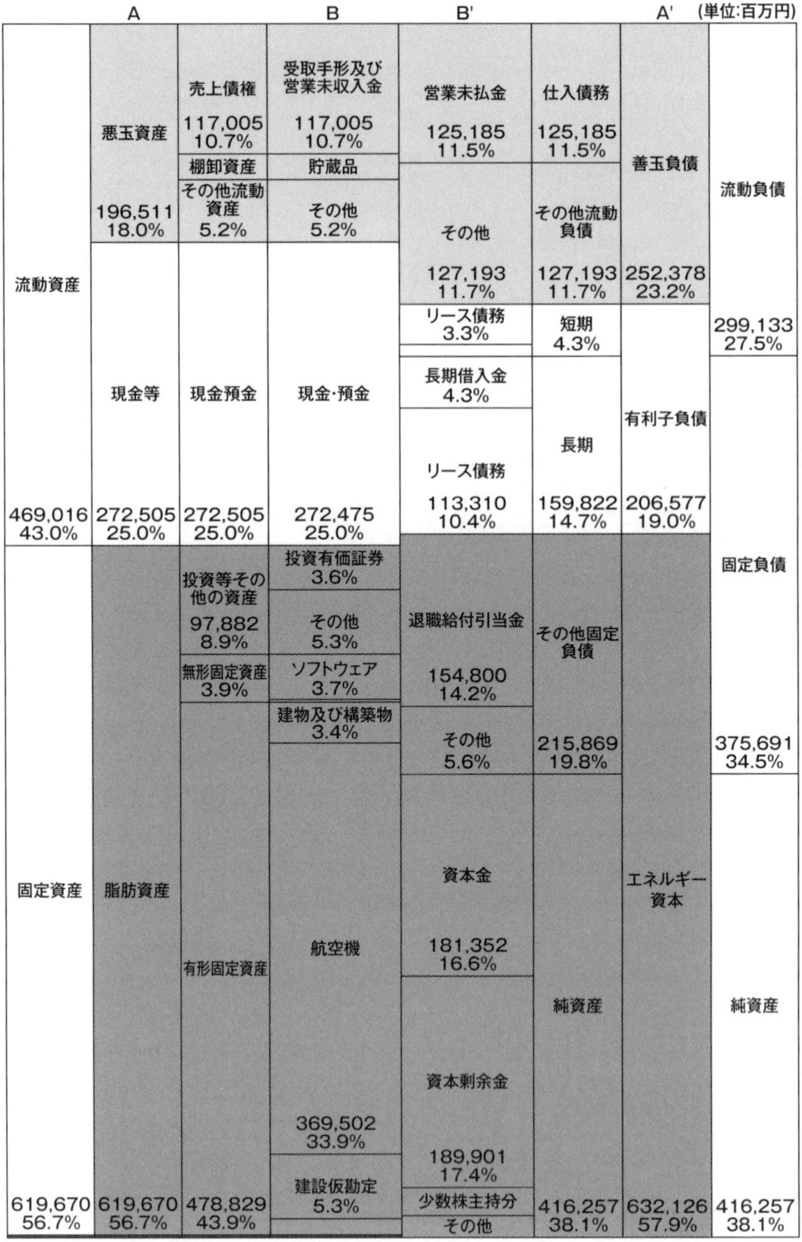

同等物」は69,968百万円の増加となった。

調達原資の大半が、【「おおむね留保経常収支額」＋「運転資金のプラス」】であった。なお、投資CF（運用欄12にある金額は投資CFの純額）に定期預金の預入が529,763百万円ある。

❹ 総　括

図表Ⅺ－19、Ⅺ－20をみてみよう。

日本航空は2012年に流動資金も固定資金も余剰体質となった。その後も同体質を維持している。この結果、現金等は2005年が8.6%であったが、2012年以後は22%～28%台前後となっている。有利子負債は2005年が54.8%であったが、2012年以後は多くて19%台で少なくて5%台となっている。

利益が計上されると、キャッシュ体質図ではエネルギー資本の面積が大きくなり、返済できてくれば、有利子負債の面積が小さくなる。

日本航空は、再上場後に「営業利益＋減価償却費」が「運転資金のマイナス」の絶対値を大きく上回った。直近2年連続で運転資金がプラスとなった。このことで「おおむね留保経常収支額」あるいは【「おおむね留保経常収支額」＋「運転資金のプラス」】が予定長期借入金等の返済額に対して余裕をもって超え、予定短期借入金の返済を実現したのだ。

ここで、**図表Ⅺ－22**の回転期間の推移表をご覧いただきたい。

再上場前の売上債権の回転期間と仕入債務の回転期間の差は、2005年は13日、2006年は10日となっていた。2016年からは、売上債権と仕入債務のバランスを変えている。仕入債務の回転期間を遅くしているようだ。

売上債権の回転期間と仕入債務の回転期間の差は、2016年は▲5日、2017年は▲5日、2018年は▲7日、2019年は▲8日となっている。これは、売上債権の回収が早く、仕入債務の支払いを遅くする現象だ。

■図表Ⅺ－22　日本航空回転期間の推移

	2005	2006	2007	2008	2009	2012	2013	2014	2015	2016	2017	2018	2019
売上債権	52	52	44	40	31	35	35	40	38	34	40	39	37
仕入債務	39	42	44	43	35	37	40	41	39	39	45	46	45
差	13	10	0	−3	−4	−2	−5	−	−1	−5	−5	−7	−8

このように、取引条件を変更したことにより資金繰りを楽にするという、したたかな戦略だ。中小企業には簡単に真似はできないだろう。

最後に、前掲**図表Ⅺ－3**をもう一度みてみよう。

日本航空は再上場の翌年である2013年からは減価償却費が予定長期借入金等の返済額を大きく上回っている。ここが再上場前と違うところでもある。中小企業でも、長期借入金等の返済額を減価償却費の範囲内に収まるようにしたいものだ。

しかし、2020年2月頃に、新型コロナウイルス感染問題が発生した。大企業や中小企業にかかわらず、あらゆる業種が打撃を受けている。日本航空も、機動的な資金調達と資金支出抑制努力により6月末の手元現預金は3,943億円を確保し、コロナ問題の顕在化後、コミットメントラインと合わせ、5,000億円規模の資金調達を実施するという。

今後の経営はどうなるのだろう。コロナ問題が収束しても、なかなかV字回復とはいかないだろう。再上場の難関を突破した日本航空に期待したい。

「正常な収益力」をベースとした「おおむね留保経常収支額」のプラスの積上げが、ストックの安全性を確保・維持させることを確認できた事例であった。

中小企業への教訓

☞「営業利益＋減価償却費」が「運転資金のマイナス」の絶対値を大きく上回まわり、「おおむね留保経常収支額」が予定長期借入金等の返済をした残りの金額に余裕がなければ、予定短期借入金の全額を返済することが実現できない。

☞売上債権＜仕入債務の体質で、売上高が横ばいであれば、通常、売上債権と仕入債務に増減はない。当然、両者の差はゼロとなる。

☞本業の成果を表している営業利益が、フローの安全性に大きく寄与することを再認識すべき。

☞「運転資金のマイナス」があっても、「おおむね留保経常収支額」がはるかに「運転資金のマイナス」の絶対値を超えている状態となるには、利益が出る利益吸収構造を構築しなければならない。

☞「営業利益＋減価償却費」が「運転資金のマイナス」の絶対値を大きく上回り、あるいは運転資金がプラスであり、【「おおむね留保経常収支額」＋「運転資金のプラス」】が予定長期借入金等を返済した残りの金額に余裕がなければ、短期借入金を返済することは実現できない。

☞長期借入金等の返済額を「減価償却費」の金額の範囲内に収めるようにしたい。

おわりに

企業にとって、利益を創出することが何よりも大切であることは言うまでもない。この利益とは、すなわち「経常利益」であり、「正常な収益力」を表すものだ。そして、その根幹は営業利益なのである。

発生主義に基づいて収益と費用との差額として計算される利益は、収入と支出に時間的なズレが生じるために、キャッシュとの乖離が生まれてくる。そうなると、キャッシュの安全性の確保・維持を検討する大切さを、第2編の事例で理解いただけたであろう。

本書では、キャッシュの安全性の確保・維持を、短期的視点と長期的視点で検討してきた。短期的視点ではフローを、長期的視点ではストックを検討する必要がある。フローの積上げが、ストックの良し悪しを決定づけることも理解できたであろう。現金等＞有利子負債の形がキャッシュ・リッチの形で、現金等＜有利子負債がキャッシュ・プアの形だ。一時点においてキャッシュ・リッチの状態であっても、その後のフローの安全性の確保ができなければ、キャッシュ・プアになる。

フローの良し悪しは、原則的には「営業CFの結果」と「有利子負債の約定返済額」との比較で判断することができる。しかし、この比較だけで判断すると、いきなりフローの安全性がないと判断されてしまう企業が存在する。このような企業でも生き長らえた実例を確認したであろう。常に「おおむね留保経常収支額」あるいは【「おおむね留保経常収支額」＋「運転資金のプラス」】＞「有利子負債の約定返済額」であればまったく問題はないが、「おおむね留保経常収支額」あるいは【「おおむね留保経常収支額」＋「運転資金のプラス」】＜「有利子負債の約定返済額」ではフローの安全性はないが、延命ができる。これには、延命できる体力や金融機関との信頼関係が必要であることも理解できたであろう。

2020年2月頃からの新型コロナウイルス感染症による経済の停滞

が倒産を多く発生させると言われている。これによる倒産は、売上高の減少が原因となるであろう。一方で、この状況でもビクともしない企業があるのも事実だ。「体力がある」から、このような状況にも影響を受けない。キャッシュ・リッチであればストックの安全性を確保・維持できることを理解していただきたい。

＊　＊　＊

所属している税理士法人のグループ会社である㈱Triple Win研究所では、キャッシュ体質図を自動生成できるシステムを開発した。本書に掲載したキャッシュ体質図は、すべてこのシステムで作成されたものである。「単年度のもの」と「推移がわかるもの」を作成できる。前期あるいは前々期などのものとの比較も可能となる。専門用語を使用しない視覚化されたキャッシュ体質図は、どのクライアントにも喜んでいただき、ストックの安全性について、かなり関心を持っていただいている。

さらに興味を持っていただけるように、同研究所が別途開発した上場会社のキャッシュ体質図をお見せしている。本書で掲載したキーエンスや三共のキャッシュ体質図がその例だ。クライアントは、損益計算書とCF計算書の資料を検討しただけでは、これからの時代は乗り切れないことを悟っているようだ。企業のアドバイザーである税理士やコンサルタント等には、ぜひストックの安全性のさらなる確認・説明をすることを願う。

なお、キャッシュ体質図関連のシステムにご興味のある方は、㈱Triple Win研究所又は税理士法人Triple Winまでご連絡いただきたい。

税理士法人 Triple Win

●経営理念と概要

2016年1月4日より、堀江國明税理士事務所から税理士法人 Triple Win へ法人化しました。

Triple Win（トリプル ウィン）という法人名は、近江商人の商いの心得である、「三方よし（売り手よし、買い手よし、世間よし）」という考え方に基づいて付けました。

当税理士法人代表社員税理士である堀江の曾祖父が近江出身ということもあり、この「三方よし（英訳：トリプル ウィン）」を経営理念としています。

企業は利益を上げるために存在していますが、その利益が私利私欲のためのものであれば、持続的な発展はないと考えます。つまり、共存共栄の考え方があって初めて企業の存続が可能であると考えます。

当税理士法人では、売り手（当税理士法人）と買い手（顧問先）の二者の繁栄のみならず、その繁栄の輪を世間（地域経済活性化）にまで広げ、三者の繁栄を目指します。

「顧問先の成長 ➡ 自社の成長 ➡ 地域の成長 ＝ 三方よし（トリプル ウィン）」という経営理念のもと、お客さまとの信頼関係の構築を大切にして、少しでも社会に貢献できるよう、日々努力を重ねて参ります。

住所	〒355-0216 埼玉県比企郡嵐山町むさし台三丁目2番地1
電話	0493-61-1277
FAX	0493-61-1278
E-mail	info@triplewin.or.jp
ホームページ	http://www.triplewin.or.jp
Facebook	https://www.facebook.com/TripleWin.HorieKaikei/

〈著者略歴〉

税理士　**堀江　國明**〔ほりえ・くにあき〕

1955 年　埼玉県小川町生まれ
1979 年　日本大学経済学部卒業
1981 年　日本大学大学院経済学研究科博士前期課程修了
1983 年　拓殖大学大学院商学研究科博士前期課程修了
1985 年　税理士登録
1987 年　堀江國明税理士事務所開業
2004 年　嘉悦大学講師（2008 年 3 月まで）
2007 年　小川町代表監査委員就任
2011 年　小川町代表監査委員退任
2016 年　税理士法人 Triple Win 設立
2017 年　嵐山町代表監査委員就任
2021 年　特許取得（第 6849963 号）
「経営計画生成装置、経営計画生成方法、コンピュータ読み取り可能な記録媒体」
2021 年　日本経済会計学会 功績賞受賞

〈主要著書一覧〉

・『ひと目でわかる会社の健康診断』（ぎょうせい、1995 年）
・『キャッシュフローから読む倒産回避の財務分析』（ぎょうせい、1999 年）
・『これだけでわかる! 決算書―読み方のコツ』（共著）（池田書店、2002 年）
・『ゴルフのスコアでみる損益分岐点－会社経営にもあるコースマネジメント』（ぎょうせい、2009 年）
・『はじめてでもわかる簿記と経理の仕事』（成美堂書店、2018 年）
・『顧問先企業の財務データ　分析・指導マニュアル』（共著）（日本法令、2018 年）

税理士 **堀江　亮佑**〔ほりえ・りょうすけ〕

1984年　埼玉県小川町生まれ
2008年　慶應義塾大学商学部卒業
2010年　日本大学大学院経済学研究科博士前期課程修了
2011年　税理士試験合格
2011年～2013年　都内会計事務所に勤務
2013年　堀江國明税理士事務所　入所
2014年　税理士登録
2016年　税理士法人 Triple Win 社員税理士として入社
2018年　税理士法人 Triple Win 代表社員に就任

〈主要著書一覧〉

・『税理士必携　業種別税務ハンドブック』（共著）（ぎょうせい、2015年）
・『顧問先企業の財務データ　分析・指導マニュアル』（共著）（日本法令、2018年）

小林　達也〔こばやし・たつや〕

1984年　埼玉県狭山市生まれ
2008年　亜細亜大学法律学部卒業
2011年　堀江國明税理士事務所　入所
（現税理士法人 Triple Win）

倒産企業の財務諸表に学ぶ
フローとストックの安全性分析

令和３年６月10日　初版発行

検印省略

著　者　堀　江　國　明
　　　　堀　江　亮　佑
　　　　小　林　達　也
発行者　青　木　健　次
編集者　岩　倉　春　光
印刷所　丸　井　工　文　社
製本所　国　　宝　　社

日本法令®

〒101−0032
東京都千代田区岩本町１丁目２番19号
https://www.horei.co.jp/

（営　業）　TEL　03-6858-6967　　Eメール　syuppan@horei.co.jp
（通　販）　TEL　03-6858-6966　　Eメール　book.order@horei.co.jp
（編　集）　FAX　03-6858-6957　　Eメール　tankoubon@horei.co.jp

（バーチャルショップ）　https://www.horei.co.jp/iec/
（お詫びと訂正）　https://www.horei.co.jp/book/owabi.shtml
（書籍の追加情報）　https://www.horei.co.jp/book/osirasebook.shtml

※万一、本書の内容に誤記等が判明した場合には、上記「お詫びと訂正」に最新情報を掲載しております。ホームページに掲載されていない内容につきましては、FAXまたはEメールで編集までお問合せください。

ISBN 978-4-539-72827-7